東アジア海域叢書5

市來津由彦・中村春作
田尻祐一郎・前田　勉　編

江戸儒学の中庸注釈

汲古書院

江戸儒学の中庸注釈　目次

東アジア海域叢書5

序説

市來津由彦

一　視点の問題

（1）東アジア海域文化交流の研究として江戸期を対象とすること

本論集は、江戸儒学における中庸注釈を中心とした四書への注釈という行為とその書物を、東アジア海域文化交流の展開の中に位置づけ、思想文化運動としての東アジア近世儒学を捉える視座を更新することをはかるものである。[1]

その江戸期という場を日本側の研究が論じるときの問題として、日本を中心化する陥穽に陥りがちということがあげられる。しかし対象が四書注釈、四書学であることは、その四書注釈の由来としての「中国」との関係が、対象の問題としても研究の視点としても、必然的に問われることでもある。日本を中心化する陥穽への歯止めがそこにおいてまずは掛かる。像としてあるいは実態としての「中国」が立ち現れることによって、中・日関係という軸からみる場に必然的に入り、江戸期日本の事象を「中国」という対象との対照関係においてみることが促される。ここにおいては、江戸期日本文化の事象を対象とする中国や韓国における研究も、各々の自文化と他文化との研究視点の相違と共有という問題も含めて、それぞれが意義を持つものとして位置づけられる。例えば地域を換えて、朝鮮朝時代の事象を課題とする場合でも、同様のことが言える。中・朝の関係という視点からみる中に入ることにより、そこに「中国」が立ち現れ、朝鮮を中心化せずに相互相対化の中で朝鮮朝の現象をみることが促される。事象の質と内容はそれぞれ異なるが、琉球朝についても研究視点の問題としては同様である。前近代の東アジアで共有された四書注釈を検討対象として設定し、かつ研究を東アジア各社会に相互に開く視点に立つことは、東アジアのいずれの各社会においても研究として享受でき、意義あるものとなる可能性を持つのである。

日本社会域内に限るのではなくして、江戸期儒学を東アジアからみるという視点は、近年、数次にわたり提起されてきている。(2) これらは、各国内で自文化中心に比較文化論的に論じることを越え、各国研究の相互交流の中で研究視点を開いていく第二段階の比較研究ともいうべきものである。本論集も、この流れを推し進めるものである。

これら先行論説の提唱を受けて、四書注釈の研究を課題とする本論集が、第三段階の研究へと向けて、東アジア海域文化交流の視点からあらためて提起したいことは、上述の「立ち現れ」るその「中国」が、江戸期や朝鮮朝、あるいはそもそもの中国社会における諸問題の中でどう機能するのかを問い直すこと、そしてその問い直しの中から四書注釈といった当該課題を検討することの必要性である。さらに、それを概括的、方法論的にではなく、本論集第二部のように、個別の事象に即して具体的に語ることである。

すなわち、確かに東アジアにおいて「中国」が何ごとにつけ中心的意義を持つ。しかしその「中国」との相関の中で日本の事象を捉えるというとき、そこに固定した基準のような「中国」があるわけではない。東アジア各社会間で共有する「中国」のその共有部分（例えば文献としての『四書集注』等。後述の「理念中国文化」の一部）に依拠しつつも、各社会のそれぞれの階層が自社会向けに自身が見たい「中国」像をそれぞれの立場でかなり自由に加工して用い創出しているというのが実相ではなかろうか。そのときの元となる「中国」とは何でありどういう特質を持つのか。それは各社会の「中国」像にどう関わっているのか。中国社会にとっての「中国」をも含めて、「中国」とは何かを問い直し考察することが要請される。さらに自省として言うのだが、江戸期の問題を考える際に、中国社会にとっての「中国」とは何かという根本から問い直すという姿勢を欠くと、中国が無前提の中心基準になりかねない。「受容・変容」論という設定にとどまると、この陥穽に陥りかねない。これは、日本社会にとっての「日本」を問い直すという問題でもある。東アジア海域文化交流を論じるときに出発点として踏まえるべき課題の一つがここにある。

（2）　立ち現れる「中国」とは——実態中国社会と理念中国文化と——

そこで、東アジア各域に立ち現れる「中国」を考える作業仮説として、その源流である中国社会にとっての「中国」ということから少しく振り返ってみたい。今、中国社会を考える視線をいささか大胆ながら、仮に、一元化されきらない多様な生活世界をその中に含む実態社会としての中国と、その多様さを「中国」としてひとまとまりに統治し、そのことを「ひとまとまり」のものとして認識し構成していく文化理念面の中国と、というように分けてみる。そして前者を〈実態中国社会〉、後者を〈理念中国文化〉と呼ぶとする。「王朝（その主観に即しては「皇朝」）」とか「華夷」

観念、また文言（中国古典語）型式の詩・文や「正史」観念など、諸々の「士大夫文化」や統治の文物制度が後者にあたる。仮説的に分けると言っても、前者と後者は実際のところは分けきれずに相互に入り組むが、仮に中国の社会と文化は両者の複合として存するとする（実態日本社会と理念日本文化というように、中国からみての他社会についても、同様の作業仮説を立てることがもとより可能である）。こう見たときに、実態中国社会の多様さをひとまとまりのものに導く、ある種フィクションとしての理念中国文化の役割が実態中国社会の多様さに応じて殊に大きいのが、中国社会の特色ではなかろうか。ただし理念文化が眼前に「ある」ことの迫力のため、そのフィクション性面はみえにくいのだが。

近世の東アジア海域文化交流という課題からは、ここではやや長期には隋唐における中国社会の再編以降、直近には明清交代を念頭に置きたいが、その実態中国社会は南と北、東と西、海と陸等において一つに固定しているのではなく、変動、流動のしかも複数の揺らぎの中にいつもある。宋、元、明、清朝の成立などのように、実態中国社会面で全体変動が起こることもあり、そうした変動は、正負を含めて周辺社会との交渉を引き起こす。

一方、理念中国文化には、例えば「経学」のように、実態社会を「中国」としてまとめる作用を持つものとして外形上は一貫するものが続くこともある。しかしそうしたものも、内容面では時にかなり変化や揺らぎがある。本論集の課題である四書学世界の形成や伝播などはこれにあたる。それらは、実態中国社会の変動に触発された理念中国文化としての「経学」文化の揺らぎとして起きている。そうした変化は、実態中国社会の変動にともなう中国の他社会との交渉によるとともに、その交渉とは別に、様々な事情によって独自にあるいは個別に他社会に伝播もする。

こうみると、東アジア各社会に立ち現れている「中国」は、実体的に固定したものではなく、実態中国社会の側面と理念中国文化の側面との複合として存し、その複合を仮に分離すると、それぞれの側面はそれぞれに揺れ動く。他社会と中国との連関が生じるときに関係の非固定性、自由性がそこに生起し、その各社会は自身の実態面と関わらせ自身の姿に合わせて、その理念中国文化を受けとめる。その上で自身が見たい「中国」を像としてつくっていく。[3] 東アジア海域交流という課題を文化面から考えるには、「中国」をこのように捉える視点が有効ではなかろうか。

ここで注意したいのは、漢字文字がこの理念中国文化をつくる基礎にあることである。漢字は、その文字のいわゆる形・音・義について言えば、字義内容と字形との結びつきが強固なために字義の保存力が強いという特質を持つ。この文字の特色を生かした漢文（文言文）という表象形態が理念中国文化を構成し、東アジア各社会にその理念中国文化を運び、またそれぞれの段階、時代のものとしての、中国社会に限られない東アジア各社会文化の普遍面をつくっていく。と同時に、この漢字文字との距離の置き方で各社会は独自の文化をつくっていく（漢字とその漢文文化を自言語で消化するためにできた漢字類似もしくは派生文字使用圏が文化域としての東アジアとも言える）。[4] 四書注釈の形成と伝播も、そのあらわれとして捉えるべきことである。

以上に述べた視点を踏まえ、四書注釈に関わって中国および東アジア各社会にとっての「中国」とは何かを問うことは、東アジアの近世的思考の普遍性とその射程を問い直すことになる。ただし、この漢字と漢文文化が中国社会から広まるゆえに、中国文化自身は、中国社会が自社会に向けて理念中国文化を使っていることを意識しにくいというしくみにあるとみられる。東アジア海域文化交流という研究視点は、中国を中心化するのではなくして中国の他社会から東アジアにおける「中国」の意義を提示することにおいて、日本にとってのみならず、朝鮮半島、台湾地域、沖縄地域、そして中国にとっても意味がある視点を構築することにもなろう。

二　四書注釈に沿って

（1）　四書学に含まれる東アジアにおける普遍性とその伝播

では、四書学に含まれる近世東アジア世界の思想文化の普遍面というものは、内容的にはどこに見出せるのか。

近世以前の中国では、人格神的な「天」という観念が文化のこの普遍面をゆるやかに担っていたとみられる。ただしそれは、統治の立場を正当化しその正統性を語るという領域の言葉であり、限られた層にとっての普遍であった。しかし実態中国社会における統治層のあり方の変容にともない、この人格神的「天」観念はその有効性に限界を来たすようになる。中国社会は、後漢社会の崩壊後、唐代まで新たな再生とも言える大変動を経る。その中で、世襲的な限られた層が統治を担うのではなく、従来は統治層に入らないような人でも能力ある者であれば統治に参与できるしくみを、社会が必要とするようになっていく。その結果として、宋代以降は、科挙を高級官僚登用の柱とするようになっていった。

そして、現実生活としては身分区分の明確な線が社会的にある中に生きながらも、この参与の可能性が「人」として万人にあることを語る言葉が、この事態に対応して求められた。この需要に対応し、理念中国文化は、結果のところで言えば、「理」という観念を活用してこの要請に応えようとした。能力ある者であれば統治に参与できるしくみの社会を生きる統治層とその統治の体制のもとで、一人ひとりの「人」が可能性を持った存在として等価であることと、及び一人ひとりが同時に異なる存在であることの説明を、この「理」が担うことになる。ただしこの観念は一朝一夕にこの意味で用いられるようになったのではない。漢代儒教体制の動揺にともなう新たな意味づけを受けた魏晋期における老荘思想の再生や、六朝期における仏教の中国化と道教の興起、さらに宗教的救済の平等性理念の吟味や禅仏教の実践によるその定着などを経て、長い時間をかけて練られてきたものである。

「人」のあり方を哲学的に語るこうした観念が活用され、四書が発見され、その注釈の中に込められ、四書の学が形成される。論語、孟子、大学、中庸のそれぞれが個別に注目された北宋初以来の展開を承けて、北宋半ばから道学系の士大夫思想家が、この四書を一貫連動するものとして捉え始める。南宋の朱熹は、その潮流を集成して『四書集注』とそれに関連する編著を著して、四書学の世界を構築した。後世の展開を見れば、前近代東アジアのという限定つきのことだが、「人」という存在の等価性を階層や身分を越えて語るこの四書学における言葉の中に、理念中国文化が周辺社会に発信した普遍面というものが認められる。この理念中国文化の動きは、もとは実態中国社会の社会的政治的要請という特殊な事情から出てきた。このような「人」のその「普遍」性を支えるのは、現実的には科挙とそれに関わる人間の位置づけのシステムである。しかしその結果として形成された四書学に含まれるこの普遍文化性は、中国域内にとどまらず東アジア各社会に伝播していく。中国内に閉じている段階では、その普遍面が「普遍」としての作用を持つかは客観化されないが、他社会に入ることにより、その作用と射程が試される。各社会の特殊事情と絡み合いつつ葛藤を生み出していくのである。

本論集の第一部で企図するところは、四書学の江戸期日本における伝播の姿と意味を、中国および日本を中心化することに陥ることなく、朝鮮朝や琉球朝への伝播も視野に入れつつ、東アジア海域交流の思想文化運動という視角から捉え直すことである。

以下、第一部各論がテーマとすることをひと言ずつ述べると、はじめに、四書の学の一部としての中庸論の形成と展開について、右にのべた理念中国文化の展開のあらわれ、特に士大夫存在の心性解析の書として読み込まれたという視点から論じる（市來論文）。次いで、四書学が朝鮮朝に伝播しそれを消化する初期の頃の朝鮮王が王の政治の場面で中庸が提起する課題に真摯に取り組む姿について、韓国の研究者が実況中継的に伝える（朴論文）。話は日本社会に移り、徳川体制のもとで朱子学と中庸が受容され批判される過程について、儒教内の問題に限定してではなく、儒教には異質な例えば国学をも包んだ、中国におけるのとは異なる精神的な場における展開として論じる（田尻論文）。江戸初期の文化問題は特に東アジア間の海域文化交流という視点が欠かせない。次の二つの論考はそのことを中国の研究者の目から語るものである。第一は林羅山であり、羅山の理気論、性情論の学説が、中国朱子学からの直接の消化ではなく、同時期に流入している同時代朝鮮儒学の影響と日本社会の特殊事情との混交としてあらわれていることを論じる（龔論文）。第二は荻生徂徠であり、江戸期の日本社会の事情の中から徂徠の四書解釈がどう立ち現れてきているのかを、中国の研究者の目で徂徠にぎりぎり密着して深く静かに語る（王論文）。最後に、中国、日本、朝鮮との交易で盛え、中国明清にも使節を送り続けた琉球における近世儒学について、その定着過程、「六諭」などの教諭の普及や代表的儒学者の儒学内容について論じる（中村論文）。

以上の各論の響き合いを通して、各国内儒学思想史に閉じない、また中国を中心化しない東アジア近世儒学思想文化史という視野が開けてくれれば幸いである。

（2）　課題としての日本江戸期の中庸注釈、中庸論

本論集の第二部は、江戸期の四書注釈を論材とし、中庸に焦点を合わせつつ、各注釈や論の内容を精確に捉えつつ、そのしくみとその由来、相違などを、各論として論じる。

では、なぜその四書の中の中庸注釈、中庸論が特に課題となるのか。

『四書集注』の中では、四書は相互連動するものとして捉えられる。大学が「理」に基礎づけられた「人」としての学び、すなわち生き方の「綱領」を説くものと位置づけられるのに対し、中庸はその「人」としての存在のしくみとその実践を深い論として説くものとして位置づけられる（論語、孟子は、理に基礎づけられた人として具体的に生きたぁるべき事例を学ぶ書物。解釈の変遷を包括的にみるということでは、論語の解釈の検討が肝要であろう）。その中庸論が説く存在のしくみは、天地のめぐりによって生まれる「もの」のあり方、世界のあり方という深いところから人が基礎づけられているとみる（性善説とその根拠づけ）。中庸におけるこれに関わる「天・命・性・道・教」の論や「誠」の論、さらに、現世のみならず死後の魂魄の姿としての「鬼神」の論などが、注釈の主観に沿った場合は、その実、「理」に裏づけられた世界と人のあり方に関わる重要問題として独自に解釈が施される。

江戸期の展開との関連からすると、注意すべきは、中国宋代における形成期四書学の中庸解釈が、他の三書、特に大学解釈と深く連動するものとされている点である。ところが明代中国に至り、陽明学の興起など、四書学に含まれる、「人」という存在の等価性の議論の深化（すなわち陽明学の形成）の過程で、『四書集注』本の「大学」に関してテキスト批判問題が興起し、四書学における四書の一体連動性に揺らぎが生じる。その結果として、その揺らぎ以前の、四書を一体的にみる四書学と、その揺らぎの情報を含む四書論とが日本の江戸初期には並行して行われた。その展開として、四書の一体連動性を解体し、四書を分解してそれぞれの書としてあらためて考察し、その立場からテキスト批判論を中庸に及ぼし、中庸を四書の他の三書と切り離しそのテキスト性をあらためて検討するという見方が興起もした。四書を一体的にみる四書学も存続しつつ、同時にこうした見方も出来し、四書学が多様な展開を示すようになる。その中で、中庸の内容についても、大学と一体的に解釈を施されていた、「理」に裏づけられた人と世界のあり方という四書学の認識が検討の俎上に上された。それゆえに、右記の「天・命・性・道・教」の論や「誠」の論、

「鬼神」の論などが、特に論材となることとなった。中国における理念中国文化としての四書学は、明清代で言えば、科挙を通しつつ、その実態中国社会としての各地方社会の統制とつながっている。しかし科挙制の下にはない日本ではそうしたつながりは抽象化される。そのため、一には四書学のテキスト問題の側面が前景化し、一には実態中国の問題は横に置きつつ、見たい理念「中国」を自身が生きる日本社会に合わせて各階層、各人が構成するための四書学を形成していくということに注意したい。

しかしこれらのことは、唐代以前に対する、四書学が含む「人」という存在の等価性の論の意義をただちに無化するものではなく、また四書を一体的にみる四書学も同時に存続していた。その結果として、朱子学・陽明学論争や清朝考証学に関する中国から伝わる学術情報と連動しつつ、中国とは異なる多様な論が百出する様相を呈するに至った。大学、そして中庸のテキスト性の検討から発してこうした多様な論が立ち上がり、四書学に含まれる普遍文化性が、科挙システムの下にはない社会において正負両面をもって評価、検討されていく。

射程を遠くまで伸ばすとすれば、その多様な論、その中でも、「人」という存在の等価性という、もと四書学が含んでいた論の東アジア的普遍性の展開が、日本の近代と東アジアの近代に向けてどう展開したか、しなかったかということが、東アジア海域文化交流という視角からは問われることになる。率直に言えば、科挙という文化枠に乗って展開した四書学における「人」という存在の等価性の論は、科挙という文化枠からはずれた日本社会においては、その普遍面がそのままに近代につながるようなものとして定着、深化させられたりはしなかった。その展開から逆にもとの四書学をみれば、その学の普遍面は、必ずしもそのまま近代につながるというものではない限定つきのものであったと言える。しかし一方で、四書学の普及による社会の知識水準の向上は、近代の受け皿を担うものとしてはたらいた。東アジアに生き、近代以後に生きるわれわれ東アジア人《びと》は、こうした経過の意味を問い直すことが今こそ求められている。江戸期の中庸注釈、中庸論は、江戸思想また東アジア各社会の思想文化を、連動する東アジア海域の思想文化という視点から再考する有力な材料となると考えられるのである。

この第二部では、第一部の論議の成果を取り込みつつ、山崎闇斎と崎門学派、山鹿素行、伊藤仁斎、荻生徂徠、懐徳堂学派、大田錦城、寛政正学派（古賀精里ら）、陽明学派の各中庸論、中庸注釈について個別に論じ、中庸論という視点から江戸期日本における儒学の有効性をはかる。どこまで実現できているかは読者諸賢の判断によるが、各書物や議論の内容を読者に精確に伝え、研究の基礎解説として使用できるようにと配慮したつもりである。

紙幅の都合でふれられない多くの問題を残したままではあるが、以上の第一部、第二部の論述により、東アジア海域文化交流という開かれた視点からの、近世儒学をテーマとした東アジア思想文化史の総体的展開の一端が味わえるものと確信する。みなさまとともに新たな問題領域を開拓していきたいとこいねがう。

註

（1） 以下は、これまでの共同研究の展開を踏まえるものだが、主として日本側から中国近世士大夫思想文化を研究する稿者の視点を加味しつつ述べたものである。

（2） 渡辺浩『東アジアの王権と思想』（東京大学出版会、一九九七年）、澤井啓一『〈記号〉としての儒学』（光芒社、二〇〇〇年）、『季刊日本思想史――特集 東アジアの儒学』第七〇号（二〇〇七年。特に、辻本雅史「日本近世における「四書学」の展開と変容」）、黄俊傑編『東亜儒者的「四書」詮釈』（華東師範大学出版社、二〇〇八年）など。後者二件は、二〇〇五年四月に台湾大学で開かれた「東亜四書学国際学術研討会」における発表論文をまとめたものである。

（3） 飛鳥時代以前の日本社会は、朝鮮半島、列島日本、六朝中国の各要素が未分離であったろう。その分化へ向けて半島、列島、中国各社会がそれぞれに「中国」を自社会向けに都合よく使うという作用が顕著である。例えば田中史生『越境の古代史――倭と日本をめぐるアジアンネットワーク』（ちくま新書、二〇〇九年）参照。近年の諸問題を吸収、整理して、倭段階の古代の国際交流を概説する。

（4）本論集の編者たちは、日本の漢文訓読技法は日本内に閉じられて考察されるべきものではなく、東アジアに行き渡る理念中国文化の、東アジア各社会における消化のための翻訳技法の日本におけるあらわれとして捉えるべきであると考え、中国をも含む各社会にも同様の課題があったものとみなし、この考えに賛同していただける多くの方々の協力を仰ぎ、本共同研究の一環として、『「訓読」論――東アジア漢文世界と日本語――』（中村春作・市來津由彦・田尻祐一郎・前田勉編、勉誠出版、二〇〇八年）、『続「訓読」論――東アジア漢文世界の形成――』（同、二〇一〇年）を刊行した。「東アジア海域交流」に開いていくという本論集の研究視座を、中国古典語文化と東アジア各社会言語という別の視点から語るものとなっており、関心ある方には参照していただければ幸いである。

江戸儒学の中庸注釈

東アジア海域叢書5

第一部　東アジア海域文化交流からみる四書注釈論

中国における中庸注釈の展開
――東アジア海域文化交流からみる――

市來津由彦

はじめに

日本の江戸時代初期に読まれた四書学の柱は、もとより中国から移入された朱子学の『四書集注』であり、これを敷衍する科挙受験参考書的な諸注釈書である。その四書集注内では、特に大学と中庸とは強い一体性を持つものとして解釈される。ところが江戸期にやや先行する中国の明代後半に大学のテキスト批判問題が起こり、この大学と中庸の一体性は相対化されて見られはじめ、その情報も江戸初期の日本に伝わる。四書を一体的に理解する視点と一体性を相対化する視点とが並行して存したわけだが、この朱子学の日本社会への適合性が検討されはじめるや、四書の一体性を相対化する視点がテキスト論として浮上し、そこから日本の四書解釈の多様な展開が興起する。

本稿は、朝鮮朝への伝播も念頭に置きつつ、日本における四書学の展開を考える前提として、中国の四書における大学と中庸の一体的解釈の形成とその相対化を、中庸注釈、中庸論の展開の側からたどろうとするものである。一体的解釈の形成の経緯を認識してこそ、一体性とその分解の意義も理解できよう。

その中庸注釈、中庸論の話の本筋に入る前に、副題にあげた「東アジア海域文化交流」という視点について、本書「序説」の繰り返しになり恐縮だが、少しくふれたい。

本稿者は、東アジア文化のその時々の源泉となり中心となる中国文化を考察するにあたり、作業的視点としてその「中国」を、

ⅰ、一元化されきらない多様な生活世界をその中に含む実態社会としての中国

ii、その多様さを「中国」としてひとまとまりに統治し、そのことを「ひとまとまり」のものとして構成していく理念文化面の中国

というように仮に分けるのが効果的とみる。前者を〈実態中国社会〉、後者を〈理念中国文化〉とみて、分離したその両者の相関の下に「中国」を捉える視点に立つことによってこそ、文化的諸問題を東アジア海域文化交流という視点から語れるのではないかと考える（理念中国文化とは、「士大夫文化」とか統治の文物制度全般がこれにあたる）。

その両者の相関だが、実態中国社会は固定しているのではなく、南と北、東と西、沿海と内陸部、人口の増減、分裂と統一などの相関する現象の中で、大きな流動の中にいつもある。その実態社会を「一つの中国」として精神的理念的にまとめるのが理念中国文化である。それも例えば「経学」のように外観上は一貫するものが続くこともあるが、そうしたものも実態社会の大規模な変動に対応して内容面でかなり揺れ動く。そうした結果として生まれる文物諸産物は東アジア各社会との実態社会的連関の中で伝播し、その社会の「中国」像をつくる材料となる。東アジア各域社会に立ち現れている「中国」は、現実の中国にそのまま対応したものではなく、実態中国社会的側面と理念中国文化的側面の複合として存する。かつその複合を仮に分離すると、それぞれの側面がそれぞれに変動と揺らぎの中にあり、様々なレベルで関係の非固定性、自由性がそこに生起し、渡来する理念文化を用いて独自の「中国」を立ち現れさせる余地が各域社会に生じる。東アジア各社会には中国から高位文化が伝播し、それだけをみれば中国が中心のようだが、しかし各社会は生まの中国を受け入れるのではない。その諸相を事態に即して捉えていくことが課題となる。

中国近世の四書注釈、四書学について言うと、その伝播により、限定的にだがそれぞれの時点の東アジア域内での普遍思想文化の側面をこの学は担う。それとともに各域社会の社会文脈による伝播と受容の事情があり、四書学はその事情と融合し変容しつつ各域社会に入っていく。普遍面の伝播と特殊事情に対応する消化の主体的運動が、東アジ

ア全体の各域でそれぞれに起こる。日本江戸期の現象もそのあらわれの一部としてある。そこに先立つ中国明代の陽明学や大学テキスト問題の興起、また現象的には明清の王朝交代に対応する考証学の興起などからすると、この消化の間にも中国域内で揺らぎが起きており、これがまた波及する。実態中国社会と理念中国文化とに仮に分けることで、中国も含めて東アジアの各域の社会と文化の独自性と東アジア連動の総体を、社会と文化とがそれぞれ独自の揺らぎと連動の中にあるものとして、同時に且つ細やかに観察していくことができよう。

以下、実態中国社会と理念中国文化との連動と相克による展開という視点から、『中庸』書の『礼記《らいき》』からの独立と、その書の四書の学への組み込みとに二段階に分け、近代中国学の学説史的記述を参照しつつ、「中庸」に関わる諸問題を素描したい(1)。

一　『礼記』中庸篇から『中庸』へ

（1）　理念中国文化としての「経学」の形成と『礼記』中庸篇

中国近世の四書注釈、四書学における中庸注釈、中庸論を考える出発点を、ここでは『礼記』中庸篇に置く。右の理念中国文化と実態中国社会の相関論に関わってまずふれるべきは、この『礼記』を価値あるものとする漢代「経学」世界の形成についてである。

すなわち、秦による戦国の政治的統一とその崩壊、前漢による再統一を経て景帝以降の時期に漢朝統治がようやく安定し、武帝期以降、「中国」政治世界を統治する理念として儒家思想が中央政府に進出して「儒教」の形成がはじまり、それにともなって「経学」が整備されはじめる。理念的に言えば、「天」から啓示を受けて「中国」世界をひとまとまりのものとして政治的社会的に運営するコツを語った古「聖人」の言葉や振る舞いの痕跡が文字化されたものが「経書」であり、その聖人の「真意」を究明するのが「経学」である。その儒教は、漢朝政府が全国をひとまとまりのものとして統治することを正当化する理念として、また中央政府の意向を抱えつつ地域の民の安寧をはかる官僚層が持つべき理念として用いられた。政府は中央集権的かつ平和的に全国統治をおこなうために官僚制度を必要とし、統治にたずさわるその高級官僚知識人層は、官僚間および中央政府との関わりにおいて共有できる言語を必要とし、書記言語に傾く文言文《ぶんげん》（古典中国語）を発達させていった。書記言語次元での共通語の必要性と官僚が持つべき理念の制御という課題が重なり、官僚になるには儒教経学を学ぶことが要請され、経学を柱として学術文化が編成されることになり、儒教関係以外の書物も含め各学術文献が相関的に位置づけされた。(2)

以上は、清代あるいは現代までが射程に入る大規模レベル第一次理念中国文化の形成ともいうべき事態である。そこでは、経学が想定する古「聖人」が活動した仮想古代《バーチャル》を基準に時々の現代の諸問題を語る思考が政治思考の柱となる。「中庸」篇が『礼記』に入るのも、この経学世界形成の一環として戦国儒家文献を再編する漢前半期儒家の活動によるものである。なお現代の研究がみる中庸篇の起源も問題だが、本稿ではふれられない。(3)ともあれこうして『礼記』に入った中庸篇は、その後、後漢の鄭玄の『礼記』注、唐初の孔穎達らの「正義」において解説されて、王朝統治の正統性を説く儒教の立場から、儒教的人君の政治と倫理の姿勢を説くものとして解釈されていった。(4)

（2）　中庸篇の独立

1　六朝・唐における中庸篇の独行

南宋以降における四書の学の興起の前提として、「大学」とともに「中庸」篇が独行して読まれた淵源について述べておかなければならない。中庸篇を特に深く読み込んだ例については、中唐期の李翺《りこう》（七七四？—八四四）の「復性書」が諸家によって検討されている。中庸篇が単独で解された例は、『隋書』経籍志に、劉宋の戴顒《たいぎょう》『中庸伝』二巻、梁の武帝『中庸講疏』一巻、『私記制旨中庸義』五巻とあることに早くにうかがえる（いずれも亡）。戴顒は仕えながらも隠逸志向で『荘周大旨』『逍遙論』を著し、父戴逵《たいき》を受けて仏像作製に工みだったと言われ（『宋書』隠逸伝）、梁の武帝は仏教に大いに傾倒した天子である。後漢に西域から中国にやってきた仏教は、晉から南朝の宋、北朝は北魏時代に中国知識人層に受容されて論議され（『弘明集』『広弘明集』）、鳩摩羅什集団の訳経活動段階を経て本格的理解とその中国化に至る。戴顒や梁武帝の中庸解釈、特に後者は帝王学からの注解という側面もあろうが、仏教に傾倒した二人の生涯からすると、仏教の問題を儒教の書の言葉によって受けとめた先駆という可能性も高い。

この仏教の定着とその中国化ということは、右の実態社会と理念文化との分離と相関という視点でみておく必要がある。後漢末以来の政情不安のさらに基礎には、後漢盛期の人口約五千万人が三国を統一した晉の約一千六百万人になるという、中国社会が一度滅びかけるような人口大減少という後漢末三国期の根本危機があった。その状態は、隋には約四千六百万人、唐の盛期には五千三百万人に回復するが、正史の地理志等の口数を図示化した分布図によると、この大減少と回復は黄河中下流域の華北地域で起きている。華中・華南地域は人口が漢代でもそう多いわけでなく、唐の分布図でも極端な増加はない(5)。すなわちこの北朝統治域の華北の回復は、北アジア、中央アジアの勢力の中国への流入と旧漢族社会との融合による回復であり、それは、中国社会の新たな再生と言える事態である。仏教の定着とその中国化は、この大変動に対応する精神文化の出来事とみなせよう。

その仏教の提起を受けた中庸篇の読み込みについては、南北朝時代の体系的な論が残っておらず、中唐期に下る李翺の「復性書」（『李文公集』巻二）を参照しなければならない。すなわち、上中下篇とあるその「復性書」上篇では、人の「性」を惑わすのは「情」であり、情が困惑すると性の働きは匿れてしまうがそれは性の過ちではなく、性と情は聖人も普通の人もみな有し、情は性に由って生じ性は情に由って輝くが、普通の人は情に溺れて性という根本がわからず、聖人は性に先に覚醒した者であるという、性情の概念とその関係論、及び聖人や至誠等について、「中庸」「易」等に依拠しつつ論じる。その中篇では「復性」の方法を論じ、その下篇では学びについて述べる。その「復性」については、まず斎戒により妄情を止めて「正思」である「無思無慮」になり、動静する心のその静のなかで心が本来「思う有る無き」ことをつかむと、動静から離れ絶対的な「寂然不動」の「至誠」に至るとする。この李翺は、文章の学においては韓愈門人ながら、中唐期の革新的な仏僧とも連動した文化運動ネットワークを形成していたということも指摘されている(6)。こうした論における性を真如、情を迷妄という、中国化した仏教で尊重される『大乗起信論』に説かれるような真妄一如の心の分析の論と重ねると、「復性書」の性情論と近似する型がそこに認められ、「復性書」の中庸解釈はこうした立場の人のものにふさわしい論と言える。『起信論』の普及以前の六朝にまでこのような中庸解釈が遡れるかは研究を待たねばならないが、心のしくみを説き、仏教が提起する論を儒教の立場で考えるのに都合がよいため、中庸が『礼記』から取り出され解釈され、論議が深められた様相が、以上にうかがえよう。

なお、仏教が提起する心の問題を儒教文献によって受けとめるべく中庸を用いるこうした延長において、士大夫層に仏教がさらに浸透する北宋になると、今度は仏僧側が儒教士大夫に読ませるべく、心の問題を中庸に託した論も出てくる（契嵩《かいすう》『鐔津《たんしん》文集』巻五「中庸解」）。

2　北宋における理念中国文化の組み換えと中庸

中庸論の歴史に関する北宋初の重要な事件は、科挙試験が官人登用の柱となる中で、仁宗の天聖五年（一〇二七）

の科挙試験で進士及第者に『礼記』中庸篇を、次の天聖八年の科挙では大学篇を下賜し、それ以後、仁宗期はこの両篇を交代で下賜したことである（『宋会要輯稿』選挙二）。これは、もと太宗の淳化三年（九九二）に『礼記』儒行篇を下賜したものが大学篇と中庸篇に切り替えられ、かつ継続されるようになったものである。両篇をそれぞれ単行書とみなす基礎がここに開かれる。(7)『経義考』巻一五一は、胡瑗、陳襄、余象、喬執中、司馬光、張方平、姚子張、范祖禹、蘇軾らに中庸解釈があったことを列挙する。これらは道学派関係の中庸論が出る以前にこの下賜の延長で中庸篇を単行的にみて重視したあらわれである。それとともにこの下賜は、次の時期の、大学と中庸両篇を内容的にも一体的にみる理解が出てくる条件を形成する措置であり、中庸論それ自身に沿って言えば、この書は人のあり方を「性」に根拠づけられたものとして論じる文とみられ、唐以来、仏教思想に引き寄せて読み込まれた中庸論を儒家側に取り戻し、これを仏教に対抗できる水準の儒家の言説として提示する書と位置づけて解釈する道を開くものであった。

科挙試験は隋代に始まったが、高級官僚登用の柱となったのは北宋であった。唐から宋への実態社会の変動に対応し、宋代の理念中国文化面での変動は多方面に及ぶ。中央集権文治体制の統治を担う科挙官僚層の思想文化についてそのいくつかを列挙すると、隋唐社会を、中国社会の新たな再生であると右に述べたが、北アジア、中央アジアとの連動の延長で朝貢関係に入る中で中国周辺国の国家意識が高まり、唐後半には中国と周辺国とが相対関係国化し、そのことが宋代にも遼や西夏との関係として持ち込まれた。漢代では相対化されにくかった「中国＝天下」意識が相対化され、それゆえ逆に宋代では「中国」理念の確立が課題となった（経学における春秋学など）。五代の軍閥政権への反省から宋では中央集権文治体制をとったため、統治の担い手の文官官僚としての意識改革が必要となった（慶暦の士風改革問題など）。統治の担い手を科挙によって供給する地域社会各地間の相対関係も意識されるようになり、各地方意識が形成される（南方出身官僚の進出、地方志の形成など）。こうしたことの展開とともに、北宋前半期には易学が盛んに研究されたが（劉牧『易数鉤隠図』など）、これは、世界（宇宙・社会）における人間の位置と世界のしくみという視点から科挙官僚知識人層が自身の社会的立場を自覚することを語ったものにほかならない[(8)]。

総じて言えば、唐から北宋への実態中国社会の変動の推移を受けて、天下に抱負を持つ知識人としての士が科挙によって再生産されるしくみが整い、漢代以来の王朝統治システムの知識人統治という面が純化され、そこに関わる理念中国文化の再編と更新が要請されたのである。

3　士大夫存在の心性解析の書として

こうした中で、中庸篇は、仏教が提起する心の問題の受け皿として読まれるとともに、「天」との関わりで「人」を位置づける思考を持ち、右の易学の展開と重ねられて注目された。さらに大学篇の解釈が深められ、中庸との連動的解釈がおこなわれ、両篇や易が連動的に絡むものとして説かれはじめ、中庸論は質的に新たな段階に入る。北宋道学の論がこれである。易と中庸を尊重したとして、「易を以て宗と為し、中庸を以て体と為し、孔孟を以て法と為す」（『宋史』道学伝）と後世言われる張載や、大学篇の解釈を大幅に刷新した程顥、程頤兄弟、すなわち二程子の議論が出て、四書の学に入っていく大学中庸論の要素が出揃い、それらがつなげられる中で、いわば士大夫存在の心性解析の書として中庸を解釈する方向が確立していく。程氏兄弟独特の大学論としての「格物」論と中庸の語に拠る「未発の敬」論は、その語録資料である『河南程氏遺書』では巻十五や十八の同じ巻に入っている。しかもその発言は、張載とその門流に関わる関学と呼ばれる人士との交流を色濃く漂わせる箇所で語られていることも確かめられる[(9)]。この張載、程顥、程頤の門人らにおいては、師説を展開させて中庸注釈が多く作成された。ただしこの北宋道学では、あくまで諸要素が出揃ったということである。四書の学の体系化は南宋の朱熹を待たねばならなかった。

二　四書の学の形成と中庸

（1）社会的機能からみた朱子学の特質

南宋における朱子学の形成は、「士」の層の、統治の担い手としての社会的位置と責任の自覚、および地域社会のあり方の自覚に関わる現象とみることができる。「朱子学」というと、科挙を通して国家が知識人層を管理する装置という印象を持つが、国家がこの学をなぜそのように使い得たかを考えるなら、朱熹思想の段階と「朱子学」段階を分離し、朱熹段階でその思想がどういう人々にまず支持されたかをみておく必要がある。

すなわち、朱熹（一一三〇―一二〇〇）の門人層の社会的あり方、階層をみると、科挙に合格する者、落第する者と、その多くはもとより科挙に関わりはするが、官界に入る者も多くは中央政府高官というような存在ではなく、地方官あるいは寄留先や郷里暮らしであり、落第した者で再受験をはかる者もいるが、その多くは地域民間社会に埋もれる者であり、総じて言えば、地域に生きる士人たちとも言える人々である。朱熹自身も科挙官僚ながらその生涯の多くは福建北部に家居隠棲していた。社倉経営の考察にみられるように、中年の頃の彼は郷村部の民間地域社会の実情に精通した士として生きていた。「修己治人」を標榜するその思想を表象化したテキストとしての四書集注は、天子、中央官僚、歴史世界に通じるものとして制作されているが、その思想形成期の彼の生活世界を振り返ると、その基盤は地域社会に生きる士人という場にある。そうした場と天下国家とを会通させるものとしてその理念は説かれる。その門人の社会階層、出自にみられるように、同様の場にいる士人層が朱熹の言説を支持したとみられるのである。(10)

朱熹の死後、偽学の禁が解け、その学は士人層に広まり朱熹の従祀に至る（淳祐元＝一二四一年）。南宋末のこの従祀及び科挙への進出は、門人達の学派伝承的努力もあるが、その思想内容への士人層の支持が厚いことがこれを支えたのであろう。(11) 国家側はその支持の趨勢を地域社会の秩序維持に活用しようとして、元代後半の科挙再開のときには試験問題基準に採用し、明朝はこれを踏襲する。こうした経緯は、狭義の地域実態社会の課題を吸収した思想が理念中国文化に進出し、更新される経過を目の当たりにするようである。朱子学は、地域に生きる士人の地域社会への秩序形成の働きかけと国家からの士や知の管理との両面の機能を持つ。明代になると後景化する前者の側面が、その祖型には強くあったことを忘れてはなるまい。

（2）　大学と中庸の一体的解釈

朱熹は「大学」「中庸」両篇を単行『大学』『中庸』とみなし、『大学』を学問の綱領とする立場から『論語』『孟子』『中庸』とを併せ、そこに一貫する論理があるとみて四書の学を開いた。その学は、統治層を科挙により登用する体制のもとに生きる「士」の生き方を説く学びとして語るものであった。その枠組は『大学』の三綱領八条目を解釈した「修己治人」説として提示され、士の生きる場の課題が、家から国へ、国から天下へと漸進的に拡大する八条目の設定のもとに説かれた。『中庸』、また『論語』『孟子』は、そうした『大学』解釈による設定枠のもとで、『大学』説と一体的に通貫するものとして読み解かれ、位置づけられた。朱熹の『中庸』書の捉え方と『大学』との連動解釈の一端をうかがおう（以下、『大学』『中庸』本文箇所の提示はそれぞれ「章句」本の章数）(12)。

1　『中庸』書の捉え方

『中庸』書について朱熹は、「中庸章句序」（『朱文公文集』巻七十六。朱熹六十歳）に、「上古の聖神」が人間のあり方の本質を洞察し統治の規準を立てて以来の「道統の伝」が、孔子以降の戦国の諸子の時代に至って失われようとするのを孔子の孫の子思がみてとり、「堯舜以来伝えられてきた意義を推測し根拠づけ、平日聞いていた父（孔子の子の孔鯉）師（曾参）の言葉を尋ね、相互に検討し説明してこの書を作った（推本堯舜以来相伝之意、質以平日所聞父師言、更互演繹、作為此書）」と、全書が子思の作で、基本的には孔子の思想を解説的に述べ、そこに孔子の言葉を引用し敷衍したとする。その書全体の構成に関する朱熹の理解については、本書三一三頁「附録」の「表1　中庸本文に対する『章句』『正義』の章区分対照、及び『章句』の中庸構成理解」に参考として示したので参照されたい。

その中庸の根幹についてであるが、まず、「天命之謂性、率性之謂道、修道之謂教」の三句から始まる本文第一章を全体の大綱とみて、「天」による人の基礎づけ、人の修為、聖人の働きを語るものとし、人を天との関係から捉える。[13]ただしその天は人格神的な古代的天ではなく、万物が存在する〈しくみ〉のようなものである。「天命之謂性」の章句に、「天は陰陽五行により万物を変化生成し、気がそのモノの形を形成し、理がここに賦与される。〔その賦与は〕命令のようなものである。かくて人・物が生まれるにあたり、賦与されるその理をそれぞれが得るために、健順五常の徳をおこなう。〔これが〕いわゆる性である（天以陰陽五行化生万物、気以成形、而理亦賦焉。猶命令也。於是人物之生也、因各得其所賦之理、以為健順五常之徳。所謂性也）」と注する。「理」は命令のようなものであり、天と理とがここに重ねられる。命令的働きからその理は「天理」とも言われる。

中庸はその理の働きを「誠」から説くものと朱熹はみる。「誠」はもとは人の心の問題であるが、課題領域を心に閉じさせずに天と人とを貫く問題とみて、「誠」の内容を「実《じつ》（充実、真実）」と広く解する立場から、第二十章「誠者天之道也、誠之者人之道也」を章句で、

誠とは、真実無妄（純真充実してでたらめでない）ということであり、天理の本来のすがたである。誠にするとは、

真実無妄になりきれていなくて、真実無妄になることを希求することであり、人が追究すべき事柄である。誠者、真実無妄之謂、天理之本然也。誠之者、未能真実無妄、而欲其真実無妄之謂、人事之当然也。と解して、誠は「真実無妄」であり、それは「天理（の働き）の本来のすがた」の形容だと朱熹はみなす。そこから「理」に「実」がかぶせられ、理は「実理」とも言われる。また、この第二十章の章構成解説で「所謂る誠は、実に此の篇の枢紐なり」と説く言葉を『或問』の対応箇所で解説し、第二十一章「誠明」章で書物としての中庸は前後に大きく分かれ、中庸が語る枢要な語はすべて「実理」に沿って「実」を実現する事であると縷々述べ、その結びで、

おもうに大きくみたこの中庸篇の趣旨は、もっぱら実理の本来のすがたを明らかにすることにより、人がこの理を発揮充実させてでたらめであることがないようにと希求するものである。だから言葉が多いとはいえ、そのかなめは誠という一言を越えないのである。

蓋此篇大指、専以発明実理之本然、欲人之実此理而無妄。故其言雖多、而其枢紐不越乎誠之一言也。

と説く。「実」を媒介にして「誠」の背後に「理」を透視し、理から誠を捉え、さらにそこから天を捉え、理が万物を貫くとして、中庸は「誠」論を梃子にし（「誠」の字形の印象からかなり飛躍して）理から人と世界を捉える視点を開示すると説く。(14) 内在する理の実現に努力することにおいて人を普遍的に捉える視座が提示されるのである。

2　『中庸』解釈と『大学』解釈との連動

『大学』のいわゆる三綱領の「明明徳」の章句で、「明徳とは、人の天に得て、虚霊不昧にして、以て衆理を具して万事に応ずる所の者なり（明徳者、人之所得乎天、而虚霊不昧、以具衆理而応万事者也）」という、心の能力に関する定義的な有名な説明は、天との関わりで人を位置づけるという意味では、右に引いた中庸の「天命之謂性」の章句と、も

とより重なる。人のあり方の捉え方を共有するとみることから、人の修為の説明についても、大学と中庸は重なるとして、朱熹は相互の連動を中庸の解説の中で語る。見やすい有名な箇所を二件ほどあげてみよう。

すなわち、中庸の本文第一章の「君子戒慎乎其所不睹、恐懼乎其所不聞、莫見乎隠、莫顕乎微、故君子慎独也」の「慎独」と重なる語として、大学の伝六章に、「所謂誠其意者、毋自欺也、如悪悪臭、如好好色、此之謂自謙。故君子必慎其独也」という「慎独」があり、その「独」の説明は、ともに同じく「独とは、人が知らないことで自身だけが知っているというところである（独者、人所不知而己所独知之地也）」と説く。その「独」の箇所で、中庸章句は、

ひっそりした暗がりの中、微細な事柄は、すがたはまだ形になっていなくても幾《きざ》しはもはや動いており、他人はわからなくても自身は独りだけわかっているからには、つまり天下の事柄は、これほどはっきりしていて明らかなことがあるはずがない。

幽暗之中、細微之事、迹雖未形而幾則已動、人雖不知而己独知之、則是天下之事、無有著見明顕而過於此者。

と説く。ここの「幾は則ち已に動く」に注意したい。心の動と静に対応して朱熹は「敬」という心力向上の実践について、静時存養、動時省察ということを説くが、「慎独」を静から動に転換したその境目を越した地点、すなわち「幾し」の已発動時の工夫であるとみている。その「慎独」を大学の伝六章の章句では、

しかし心の発動（＝意）を「実（＝誠）にす」ることができているか否かは、思うに他人は知りようがなく自分だけがわかることであるので、この「独り」のところで謹んでその幾しをつまびらかにしなければなるまい。

然其実与不実、蓋有他人所不及知而己独知之者、故必謹之於此以審其幾焉。

と説き、やはり「幾し」の問題であるとする。中庸と大学を開通させる有様がうかがえよう。なお中庸章句ではこの「慎独」に先立つ「戒慎・恐懼」を静時にあてる。すなわち、続く中庸本文の喜怒哀楽の未発・已発のあとの「致中

和、天地位焉、万物育焉」という章の結びの章句で、

戒慎恐懼から集中していき、偏りの少しもない至静の「中《ちゅう》」のところに至って、中の持守が失われなければ、その中を極めつくして天地は位置を安定させる。慎独から精察していき、事柄に少しも誤りなく対応する「和」のところに至って、いかなる時もそうであれば、その和を極めつくして万物はそれぞれのすがたを発揮する。

自戒懼而約之、以至於至静之中無少偏倚、而其守不失、則極其中而天地位焉。自謹独而精之、以至於応物之処無少差謬、而無適不然、則極其和而万物育矣。

と、「戒慎恐懼」を「至静」に、「慎独」を「応物」に対応させる。「慎独」が静時存養、動時省察の後者にあたるというように、大学解釈と整合的にみていることがここからもうかがえる。

もう一件は、中庸の本文第二十章の有名な「誠者天之道也、誠之者人之道也」を導き出す語として、その直前に、「親に順」という孝の実現の前提として「身を誠にす」ることを説き、それには、「誠身有道。不明乎善、不誠乎身矣」と、「善を明らか」にすることが条件だと言い、この「明善」と大学伝五章の格物補伝の論とを重ねる議論である。

この「不明乎善」について中庸章句は、「人心・天命の本来の姿を洞察して、至善の所在を真につかむことがまだできないことを謂う（謂未能察人心天命之本然、而真知至善之所在也）」と説くが、『中庸或問』の当該箇所では、おもうに「物に格《いた》り知を致《きわ》め」（大学の伝五章）て、至善の所在を本当につかむということができなければ、善を好むときに「視覚がきれいなものを好きになるようにふるまう」（大学の伝第六章）ことは絶対できず、悪をにくむときに「嗅覚が悪臭をきらうようにふるまう」（同）ことは絶対できず、我が身を誠にしようとがんばっても、我が身が誠になることはありえないのだ。

蓋不能格物致知、以真知至善之所在、則好善必不能如好好色、悪悪必不能如悪悪臭、雖欲勉焉以誠其身、而身不

可得而誠矣。

と、大学伝五章の格物致知の論を基礎にして解説する。中庸の本文は右の直後に「択善」と「固執」を人の修為として言うが、『中庸或問』はこれを解説して、

善を択ぶことが明らかとは、大学に言う「物格りて知至」る（伝五章格物補伝）ことである。保持することがしっかりとは、大学に言う「意誠にして心正しく身修ま」る（経一章）ことである。

択之之明、則大学所謂物格而知至也。執之之固、則大学所謂意誠而心正身修也。

と、大学の本文との一致を表立って説いている。しかも問題が朱熹の大学説の最重要事ともいうべき格物論の内容の箇所に関わってのものである。

以上の二件において章句、或問という解説レベルで中庸と大学との連動を深く考察していることが明らかであろう。

朱熹はその晩年、その『大学』理解を根本枠としつつ、『儀礼』と『礼記』を組み合わせて礼学を再編した現代社会論ともいうべき『儀礼経伝通解』を作成した（完成は娘婿の黄榦による）。中庸もその構想のもとに位置づけられた。すなわち、その書では、後漢の馬融、鄭玄以来の、吉礼・凶礼・賓礼・軍礼・嘉礼という分類に替えて、諸礼を家礼・郷礼・学礼・邦国礼・王朝礼・喪礼・祭礼に分類し、『儀礼』『礼記』各篇を適宜この分類に配当する。この新分類の家礼から王朝礼までは「大学」の家・国・天下という社会実践の場の拡がりに対応する。家礼の次位の郷礼は、朱熹当時の郷・里レベルの狭義の地域社会の諸問題を認知するものである。その次に学礼が入る。これは科挙の合格者が地方の一次試験を通って二次の中央試験に送られるという社会のしくみに対応する。郷礼までは民間の人、邦国礼以上は官人としての振る舞いということになり、その中間に学礼が位置づけられるのである。この礼分類は、統治層を

科挙により登用する当時の社会体制をまさに反映している。そして『中庸』（及び『大学』）は、「章句」も含めて学礼におさめられた。『中庸』を位置づけるのに『大学』を基礎にしていることと、『儀礼経伝通解』が同時代に向けての現代社会論であることとがここによくわかる。

三　四書の学の展開と伝播

朱熹は、『大学』を四書の学の構想の根本に置くにあたり、自身の思想、哲学からみる世界像、人間観を四書の中で一貫させるために『礼記』大学篇の本文の改定を唱え、さらに「格物補伝」を挿入した。四書のテキスト問題がここに胚胎した(15)。明になると、朱子学学説の、特に人間存在の把握の妥当性が、陽明心学の登場によって吟味されはじめる。学説レベルでの批判が『大学』の解釈に集中してなされ、また経学という土俵で論議されるため、『大学』本文への朱熹の改定が論議の的となった。ただし、だからといって『大学』が四書から落とされたり、四書の他の三書のいずれかの存在価値が減殺されたりするということは起こらなかった。特殊な知識人層としての「士」と民間人としての「庶」の身分区分と、その間を結び人々を階層移動させる科挙のしくみが宋から明へと継続しており、すなわち科挙によって統治層を登用する体制のもとに生きる士の生き方を説く学びが社会的に必要だったという、先に述べた理念中国文化としての朱子学形成の基盤が継続したという社会的事情をそこにあげることができる。そのため四書の学の枠内で若干の論議はあったが、「天」との関わりで「人」の意義を論じる『中庸』の位置づけや、その本文を四書の他の三書から分離して議論するということには至らなかった。日本における「中庸」論の展開と比較した場合、これは重要なことである(16)。

次いで東アジア全体に関わる実態中国社会の大きな変動として、十七世紀半ばに明清の王朝交代が起こる。紆余曲折はあるが、その交代に対応する理念中国文化の揺らぎとして清朝考証学が形成された。ただし考証学の探究対象は主として五経であり、その実証的学風は思弁的な学風の朱子学に批判的であり、四書の学の一つである『中庸』書の検討には向かわなかった。ただし清朝政権は異民族政権であり、少数で中国社会を統治するにあたっては、明代に官僚生産に有効であった科挙システムとそれに伴う理念中国文化としての朱子学の機能を活用することが必要であった。その結果、官僚の日常倫理の学としての四書の学は、考証学による五経経書研究と並行しておこなわれた。(17)

以上、中国近世において中庸論は大学論と連動し、その大学論を基礎として一体化した解釈がなされた。その連動は、大学が統治層知識人の社会的あり方に対応するものとみられ解釈されたために成立した。それゆえ一度この連動と解釈の一体化がなされるや、この社会的背景が続く限りはその基礎の上での中庸の位置づけは大きくは変わらなかった。

おわりに

以上の朱子学の四書の学は、朝鮮半島には高麗後期に、日本列島には鎌倉室町期に比較的に早くに伝わっていた。ただし高麗朝では中国元朝に留学した人士が朱子学を新システム思想として移入したのに対し、日本では当初禅門において読まれた。そこでは『大学』と連動化させられる以前の段階の、心のしくみを説くものとして仏家と相互乗り入れする中庸理解がなされていた可能性も大いにある。本稿者はこの点について力不足であり専家の示教を仰ぎたい。

ともあれ、江戸期の展開の出発点として、藤原惺窩や林羅山の活動をあげるとすると、彼らにとっては『中庸』は四書の学の一部であり、『大学』と『中庸』がセットでかつ内容的に絡み合っているという理解を持っていたはずである。ただし四書の学を説けば同時代社会で衆人が納得するかというと、そこには戦国末から江戸初期社会にとっての朱子学諸論の適合、不適合性の問題があり、そこにある不適合要因のために日本社会にはそのままではとうてい受け入れられない。[18] 解釈の力点をずらしたり選択するなり、解釈を変容させるなり、所与の四書の学から別の枠組に離脱するなりの対応が求められる。江戸期の日本の社会体制、政治体制が科挙制ではなく世襲身分制であることは、中国における科挙による身分と社会階層異動を前提とした四書解釈、特にその全体を基礎づける『大学』解釈とは大きな齟齬があり、中国儒学の不適合要素がなによりもこの点において大いにあることを意味する。

かつ、中国では、身分と社会階層移動を前提とした解釈の延長において、その前提を強化する方向で『大学』解釈に異議が唱えられ、四書の学の枠づけの基本である『大学』の本文改定に疑義が出された。藤原惺窩に対する林羅山の最初の質問が、周知のように朱子学陽明学論争に関する情報についてのものであったことは象徴的である。[19] 江戸儒学においては朱子学解釈に揺れがあることがその出発点で察知されていたのである。このことも、『大学』を四書の学の基礎とはみなさなくなる可能性を形成する要因である。

以上の適合不適合の問題と、四書の学の根幹たる『大学』解釈が実は固定的なものではないという理解とが重ね合わされて、『大学』の解釈が動き始める。[20] 朱子学の『大学』解釈によって基礎づけられた四書の学における『中庸』の位置もそのままではいられず、『大学』解釈と一体的に存していたその理解が揺れることになる。『中庸』を『大学』から切り離して検討し、『中庸』書をそれ自体として捉え、そのテキスト性から検討して他書との相関を再考するという、江戸儒学における独特の中庸論の展開がここにはじまるのである。

註

（1）日本の戦後の訳注の代表的なものとして、赤塚忠『大学・中庸』（明治書院新釈漢文大系、一九六七年）、山下龍二『大学・中庸』（集英社全釈漢文大系、一九七四年）、島田虔次『大学・中庸』（朝日新聞社中国古典選、一九六七年）、金谷治『大学・中庸』（岩波文庫、一九九八年）等があり、学説史は各解説論文を参照されたい。

（2）『漢書』芸文志がもとづく前漢末、劉歆『七略』では、輯略（序論）、六芸略（儒教経書関係）、諸子略（儒家を筆頭にした諸子）、詩賦略（文学）、兵書略（軍事関係）、術数略（天文暦学、うらない）、方技略（医療関係）の実質六つに分類する。隋唐以降は、史学が経学の春秋学から発展的に独立して編成替えされ、経（経書）、史（史書）、子（諸子、技術、宗教）、集（個人文集、アンソロジー）の四部分類となる。

（3）日本の近代の研究の解説については、註（1）赤塚書「中庸解説」参照。中庸書全体が一つ論とみるか、いくつかにわかれるかという論、成立を戦国時代半ば、後期、漢代とそれぞれみる論の二つの視点が様々に組み合わせられた諸説がある（赤塚氏は中庸書全体を一つの論とみる立場に立つ）。なお、近年、戦国中期のものとされる出土竹簡（郭店楚墓竹簡・上海博物館蔵戦国楚竹書）の中に、『礼記』の中で中庸篇とセット的に従来みられてきた緇衣篇に対応するものが発見され、中庸篇の成立も戦国中期以前に遡る可能性が出来しており、中庸篇形成問題は根本的な見直しが求められている。

（4）註（1）山下書の中庸「解説」は、鄭玄・孔穎達の解釈を詳しく説明し、また朱熹の章句本との節分けの違いについても図示している。

（5）人口数については、梁方仲編著『中国歴代戸口、田地、田賦統計』（上海人民出版社、一九八〇年）、人口分布図については、陳正祥『中国文化地理』（香港・三聯書店、一九八一年）参照。

（6）「復性書」については、末岡実「李翺——宋学の先駆者」（『中国思想史　上』ぺりかん社、一九八七年）、「中唐期における性説の展開と役割」（『日本中国学会報』第三十四集、一九八二年）参照。

（7）大学篇、中庸篇の下賜については、戸田豊三郎「宋代における大学篇表彰の始末」（『易注釈史稿』風間書房、一九六八年所収。一九六一年初出）参照。

（8）北宋易学の動向については、今井宇三郎『宋代易学の研究』（明治図書出版、一九五八年）参照。

（9）拙稿「程伊川実践論の論理形成――『遺書』入関語録を中心として」（『集刊東洋学』第三十八号、一九七七年）、「呂大臨の思想」（『日本中国学会報』第三十二集、一九八〇年）、「程頤の未発已発論――蘇季明問答をめぐって」（『中国における人間性の探究』創文社、一九八三年）参照。

（10）拙著『朱熹門人集団形成の研究』（創文社、二〇〇二年）第二篇「朱熹門人・交遊者の朱熹思想理解」所収の諸論、参照。地域郷村社会への働きかけとして社倉活動が先学に論じられてきたが、木下鉄矢『朱子学の位置』（知泉書館、二〇〇七年）第四章は、朱熹が社倉に利息を設定したのは民の「自主」の力を見出したからこそであるとの興味深い理解を語る。

（11）拙稿「黄榦における『為己の学』の表象」（『集刊東洋学』第一〇〇号、二〇〇八年）は、朱熹の娘婿黄榦《こうかん》が書いた、慶元偽学の禁から開禧の用兵頃に生きた朱子学を遵奉した朱熹・黄榦の縁者ら、地域に生きる士人の墓誌銘を分析する。ヒルデ・デ・ヴィールドト「南宋科挙の学術史」（高津孝訳。『中国―社会と文化』第二十二号、二〇〇七年。Hilde De Weerdt, *"Competition over Content: Negotiating Standards for the Civil Service Examinations in Imperial China (1127-1279)"* Harvard University Asia Center, 2007. にもとづく）は、科挙参考書の作成と刊行の状況を精査しその内容傾向を検討し、十二世紀後半に科挙の場で永嘉の学が優勢だったのが、十三世紀前半には朱熹系道学派が優勢になっていくという交代の現象と、科挙試験場にあわせた作文カリキュラムを朱熹系道学派が一二三〇年頃以降つくるのに成功したというその交代の背景という興味深い問題を論じる。

（12）両書の原形は朱熹四十五歳前後に作成され、改定が晩年まで続けられた。四書集注の改定の様子については、吉原文昭『南宋学研究』（研文社、二〇〇二年）参照。微細に検討している。

（13）第一章末尾の章構成の説明において、「首めに道の本原　天より出でて易うべからず、其の実なる体　己に備わりて離るべからざるを明かにし、次で存養省察の要を言い、終りに聖神功化の極を言う（首明道之本原出乎天而不可易、其実体備於己而不可離、次言存養省察之要、終言聖神功化之極）」と言う。

（14）第十六章「鬼神」論は、「誠」の「実」ということは、気による「物」の形成、すなわち物がすがたをとるかとらないかの境目様態（＝「鬼神」）で気が根幹となることだとして、物の側から世界の〈しくみ〉を語るものとみる。なお中庸章句の「誠」を「実」とすることの内容に短くは語りきれない幅があることについては、市川安司「中庸章句の誠」（『朱子哲学論考』汲古書院、一九八五年。一九六七年初出）参照。

(15) 朱熹の高弟で娘婿黄榦の門人何基に学んだ王柏（一一九七―一二七四）は、朱熹の経書本文批判の方法を継承し、思想としての朱子学の学術研究化に貢献したが、『訂古中庸』、「古中庸跋」（『魯斎集』）を著し、中庸は第二十章までと二十一章以後との二篇に分かれるとした。ただしそれは朱子学の枠を問い質すものではない。なお、その後明初まで本文錯簡の疑問を表明したものとして、楊守陳『中庸私抄』がある（亡。『経義考』巻一五四）。

(16) 中庸に対する陽明学からの見方については、註（1）山下書（三一一頁以下）が、王守仁「修道説」（『王文成公全書』巻七）、王畿「中庸首章解義」（『龍渓王先生全集』巻八）を訳出して解説しているので参照されたい。また佐野公治『四書学史の研究』（創文社、一九八八年）第五章「『四書評』の歴史」、六章「晩明の四書学」、七章「科挙と四書学」は陽明学登場後の四書学の展開を活写する。中庸は四書の一つとして読み込み続けられた。

(17) 徳川体制が鎖国をしても、中国の学術情勢は、そのままではないがひっきりなしに伝わっていた。考証学の勃興の成果にとどまらず、明清交代にともなう儒学学術の諸問題も江戸後期に高いレベルで議論されていたという、まさに東アジア海域交流的問題については、荻生茂博『近代・アジア・陽明学』（ぺりかん社、二〇〇八年）の「古賀精里――異学の禁体制における『大学』解釈――」（一九八八年初出）、「幕末・明治の陽明学と明清思想史」（一九九五年初出、補注も同年。この補注が充実している）参照。

(18) 渡辺浩『近世日本社会と宋学』（東京大学出版会、一九八五年）参照。

(19) 吉田公平「江戸初期における陽明学の受容――林羅山と中江藤樹の場合」（高橋富雄編『文化における受容と変容』角川書店、一九八五年）、「江戸後期の朱陸論――その由来を論じて一斎・中斎に及ぶ」（『日本における陽明学』ぺりかん社、一九九九年。一九九〇年初出）参照。まさに明末の海域文化交流現象である。

(20) 多様な大学解釈については源了圓編『江戸の儒学――『大学』受容の歴史――』（思文閣出版、一九九八年）参照。

朝鮮王朝における王権と『中庸』——世宗を中心に——

朴　鴻　圭
金　仙　熙　訳

はじめに

東アジア海域における文化交流という観点から四書注釈を論じる際、念頭に置かなければならないのは、四書というテキストの持つ性格である。四書は他の有形無形の文化要素（文化財）とは異なり、政治的性格を強く有する。南宋の朱熹により四書集注の形で集大成された四書は、唐代までの政治社会とは異なる理想的な政治社会を新たに提起した。唐代の貴族階級が崩壊し、五代を経て登場した新興士大夫勢力は、君主と臣下そして人民が皆「同じく」人間であることを前提としながら、実際の政治社会における最高統治権者である君主、彼を補佐する臣下、そして大多数の人民がそれぞれ役割を果たす有機体としての政治体制を提示し、そうした理想的政治体制のモデルを堯舜三代に設定した。このような四書の性格から、中国とは異なる他地域における四書受容のありさまを研究する際、四書がその受容地域の政治社会にいかなる影響を及ぼしたか、またその地域の政治社会が有した既存の条件、或いは四書受容による政治社会の変化が逆に四書にもたらした影響の考察が、核心的な課題になるであろう。前者は政治史や社会史研究につながり、後者は経学史（注釈史）の研究と接点を持つ。もちろん、研究方法としては思想と現実の相互関連性を排除して、受容された四書注釈に対する当時の思想家の理解、批判、或いは新解釈などが思想自体の研究としてなされる可能性を否定するわけではない。しかしながら、思想と現実との相互関連から離れては、朝鮮王朝における四書注釈論の真相には近づけない。四書のなかでも特に『中庸』は、最高統治権者たる君主のための統治書である。したがって『中庸』は王権と不可分の関係におかれる。『中庸』の受容が王権に及ぼした影響、王権と『中庸』注釈との関連性を考察することが、朝鮮王朝を対象にするこの章の主要内容になるべきであろう。筆者の関心や研究不足から、ここでは、主に朝鮮王朝第四代君主である世宗（一三九七―一四五〇、在位一四一八―五〇）を中心にして『中庸』の政治思想がいかに実践され、王権に寄与したかに論点を絞って考察したい(1)。それを通じて中国や日本とは異なる、朝鮮における『中庸』受容の特徴を明らかにしたい。

一　朝鮮王朝における『中庸』注釈

高麗社会に性理学が受容されたのは忠烈王代（一二七四―一三〇八）の十三世紀末である。南宋出身の儒者によって元に伝わった性理学は、元の首都、燕京を往来する高麗使臣によって高麗へもたらされた。その先駆的役割を果たした人物が安珦《あんきょう》（一二四三―一三〇六）であり、続いて白頤正《はくいせい》（一二四七―一三二三）が、一二九八年から十年以上中国に滞在して文士との交友を通じて性理学を学び、帰国に際し、数多くの関連書籍を持ち帰った。ここに、高麗における性理学研究の道が開かれた。白頤正の程朱学は李斉賢《りせいけん》と朴忠佐《ぼくちゅうさ》に伝授され、李斉賢の丈人である権溥《けんほ》は朱熹の『四書集注』を刊行した。以後、四書は一三四四年に科挙科目で採択され、科挙を通じて官僚となった新興儒臣らは政治的に成長し、一三九二年朝鮮王朝の開創の主役となったのである。

朝鮮建国以降、朝鮮の性理学者はまた儒家経典の注釈を通じて自らの思想を明らかにした。成均館大学校所属大東文化研究院から刊行された『韓国経学資料集成』（一九八八年）には、経書注釈が集大成されている。『中庸』の註釈書はこの全集の第九冊から第十七冊に載せられている。十六世紀以前には権近《けんきん》、李彦迪《りげんてき》、金彦璣《きんげんき》、李徳弘《りとくこう》の四人の、十七世紀には趙翼《ちょうよく》の『中庸困得』以降、林泳《りんえい》に至るまで十人の、十八世紀には李泰寿《りたいじゅ》の『中庸七図』以降三十四人の、十九世紀以降は五十人の注釈書が伝わり、総計九十八人の学者による百十八種のものがある。高麗末、権近の「中庸首章分釈之図」と「分節弁議」（『入学図説』、一三九〇年）から始まった『中庸』研究は、壬辰倭乱（一五九二年勃発）と丙子胡乱（一六三六年勃発）以降、すなわち十七世紀以降に活発に行われたことが分かる。

以上の注釈書を形態別に区分すると、第一に、図解を活用して『中庸』の全文、または特定の主題を解釈したものがある。権近の「中庸首章分釈之図」以降十八人の学者が残した図説がある。第二に、『中庸』全篇に対する解釈で、①『中庸』全文の章節別の大義解説と、②朱熹、宋元明代あるいは朝鮮朝の先賢の学説に対する敷衍解説に分けられる。前者には「中庸標題」（金彦璣）、「中庸章句補録」（尹鑴《いんけい》）、「思弁録中庸」（朴世堂《ぼくせどう》）、「中庸疾書」（李瀷《りよく》）、「中庸説」（鄭斉斗《ていさいと》）、「中庸自箴」「中庸講義」（丁若鏞《ていじゃくよう》）などがある。退渓学派に属する金彦璣の著述を除くと、これらはみな反朱子的見解を持った学者の著述である。後者には「中庸困得」（趙翼）、「中庸答問」（李維泰《りいたい》）、「中庸箚記」（金幹《きんかん》）、「中庸講説中庸問答」（金元行《きんげんこう》）、「中庸箚疑」（金謹行《きんきんこう》）、「中庸集説」（金鍾正《きんしょうせい》）、「中庸講録」（朴琮《ぼくそう》）、「中庸箚録」（金履九《きんりきゅう》）、「中庸纂要」（裵相説《はいそうせつ》）、「中庸箚録」（尹衡老《いんこうろう》）、「中庸集評」（柳建休《りゅうけんきゅう》）、「中庸疑義」（崔孝述《さいこうじゅつ》）、「中庸講義」（朴時《ぼくじ》）、「中庸読書録」（崔祥純《さいしょうじゅん》）、「中庸答問」（郭鍾錫《かくしょうしゃく》）、「中庸章句詳説」（朴文鎬《ぼくぶんこう》）などがある。これらの著述は朱熹の『中庸章句』に依拠して、『中庸』の本文と注、その他多様な学者の学説を収集して要約したり、敷衍して解説したりしたものがほとんどである。第三に、『中庸』の本文または朱熹の注釈である大注の中からとった部分的な主題に対する解釈がある。朝鮮朝儒者が残した『中庸』に対する著述はおおむねこの類型に属する。「講義」「質疑」「問答」「答問」等は、師と弟子または友人との問答形式で作られたものであり、「箚記」「箚録」「箚疑」等は、特に注目すべき主題を解説する形式で作られたものである。宋静淑《そうせいしゅく》は、以上の類型のうち、第一、第二の後者②、第三を、朱熹『中庸章句』を肯定的に受容したものであるとし、他方、第二の前者①はそれを批判的に受容したものと指摘する。[2] なお宋は、『中庸章句』に対する肯定的、否定的受容を時代状況と関連付けて説明している。

壬辰倭乱と丙子胡乱の後、政局の不安定化、また中国からの西洋文物と天主教の伝来などにより、朱子学の理念体系に一大動揺が起こった。『中庸』注釈はこのような時代的状況を反映して成立した。既存の体制を強固に維持しようとする勢力は、『中庸章句』を肯定的な側面で活用したが、新しい変化を反映し、既存体制に対する改革を目指した勢力は『中庸章句』を批判的に取り上げ注釈したのである。尹鑴、朴世堂、鄭斉斗、李瀷、丁若鏞などは後者に属し、孔孟の道を回復するために原始儒学に回帰することで脱朱子学的な態度を示したり、あるいは実践を重視する陽明学を信奉した。[3]

十七世紀に入って現れた朱子学的経学観に対する批判的、自主的な解釈を、安秉杰《あんいけつ》は、当時の知識人の「現実指向的思考」という観点から説明している。尹鑴が「天命の性を自覚し、それを実現するのが中庸である」と解説した時、尹鑴には理論と実践の乖離で派生せざるを得ない虚偽意識を乗り越えようとする意図があったと安秉杰は指摘する。「事天」が直ちに自己実現（「為己」）であると言う尹鑴の哲学はそういう意図を裏付ける。尹鑴の『中庸』解釈によく見られる「戒慎恐懼」「慎独」「反求諸己」などは、人間の反省的実践を意味するものであって、彼が重視した「天命の性」はその反省を通じて現実において中庸の道が可能になる生得的な本性であるのだ。尹鑴の『中庸』解釈は、このように人間の実践力への深い信頼感に基づいて現実的実践体系を説明し、確立しようとすることに焦点が置かれている。この点が即ち、経験を重視した朴世堂の哲学とともに十七世紀の朝鮮儒学の自主性を代弁する点であると言える。彼らは経典研究において古典的な経学精神への回帰と現実性を強調することで朱子学に対する自主性を宣言したのである。こうした思惟は十八世紀の実学的経学観として発展し、李瀷の『中庸疾書』、丁若鏞の『中庸講義』等、尨大な経典解釈が登場した。(4)

朝鮮半島では十三世紀末に性理学が受容され始め、高麗から朝鮮への王朝交替があり、その後十五～十六世紀を経て、十七世紀に至ってようやく本格的な経典注釈が登場する。それでは、なぜ十四～十六世紀には経典注釈が相対的に少なかったのだろうか。十四～十六世紀における思想の動向をいかに理解すべきであろうか。

筆者は十四～十六世紀における性理学受容の特徴を、「理解の深化と実践」の時期として考える。言い換えればその時期とは、中国から受容された性理学への理解が深まっていくと同時に、一方では各々の理解により現実の場で実践されていく時期だったのである。特に一三九二年の王朝交替は、性理学の実践がより高い次元で行われる契機となった。新たに誕生した朝鮮王朝はまさに性理学実践の実験場であった。特に世宗代に輸入・印刷された『四書大全』

『性理大全』などは、朝鮮における性理学理解を深化させる契機になり、朝鮮性理学は十六世紀、李退渓と李栗谷の登場で絶頂に達した。そして前述のように一五九二年の壬辰倭乱、一六三六年の丙子胡乱の経験で朝鮮社会は急激に変化し、そういった現実の変化に対する思想的対応が発生した。一つは性理学の教条化による旧秩序を保守しようとする対応であり、もう一つは性理学の批判による新しい可能性の摸索であった。後者はいわゆる「実学」である。『中庸』に対する注釈はこのような変化のバロメーターであった。

二　世宗と『中庸』

世宗は朝鮮王朝の第四代君主である。彼の治世（一四一八—五〇）は「我が国の歴史上、最も光栄だった時代」をもたらし、世宗は「海東の堯舜」（『世宗実録』三十二年二月十七日壬辰条）[5]、または「東方の聖主」（李珥、『栗谷全書』）として評価される。このような評価は世宗が統治体制の整備（田制、収取制度、軍事制度、国家儀礼等）、国土の開拓・拡張（四郡六鎮）、ハングルの創製や礼楽の発展など文化国家としての規範を整える一方、天文・地理・医学など科学技術を大きく発達させたことで守成期の国家基礎を作り上げた事実にその根拠が求められるが[6]、それはあたかも「致中和、天地位焉、万物育焉」（『中庸』第一章）を彷彿とさせる出来事である。本節では、このような世宗の政治と業績を、『中庸』思想の実践という観点から考察したい。

世宗は三十二年間の在位中、総計一八九八回の経筵《けいえん》を行った（月平均五回）。経筵の教材として使われたのは『大学衍義』『春秋胡伝』『資治通鑑綱目』『大学』『論語』『中庸』『孟子』『詩伝』『春秋左伝』『周易』『書伝』『律呂新書』『性理大全』『宋朝名臣言行録』などである[7]。なかでも四書講読は世宗六年に行われた。『大学』講読は三月四日に始まって二十日に完了し、『論語』講読は三月二十二日に始まって四月二十日に完了した。『中庸』講読は四月二十三日に始まり（完了日は五月二十五日と推定）[8]、『孟子』講読は七月二十八日に始まって八月十九日に完了した。もちろん朱熹の『四書集注』が教材であったことは疑いの余地がない。

「経筵」とは、宰相、言官、及び新進の集賢殿学士らと一緒に経典を講読しながら当面の課題を議論する場であった。君主と臣下の経典講読は直ちに政治に繋がった。もともと『中庸』は実践の書籍であり、しかも単なる倫理的実践の書籍ではなく、政治的実践の書籍として、最高統治者である君主のための実践の書であった。したがって世宗は『中庸』に記される内容を論じながら、自分自身が『中庸』を体得・実現する君主であるという自覚を持ったはずである。世宗は『中庸』に言及される舜、文王、武王のような聖人の政治を施すことを自分の任務と思い、朝鮮の人民にその実現を試みたとみても良いだろう。

世宗十七年、『通鑑訓義』の撰集官らのため宴会が開かれたが、世宗は宴会に参預した文臣にそれぞれ詩作を命じた。宴会が終わって尹淮《いんわい》などが謝恩の箋《せん》を奉った。

> 主上殿下（世宗）はもっぱら中道をお取りになり、終始学問につとめられました。堯の明、舜の哲の神聖をもって万機を裁決され、漢綱・唐目の規模を稽《かんが》え、百代を鑑観され、かくて駑鈍な私どもにも鴻大な私恩を蒙らせていただきました。
>
> 主上殿下、精一執中、終始典学。以堯明舜哲之神聖、裁決万機。稽漢綱唐目之規模、鑑観百代、遂令駑質獲被鴻私。（17/06/08）

この箋には、『中庸』だけでなく他の経典からの引用も多く見られるが、謝恩のため書かれる箋の性格上、世宗を褒め称えるための常套的な美辞麗句として使われたと考えることもできる。しかし少なくともこの箋は、世宗の学問と政治が『中庸』に立脚したことをあらわしている。では、具体的に世宗の為政に『中庸』がいかに表れたかを、『世宗実録』の記事を通じて確認してみよう。

『世宗実録』には、刑罰に係わる記事が数え切れないほど多く見られる。次の引用文は世宗が関連部署に下した指示である。

思うに先王らが刑罰を使う目的は、刑罰を受ける者がいなくなることを願うためだった。どうして無知の民を法の内に重置させることができようか。一笞の刑、一杖の刑でさえ、もしその中道を失したら（失其中）、怨みを呼びおこし和気が損なわれるのは、ここに因る。……寡人の欽恤の至意にかなうようにすることをもってせよ。

予惟先王用刑、期于無刑。豈忍以無知之民、重置之於法乎。一笞一杖、尚失其中、召怨傷和、或基於此。……以副寡人欽恤之至意。（06/08/21。下線筆者、以下同）

刑罰と関わる記事の中には、法を犯した者に与える刑量を取りこんで世宗が臣下と対立する場面があるが、次は世宗が自分の判断が適切であると主張する部分である。

余は大臣と議論し、処決して中を得た。……周の三叔はその罪はみな同じだが、成王は管叔のみを誅した。ましてやこの度の李元生などの罪は、三叔の罪に並ぶべくもない。余は中道を得た（得中）と思う。

予已議大臣、処決得中。……周之三叔、厥罪惟均、成王只誅管叔。況今元生等、不可与三叔之罪比也。予則以為得中。（07/04/04）

もし卓越した功があれば、どうして遠いところに流刑させようか。したがってこれを殺すのは度が過ぎており、流刑に処すればその中道を得る（得其中）と余は思ったのだ。

若有卓立之功、則豈流於遠方哉。故予謂殺之則過、流放則得其中矣。（08/05/27）

余がこの請を受け入れないのは友愛のためではなく、このように処理することが、中道を得る（得中）と思うからだ。

予之不聴、非以友愛也。処之如此、意謂得中。（10/01/16）

それでは世宗の言う「失其中」や「得其中」は『中庸』のどの部分と関連があるだろうか。

『中庸章句』は、「偏らないことを中と謂い、変化しないことを庸と謂う。中とは天下の正道であり、庸とは天下の定理である。この篇はまさに孔門に伝授されてきた心法である。（不偏之謂中、不易之謂庸。中者天下之正道、庸者天下之定理。此篇乃孔門伝授心法）」という、程子の語から始まる。朱熹は、『中庸』を「心法」、すなわち心性論の観点から解釈する程子の見解を継承するのである。それは『中庸』の中でも、「喜怒哀楽の情が発する前を中といい、情が発してみな節度に合致することを和という。中とは天下の大根本であり、和とは天下共通の道である。（喜怒哀楽之未発、謂之中、発而皆中節、謂之和。中也者天下之大本也、和也者天下之達道也）」（第一章）という文句に焦点を合わせた解釈である。一方、『中庸』の原文にはこのような心性、心法とは異なる次元の中庸（心外の事に関する）に関する句がある。

孔子がおっしゃった。舜王は大知者だね。舜王は好んで人に問い、好んで身近なことばを察し、悪を隠し善をとどろかし、ものごとの両端をとらえて、その中を人々の間に用いられた。それゆえ舜とされたのであろう。

子曰、舜其大知也与。舜好問而好察邇言、隠悪而揚善、執其両端、用其中於民。其斯以為舜乎。（第六章）

『中庸』には第一章の内心に関する「中」と、第六章の外的な事に関する「中」という二つの内容がある。宋代の新儒学者は前者を強調し、朱熹はそれを継承、集大成して四書集注を編纂した。世宗が刑罰と関連して使っている「失其中」や「得其中」の「中」は後者に属する。とはいえ、前者が無視されたり貶しめられることはない。朱熹の使う本末、内外の論理からみれば、前者が確保された人のみ後者を行うことができるからである。[9]

世宗は『中庸章句』で提示されている、心のなかにおける中道の修養と、最高の治者としての外的任務（修己治人の道）を確実に遂行した。前に引用した「主上殿下（世宗）はもっぱら中道をお取りになり、終始学問につとめられました。堯の明、舜の哲の神聖をもって万機を裁決され」という臣下の言葉は、そうした世宗の姿の表現として見てもいいだろう。

以下では世宗の中庸実践を「九経」を中心に考えてみたい。

三　『中庸』の九経

『中庸』が最高統治者の政治論であることはその第二十章に明らかである。この章は、哀公が「政治とは何か（哀公問政）」と問い、孔子が「文王と武王の政はその方策にあらわれている。立派な人がいれば立派な政が行われ、立派な人がいなければそういう政も終わる。（文武之政、布在方策。其人存則其政挙、其人亡則其政息）」と答えるところから始まる。『中庸』全体の中で一番長い章である。ここに言う「方」とは板（版）であり、「策」とは竹簡や木簡のことである。文王と武王の施した政治の内容がそうした記録（方策）に残っているが、政治の良し悪しの要諦は、文王と武王のような人物の有無にかかわるというのだ。このように始まる典型的な儒家政治論がしばらく続いたのち、九経の内容が述べられる。

凡そ天下と国家を治めるに九経というのがあるが、それは、①身を修めること、②賢人を尊ぶこと、③親戚に親しくすること、④大臣を敬うこと、⑤多くの臣下の心を察すること、⑥人民を（自分の）子のように愛すること、⑦百工らを来させること、⑧遠方の人を懐柔すること、⑨諸侯に恩恵を施すことである。

凡為天下国家有九経、曰、修身也、尊賢也、親親也、敬大臣也、体群臣也、子庶民也、来百工也、柔遠人也、懐諸侯也。

「九経」とは「九種の常法（正当な法）」で政治の大項目であって、『大学』の「修身斉家治国平天下」に比肩される。自分自身から始まり天下に至るという、議論の拡大過程は等しいが、『中庸』の九経の方が内容上においてより具体的である。

そして九経の条目を列挙した後に、第二十章本文は九経実行の効果に関する内容を続ける。①身を修めると道が確立され、②賢人を尊ぶと惑わされず、③親族に親しくすると諸父（伯叔父）や兄弟の怨みがない。④大臣を敬うと乱れることがなく、⑤多くの臣下の心を察すると士の報礼が重くなる。⑥人民を（自分の）子のように愛すると人民は勤勉になり、⑦百工らを来させると財政が豊富になる。⑧遠方の人を懐柔すると四方からこちらに帰する。⑨諸侯に恩恵を施すと天下が君主を畏敬する。

修身則道立、尊賢則不惑、親親則諸父昆弟不怨、敬大臣則不眩、体群臣則士之報礼重、子庶民則百姓勧、来百工則財用足、柔遠人則四方帰之、懐諸侯則天下畏之。[10]

次いで第二十章の本文では、九経の具体的な内容が叙述される。

①斉戒し盛服（盛装）し、礼でなければ行わないとは、身を修めることである。②讒訴する者を除去し女色を遠ざけ、財物を賤しく思い、徳を尊く思うことは、賢者を励ますことである。③その地位を高くし、俸禄を多くし、好悪を共にすることは、親族に親しくすることを励ますことである。④官属を多くし任使することは、大臣を励ますことである。⑤忠信（誠心）を以て俸禄を多くすることは、士を励ますことである。⑥時期を定めて賦役し、税金を少なくすることは、人民を励ますことである。⑦毎日様子を見、毎月試し、仕事に合わせて祿を与えるこ

とは、百工を励ますことである。⑧去る者を送り、来る者を迎え、上手な者（善）を嘉し、下手な者（不能）をあわれむことは、遠方の人を懐柔することである。⑨絶えた代を継続させ、亡んだ国を起こし、乱れた国を治め、危い国を支え、朝会と聘問を時期に合わせて行い、往に厚くし、来に薄くすることは、諸侯に恩恵を施すことである。

斉明盛服、非礼不動、所以脩身也。去讒遠色、賤貨而貴徳、所以勧賢也。尊其位重其禄、同其好悪、所以勧親親也。官盛任使、所以勧大臣也。忠信重禄、所以勧士也。時使薄斂、所以勧百姓也。日省月試、既稟称事、所以勧百工也。送往迎来、嘉善而矜不能、所以柔遠人也。継絶世挙廃国、治乱持危、朝聘以時、厚往而薄来、所以懐諸侯也。

次は、九経に相当すると考えられる世宗の言行を『世宗実録』に即して取り上げよう。

四　世宗の九経の実践

第一、「脩身」のこと

君主世宗が普段政事を司る時、「斉戒し盛服（盛装）し、礼に非ざれば行わな」かったことは想像に難くない。王室の儀礼を行う時により一層そうであったことは、『世宗実録』の記録から確認できる。朝鮮建国以降、持続的に王室の儀礼が制定されてきたが、特に世宗の代には、集賢殿の設置により古典典籍の詳細な考察が行われたため、さらに緻密な儀礼が作られた。そうした儀礼の主体が君主であった場合、世宗は礼に合わせて行動した。

また、随時に発生する自然災害に直面して、臣下らは世宗の修身を強調したし、世宗も自ら修身することで自然災害を乗り越えようとする意志を表した。

今は稲穂が出る時なのに、なお太陽が強く雨が降らないので、殿下は恐縮し謹んで身を修め反省し、膳を減らし酒を禁じられ、天を恐れる誠の至極でございます。

今当禾穀発穂之時、亢陽不雨、殿下恐懼修省、減膳徹酒、畏天之誠至矣。（11/07/01）

曇った雨降りの日が長く続き、殿下は身を修め反省して心配され、……

今当陰之日、殿下修省軫慮、……（16/08/03）

天文に顕れる異常現象にも、世宗は敏感に反応した。「夜明け頃、勤政殿の屋上に煙気でもなく雲でもない気雲がながめられたが、その形状はまるで二本の丸い柱のようで、濃い青色と淡い黒色を帯びており、天を突くように立って、すぐ散じ消えた。（当日出時、望見勤政殿屋上有気、非烟非雲、状如円柱者二、色深青淡黒、衝空而立、俄而散滅）」という状況が伝えられると、世宗は「これは災異であって祥瑞ではない。余は恐懼し身を修めるべきである。（此災異、非瑞也。予当恐懼修省矣）」と話した（18/閏06/13）。

さらに、君主の修身が国家の興亡と直結することを、世宗はよくわかっていた。東北の女真族の跋扈を阻み、領土守備に苦心した世宗は、臣下との対策を論議するなかで次のように言う。

守成の君主は概して狩猟あるいは歌や女色を好まなければ、必ず大を好み喜ぶ弊害がある。これは昔から今に至るまで、先祖の王位を受け継ぐ君主が警戒しなければならないことである。余は、祖宗の王業を受け継ぎ、盈盛な王運を安存させることをば、常に念じている。

守成之君、大抵不好遊声色、則必好大喜功。自古及今、継体之主所当戒也。予承祖宗之業、撫盈成之運、常以此為念。（15/11/19）

第二、「尊賢」のこと

世宗十四年八月二日、司憲府から世宗に上書があった。司憲府は、告身の法、すなわち善良な人才を登用するためには、君主が人事を行う時、台諫の検閲または承認を得ることを要請した。上書文には次のような語句内容が含まれている。

人材を登用する方法は、世族の美を崇尚せず、ただその才徳が、仕事を成功させ人のためになるかどうかです。いやしくも彼が賢人であれば、たとえ粗末な家門（圭竇）出身の賤しい者であっても、公卿となることを害せず、大臣（台閣）になることを害するものではないでしょう。反対にいやしくも才が無ければ、たとえ代々貴族の家柄の子孫であっても、国の利益になり、民生の利益になることはあり得ないでしょう。

所以用人者、非尚其世族之美、特取其才徳、足以建事利物也。苟其賢也、雖門圭竇之賤、不害為公卿、不害為台閣。苟不才也、雖奕葉閥閲之冑、何益於国、何益於民生。（14/08/02）

当時、世宗は告身法の施行を保留したが、善良な人才を尊重して登用しようという司憲府の主張には共感していた。それは腐敗官吏（贓吏）の子孫であっても登用すべきだとする世宗の判断からも確認できる。

世宗十四年五月十四日、政事を司る世宗は臣下に、「腐敗官吏（贓吏）の子孫を、ある場合は登用しある場合は登用しないが、適切な規定を立てるべきであろう。仮に登用するとしたら、どんな官職を与えるべきか。（贓吏之後、或用或否、宜立一定之法。如用之、則授何等職）」と問うた。そこで安崇善《あんすうぜん》は、「贓吏の子孫を常例に従いすべて叙任すれば、貪汚な者が憚ることがなくなるので、登用しなくてもよろしいでしょう。（贓吏之後、例皆叙用、則貪汚者無所憚、雖不用可也）」と答えた。金宗瑞《きんそうずい》は「登用すべきでしょう。（宜用之）」と、反対の意を表した。世宗は三人の議政大臣に議論を命じた。黄喜《こうき》、孟思誠《もうしせい》は次のように申し上げた。

古人は、「徳に率って行いを改める」と云い、また「父賤にして行い悪し」とも云ったことがあります。昔の人が人を登用する場合、ずっと世系、親属に拘っておりません。たとえ腐敗官吏の子孫であっても、賢であり登用すべきであれば、どうして政府・六曹・台諫の官職には登用せず、必ずや軍官に用いるべきでしょうか。限度を設けて人を用いるのは、人を用いる義において、なんとも狭い考えではないでしょうか。

古人云、率徳改行、又云、父賤而行悪。古之用人、不係世類尚矣。雖贓吏子孫、苟賢而可用、則何限政曹台諫、而必用於軍職乎。且立限用之、於用人之義、豈不隘乎。(14/05/14)

これに対し世宗は、「登用してよい。(用之可也)」という決断を下した。

第三、「親親」のこと

世宗の父王である太宗は王子の時、二度にわたる殺戮を伴う兄弟たちとの権力闘争を経て王位に上った。即位後も四人の妻男(妻の男兄弟、即ち世宗の母方の叔父)を処断して権力を維持した。長男譲寧《じょうねい》を世子の位から廃して、三男である世宗を王世子に冊封した後、世宗の岳父を処断しさえした。権力の掌握と維持、継承のため親戚にまで政治的死を与えた父王の姿を見て成長した世宗は、「親親」に対する格別の考えを持ったはずだ。そのことは、王位を受け継いだ後の世宗の行迹にじゅうぶんに確認することができる。

世宗は父王太宗の残酷な行為に対し、いかなる恨みも表現したことがない。太宗が王位を譲ってから四年間「上王」として君臨し死ぬまで、世宗は父太宗に真心をもって尽くした。兄弟を失った母、元敬王后に対する世宗の心づかいはいうまでもなかった。世宗が見せた「親親」の典型的な姿は、廃位された兄譲寧とその家族に対する復権及び処遇からも窺える。

世宗九年初頭、世宗が譲寧大君の長男李䚈《りがい》を嘉靖順成君に任じたところ、台省は次のように尖鋭に反対した。

李禔《りし》（譲寧）が君父に罪を得て、道理上救済できないことは、群臣の皆知るところであります。殿下がこれを庇おうとされても、そうは参りません。ましてや太宗はかつて「禔の子は京（ソウル）に居てはならぬ」といわれました。後のことを気づかわれたお考えは、明らかで至極です。……伏して殿下に望みますには、私をもって公を廃せず、恩をもって義を損なわれませんように。俯して殿下に従い請い申し上げます。特に「兪（同意する）」とのみおっしゃいますよう。

禔之得罪君父、而義不可救、群臣之所共知。殿下雖欲掩之、不可得也。而况太宗嘗曰、子不可以居京。其為慮後之志、明且至矣。……伏望殿下、毋以私廃公、毋以恩害義。俯従申請、特降兪音。（09/01/11）

他方、世宗は、「下に居る者は義をいい、上に居る者は仁をいうが、私が仁をいうことは誤りか。（在下言義、在上言仁、吾以仁言之非乎）」（09/01/13）と主張し、仁と義の対比によって、自分が求める仁の政治が上位概念であることを表した。しかしこのような世宗の主張に対する台省の非難は強烈なものだった。

臣らが請い求めますのは、宗廟国家万世の計であり、これより大なる義はございません。殿下の一時の友愛の仁は、姑息の仁であります。太宗は父子の間に処するに、至難の決断をされました。姑息の仁を行わず、大義をもって決断され、宗廟に告げて禔を外に放逐しました。それは宗廟国家のことを深くお考えになってのことでした。それなのにどうして一時の姑息の仁を行い、万世の計をお顧みられないのでしょうか。

臣等之請、為宗社万世計、義莫大焉。殿下一時友愛之仁、姑息之仁也。太宗処父子之間、至難断也。然而不行姑息之仁、断以大義、告於宗廟、逐于外。其為宗社慮深矣。乃何行一時姑息之仁、不顧万世之計乎。（09/01/13）

それにもかかわらず、世宗は譲寧の息子を復権させ、譲寧を都城に呼び入れて「親親」を行ったのである。

第四、「敬大臣」のこと

世宗四年に太宗が亡くなり、世宗の親政が始まった。世宗は新しい政治に対する抱負を、即位教書で公言した（即位年/08/11）。その内容は孟子が主張した「発政施仁」であった。ここから、太宗の政治を越えようと欲する世宗の強い意志が分かる。上記の譲寧に対する「親親」もまたその一例であろう。新しい政治を始めんとする後継者は、先代の高位官僚を排除し自らの意に合う新しい人物を登用するのが通常である。しかし世宗は、先王代の高位大臣が退任するまで、あるいは自然死するまで、その官職を維持させた。世宗七年七月九日、議政府の右議政、柳観《りゅうかん》が、辞職を願う箋を差し上げた。

折良く隆盛なる世に際会し、群賢を汚し、長く多くの官（曹）についてまいりましたが、容容（流れに合わせる）の行き方を免れ得ませんでした。いま右議政を承っておりますが、侃侃（しっかり）とした態度も全く持っていません。むだ飯食いの譏りに恥じいりつつ、他人の目をうかがっておつとめするばかりです。さらに官職は一品となり、齢八十にいたり、常に殃禍に纏われることを懼れていたところ、果たして疾病が迫り来て、腰膝が弱って痛く、歩行も困難となり、耳は聞こえず目も見えず、視聴もくらくらしております。思いますにこの議政府は病を療養する所ではございません。まして旱災に遭っても、陰陽調和の仕事もできかねます。皆の言うようにこの職を辞させていただきたく存じます。

端逢盛際、濫群賢、久混諸曹、未免容容之態。今承右揆、都無侃侃之風。可羞伴食之譏、深慮側目而事。加以官崇一品、寿至八旬、常懼禍殃之纏、果遭疾疹之逼、腰膝酸痛、艱於歩趨、耳目聾昏、眩於視聴。惟茲議政府、豈是養病坊。況遇旱乾之災、而無調燮之。宜辞厥職以衆言。

世宗は彼の辞職を承諾せず、次のように答えた。

朝廷の尊ぶところは、爵と徳を兼ねてするものである。法律制度は重要であるが、それも老成の力には及ばない。殷周の書を歴観すると、任命をするには必ず「旧人」といい、事を御するにも必ず「耆老」といっている。老成の臣は、国家が久しく重んじてきたものである。その去就をどうして軽んじられようか。……田舎での閑居は、貴方にとっては良いことだろうが、朝廷で道を論じる際、あなた以外の誰に余は頼ることができようか。しばらくその職に安んじて、余の政治を輔けよ。要請は認められない。

朝廷所尊、以兼爵徳。典刑雖重、未若老成。歴観商周之書、其図任必曰旧人、御事必曰耆寿。老成之臣、為国所重久矣。其於去就、何可以軽。……畝投閑、卿之自処則善矣、廟堂論道、予之所頼者誰歟。姑安厥位、以輔予治。所請宜不允。（07/07/09）

このように世宗が大臣を敬った事例は、世宗治世三十二年の間、多く見られる。さらに世宗は、法律上死にあたる重罪を犯した大臣も決して処刑しなかった。このような世宗の一貫した態度に、臣下たちは忠誠心をもって補佐し、それが世宗の代の政治的安定と繁栄の礎石となったのである。

第五、「体群臣」のこと

世宗のこうした臣下に対する待遇は、大臣に限られたものではなかった。世宗はすべての臣下に対するもてなしを、まるで自分自身の身体を扱うようにして、その職分を果たすよう励ました。ここでは「辞朝」の場面を例にあげよう。「辞朝」とは外地へ赴任する臣下が君主を謁見して別れを告げることをいう。太宗の時まで辞朝はほとんど行われなかった。しかし世宗七年十二月十六日、平壌判官として赴任する李知《りち》が辞朝して以降、世宗はいちいち辞朝を受けて挨拶をしたようだ。李知には次のように話した。

平壌府は地が広く仕事は煩であり、また朝廷の使臣の往来する経路なので、それは他の州郡の比ではない。守令の職は、民を愛するのが大事である。土地からの貢物について、余はやや軽減したが、それでもやむを得ざる貢物は、すべて免除することは出来なかったので、民がその弊害を蒙ることをなお心配している。爾が行って、免除できる貢物は、減免に意を用いるようにせよ。

平壌府地広事煩、且朝廷使臣往来経過之処、非他州郡比也。守令之職、愛民為大。其道貢物、予既稍減、其中不得已貢物、不能尽免、尚慮民受其弊。爾往、可除貢物、用意免。

後述する「子庶民」という世宗の心がそのまま表れた記録である。「子庶民」を直接行う主体であるはずの地方官に示した世宗の態度は、赴任する地方官にとって、職分を忠直に遂行しようと新たに覚悟する契機となった。世宗の言葉に、李知は以下のように答える。

臣が義州判官になりました時、平壌府に客が多く仕事が煩わしいことを目撃しました。心して聖慮を体させていただきます。

臣為義州判官時、目撃本府客煩事劇。安敢不体聖慮。(07/12/16)

その三日後には、李宗揆《りそうき》と鄭雍《ていよう》に以下のように話した。「爾らが地方の宰として出てしまうと、長い間接見できないだろうから、ここに余自ら引見するのだ。最近、水害と旱災により、民の生活が艱難であるので、民生を愛しておのおの爾の職を勤めよ。(爾等出宰于外、則久不接見、故今予親見之。近因水旱之災、民生艱苦、各勤爾職以愛民生)」(07/12/19)と。また二十四日には、軍威県監を引き受けることになった盧浩《ろこう》の辞朝に、世宗は彼の来歴を聞いて次のように言った。

爾は儒生であるから、民を治める道はよく分かっているはずだ。であるのに余自ら教えるのは、それを忘れないようにするためである。守令がその力をつくさなければならない政事は、一つ二つではないが、民を寛大に治めることが重要である。かかる心を持てば、民を治めるに何の困難もない。

爾為儒生、豈不知治民之道。然予之親教者、欲其不忘也。守令之政、其目非一、而仁民為重。以此存心、於治民乎何有。(07/12/24)

しかしこのように君主から委任された地方官すべてが民のために働いたわけではなかった。『世宗実録』には腐敗した地方官及びその処罰、対策が多様に記録されている。しかし、少なくとも世宗のような君主がいたからこそ、その時代は太平聖代と評価され、彼もまた朝鮮王朝最高の君主として賞賛されたのだろう。

第六、「子庶民」のこと

「時期によって賦役をし、税金を少なくすることで人民を励ま」そうと努力する世宗の姿は、上記の例文からもすぐ確認できるだろう。もう一つの例文をあげよう。

守令の職分と言うのは命を奉じて徳化を広げることにある。汝らはそれぞれ任地に赴き、ひたすら愛民に心をかけて、賦役、税金を軽くし、民の生活を安んじよ。

守令職在承流宣化。汝等各就乃職、専以愛民為心、軽薄賦、以安其生。(08/07/07)

「子庶民」は仁政の初めであり同時に終りであるといっても良いだろう。世宗の民を大事にする心は次の教旨に、そのまま表れている。

民は国の根本である。食は民にとって天と同じだ。近頃、水旱風雹の災により、凶年が引き続き、鰥寡孤独、窮乏なる者が先にその苦を受け、恒産ある民も、また飢えを免れ得ていない。まことに憐れむべきことである。ここに戸曹に命じて、倉庫を開き救済させ、続いて知印を遣わして、それぞれ調査させたところ、守令として民、隠者をあわれまぬ者もたまにいたので、既に有司に命じてその罪を罰せさせた。悲しいことだ、どれだけ多くの民が飢え死におかれたか、余は不徳にしてすべてを知ることができない。監司や守令の民と近い役人は、余の至意を体して、昼夜怠らず、ひとえに領地内の民が飢え居所を失ったりすることのないよう慮るべきである。また僻地の荒村にも出かけ、自ら調査を行い、救済に心を尽くすべきである。余はこれからさらに朝廷の官員を派遣して、役人たちの能否を調べさせ、もし民の一人でも飢え死にした者がいれば、監司守令は、みな教旨に従わなかった者として罪を論ずるつもりである。

民惟邦本、食為民天。比因水旱風雹之災、連歳凶、鰥寡孤独窮乏者、先受其苦、至於有恒産之民、亦未免飢餓、甚可憐憫。爰命戸曹、発倉賑済、続遣知印、分行考察、守令不恤民隠者、間亦有焉、已令有司治罪。嗟乎、生民之衆、餓莩之状、非予寡躬所能周知。監司守令近民之官、体予至意、夙夜匪懈、一以境内人民不至於飢餓失所為慮。至於荒僻村落、親行考察、尽情賑済。予将更遣朝官、審其能否、如有一民飢死者、監司守令、並以教旨不従論。(01/02/12)

このような世宗の心は、四民に限定されたものではなかった。朝鮮王朝は仏教を排斥して儒学を国是とした王朝であった。したがって、寺院と僧侶に対する抑制、弾圧は朝鮮建国から始まり、世宗代に至ってもそのまま続けられた。特に朱子学への思惟が深くなるに伴って、異端論はより強い力を発揮した。それでも仏教行事が滅絶されたわけではなく、問題が発生する度に、臣下は朱子の異端論に即して強硬な主張を表明した。

世宗二十一年、司諫院が、僧徒らが興天寺に集まり、安居会を施して穀物をむだ使いするので悲しみ傷むことであると伝えると、世宗は、「僧徒もやはり私の民である。私の民である以上、もし飢えた者がいれば、国家がどうして知らん振りをして救済しないことがあろうか。（僧徒亦吾民也。既為吾民、而若有飢者、則国家豈肯恝然不救哉）」（21/04/12）と答えた。君主世宗にとって、自分の治める人々であれば、彼らがいかなる信念を持っていたとしても、それらは自分の民であると思えたのである。ましてや彼らが飢えているとしたら、彼らは自分がもっと面倒を見なければならない存在なのだ。惻隠の心から湧き出る仁政は、世宗において自然に顕れたとみて良いだろう。

異端視された僧侶にまで仁政を施した世宗にとって、百工はいかに貴重な存在とされたのか。また世宗が彼らをいかにして勧勉したのか。これらのことは、世宗代の財政状況を見れば分かるので、ここではあえて、第七「来百工」のことは省くことにしたい。

第八、「柔遠人」のこと

「柔遠人」の対象は、東北方面の女真と南海の向こうの日本だった。新年正月一日、朝鮮の君主は王世子と文武群臣を従えて中国の天子に向って「望闕礼」をあげてから、勤政殿において王世子と百官の「朝賀」を受ける。「朝賀」を受けるその場に、女真人と日本人が参与していた。

諸道から賀箋が捧げられ、方物が捧げられた。忽剌温《ホルラオン》指揮の都里也老奴好《トリヤノノホ》、骨看亐知哈《コルカンウチハプ》指揮の時仇時方哈《シクシバンハプ》、吾都《オト》里《リ》千戸の甫古老《ポコロ》、吾郎哈《オランハプ》指揮の都時於古老《トシオコロ》・甫老《ポロ》・波乙大《パウルテ》・磨古《マコ》など三十人と、倭人の石見州《ソクキョンジュ》の周布《ジュポ》兼《キョム》 貞《チョン》が送った僧侶道山《トサン》、佐志《チャジ》源《ウォン》 胤《ユン》が送った汝阿圭《ヨアキュ》、源《ウォン》 持直《ジチク》が送った所阿彌多甫《ソアミタポ》ら十八人が、序列に参与して物産を捧げた。

諸道進箋進方物、忽剌温指揮都里也老奴好、骨看亐知哈指揮時仇時方哈、吾都里千戸甫古老、吾郎哈指揮都時於古老・甫老・波乙大・磨古等三十五人、倭人石見州周布兼貞所遣僧道山、佐志源胤所遣汝阿圭、源持直所遣所阿彌多甫等十八人、随班献土物。（21/01/01）

新年の朝賀に参加して物産を捧げた女真人と日本人には、回賜品が下賜された。もちろん、女真人と日本人に接するのは正月一日だけのことではない。世宗は国防、外交、交易などの場面で、随時、外国人に接した。世宗の立場からは彼らは「遠人」であったのだ。

最後に「懐諸侯」のこと

この項目は、『中庸』本文を読むかぎり一国の君主には符合しない。唯一中国の天子にだけ該当する。したがって世宗の言行をこの項目で説明することはできないが、にもかかわらず世宗と「懐諸侯」は無関係ではない。

孟子の表現によると「懐諸侯」は「事小」にあたる。大国が小国の面倒をみるというのだ。そして天子側の「事小」は諸侯側の「事大」と表裏関係に置かれている（『孟子』梁恵王下）。世宗は「懐諸侯」が中国の天子にあたる事項であり、朝鮮の国王は中国の天子に対する「事大」の礼をつくすべきであることをよく分かっていた。「望闕礼」はその一つの例である。次は「事大」を行う際に発生する問題に直面した世宗の言葉である。

ああ、なんたることを言うのか。事大には当然に誠をもってすべきである。皇帝は松鶻鷹《ソンゴルメ》が我が国に産出することを知っておられるからには、騙すことはできない。人民の弊となることは余もまた分かっている。しかし大義をもってすれば、人民の弊は事として軽いことであり、事大に誠でなければ、それは重大な事柄である。為し難いことを皇帝に求め善事を述べるのは、余の仕事ではない。外国の藩王は、もとより諌諍する義はない。

悪、是何言也。事大当以誠。皇帝已知産（松鶻鷹）於吾国、不可誣也。民間之弊、予亦知之。然以大義言之、民

間有弊、其事軽、事大不誠、其事重。若其責難陳善、非予之職。外国藩王、固無諫諍之義。(08/09/29)

ここから、「中」とともに『中庸』の核心概念である「誠」を自ら実践していたことが確認できる。このような態度によって朝鮮と明朝との信頼は堅く築かれたし、女真族に対する統制も果たされ、また日本との関係も円満に維持できたのである。そしてそれを基盤にして朝鮮文化の発展が可能になったのである。中国の天子を中心に想定された東アジアの秩序の中で、朝鮮の君主、世宗が実現した王権のあり方に、『中庸』は決定的な影響を及ぼしたのであった。(11)

おわりに

高麗末に元朝から受容した『中庸章句』は、朝鮮建国以降、朝鮮の士大夫が官職に就くために受けなければならなかった科挙科目の必須テキストだった。朝鮮の君臣にとって政治社会運営のための哲学として作用した『中庸章句』は、四代君主である世宗に至って、王権の確固たる基盤となった。しかし前節で述べたように、世宗の時まで『中庸』注釈は権近によるものが唯一であったし、十六世紀に至っても、注釈は幾つかあるに過ぎなかった。その間、朝鮮では中国から受容した『中庸章句』に対する理解を深めつつ、それぞれの理解によって現実の場面で実践された。その途中、予想しなかった侵略により朝鮮の政治社会は大きい変化を迎えることとなり、そういった変化を反映して『中庸』注釈が本格的に成立した。その様相に関する叙述は次の機会に譲ることとして、ここでは一点を指摘しておきたい。

元来、『中庸章句』は「闢異端」の書物である。老荘と仏教を排斥して儒学を正道にする。それは「中庸章句序」によく表れている。であれば、両端の中を取る「中庸」と両端のなかで一方の端を排除する「闢異端」は、果して両立できるだろうか。朝鮮の儒者官僚たちは、常に正道の立場から「闢異端」を主張した。しかし同じく儒学を信奉する君主として中庸思想の実践に努めた世宗は、異端論的な思考を持ってはいなかったようだ。世宗は、『中庸章句』を絶対化、あるいは教条化しなかった。むしろ彼は『中庸章句』に対して柔軟な姿勢をもっていたと思われる。世宗が経筵での講読中、朱熹が古語の過ちを直した場面に至って、次のように言う。

朱文公については、もとより後人が論ずべきことではない。しかし過ちを直した言葉にも或いは疑わしい所がある。そしてその自ら為す説にも、亦た疑わしい所がある。朱子の門人にも、また師説を取らなかった者がいる。朱子の説といえども、すべてを信ずべきではないようだ。

文公固非後人所可得而議者也。然矯失之語、或有可疑処。且其自為説者、亦有可疑処。朱子之門人、亦有不取師説者。雖朱子之説、疑亦不可尽信也。(19/10/23)

世宗にとって『中庸章句』は開かれたテキストだったのである。

しかしながら、十七世紀以降、朝鮮の政治社会は本格的な朋党政治の時期に入った。それぞれの政派は経典に対する解釈における異見を重要な要因にして、分裂、対立した。『中庸章句』に対する注釈自体もまた政治的な意味を持つしかなかった。すなわち、本来『中庸章句』に内在する異端論的な性格がもっと強化される条件が作られたのである。このような状況下に登場する中庸注釈に、世宗のような開かれた思考がいかに反映されたのかについては、さらに検討すべきであろう。

註

(1)　韓国で四書注釈は通常経学(史)研究に属し、主に東洋哲学科や漢文学科において研究される。一方、筆者は政治学科で政治思想を研究しており、特に思想の「現実における実践」という側面に関心があるため、本稿では経学史分野の研究を踏まえて、政治学的に接近したい。

(2) 宋静淑「韓国에서『中庸章句』의 受容과 展開様相」『書誌学研究』一〇、一九九四年、五六五―五六六頁。

(3) 同上書、五七三頁。

(4) 安秉杰「『中庸』解釈과 17世紀 朝鮮朝 儒学에 関한 研究」『儒教思想研究』五、一九九三年、五〇五―五〇六頁。最近の研究としては厳連錫「『韓国経学資料集成』所載『中庸』註釈의 特徴과 그 研究方向」『大東文化研究』四九、二〇〇五年、参照。

(5) 以下、『世宗実録』の表記は、「(32/02/17)」というように、「年/月/日」と略記す。

(6) 朴賢謨「世宗의 公論 形成과 国家経営」『世宗의 国家経営』、知識産業社、二〇〇六年、二二一―二二二頁。このような評価のためか、世宗と世宗時代に関する研究は数多い。単行本が二十三冊、二篇の博士論文を含めた研究論文は百九十六篇くらいあり、朝鮮前期の人物のなかでも、世宗は鄭道伝とともにもっとも関心の高い研究対象である。

(7) 南智大「朝鮮初期의 経筵制度」『韓国史論』六、一九八〇年。

(8) 『中庸』の経筵試行日は 四月二十三日、二十四日、二十五日、二十六日、二十七日、二十八日、五月一日、三日、六日、十二日、十三日、十五日、十七日、十八日、十九日、二十日、二十二日、二十三日、二十五日と、約一箇月に総十九回の日程である。

(9) 「舜之所以為大知者、以其不自用而取諸人也。邇言者、浅近之言、猶必察焉、其無遺善可知。然於其言之未善者則隠而不宣、其善者則播而不匿。其広大光明又如此、則人孰不楽告以善哉。両端、謂衆論不同之極致。蓋凡物皆有両端、如小大厚薄之類。於善之中又執其両端、而量度以取中、然後用之、則其択之審而行之至矣。然非在我之権度精切不差、何以与此。此知之所以無過不及、而道之所以行也」(『中庸章句』)。

(10) 朱熹は、「『不惑』というのは道理に疑いがないことを謂い、『不眩』とは事に迷いがないことを謂う。大臣を敬えば信頼が専一になり、下位の臣下らも仲違いすることができなくなるので、いざというとき混乱することがない」と言い、「不惑」と

「不眩」の差を説明する。

（11）今まで叙述したように、世宗は立派な君主として思惟し実践した。それでは、果たして世宗の王権行事に障害の要因はなかったのか。一般的に、本文でも言及したように、権力政治を徹底的に行った父王太宗が世宗の王権行事を妨げうる人物や勢力を除去したため、世宗は自分の政治的信念を十分に実現しえたと説明している。一方、近年世宗の政治を「公論政治」という概念で捉える研究が登場した。世宗の偉業は、「公論」に基づいて、彼に反する主張まで抱擁する政治を行ったためであったと説明している。これに関しては、註（6）の論文を参照されたい。

〔附記〕本研究は、二〇一〇年度高麗大学校政経大学教授研究費の支援を受けた。

（翻訳：金　仙熙、校訳：中村春作）

徳川思想と『中庸』

田尻祐一郎

はじめに

徳川時代の思想史にとって、『中庸』というテキストがどのような問題を投げ掛け、思想家たちは『中庸』にどのように向き合ったのか、それがまたこの時代の思想世界にどのような視界を開いていくのか、こういう主題に対して、ここでは可能な限り巨視的に論を立ててみたい。それは、徳川思想の個性に一つの比較史的な照射を当てることになるだろうし、そこからまた、東アジア海域社会の思想連動そのものを捉え返す上でのヒントを得ることが出来るかもしれない。[1]

一　朱子学と『中庸』

もともと『礼記』の一篇であった「中庸」が、『中庸』として新たな意義を帯びて思想世界に登場したのは、朱子学が〈四書〉の学習を古典学の基本と定めたことによる。〈四書〉は『大学』『中庸』『論語』『孟子』であるが、それは、古代の聖人たちの道を受けてそれを思想として定立した孔子から、諸子百家の思想乱立の時代に、この正統思想を守るために孤軍奮闘した孟子に至る系譜に対応している。孔子と孟子の間にあってそれを繫ぐのが、曾子と子思である。曾子は顔淵と並ぶ孔子の高弟であり、顔淵が早世したために、孔子の教えを正しく伝えるという使命を一人で担うこととなった。朱子学によれば『大学』のうち、いわゆる「三綱領」と「八条目」を掲げた経一章は、曾子が伝えた孔子の言葉であり、伝十章は、それを敷衍した曾子の解説をその門人が記録したものとされる。朱子は、初めに程子の次のような言葉を掲げてから、『大学章句』を説き起こしていく。

程子が言った、「『大学』は孔子が遺した書物で、初学者が徳へ入ってゆく入門の書である。今日、古人の学問の方法をうかがえるのは、ひとりこの篇があってのことであって、次に『論語』と『孟子』が学ばれる。学ぶ者が必ずこの順序に従って学んでいくなら、ほぼ誤りを犯すことはないだろう」と。

子程子曰、大学、孔氏之遺書、而初学入徳之門也。於今可見古人為学次第者、独頼此篇之存、而論孟次之。学者必由是而学焉、則庶乎其不差矣。[2]

『大学』はこうして、入門の書である。他方『中庸』は、曾子の門下で、孔子の孫でもある子思が著したものとされるが、朱子は『中庸章句』を説くにあたって、同じように程子の言葉を掲げている。程子が言った、「不偏を中と謂い、不易を庸と謂う。中とは天下の正道であり、庸とは天下の定理である。この篇の内容は、孔子一門が伝えてきた心法そのものである。子思は、それが時代とともに誤って伝えられることを恐れてこの書を著し、孟子に授けたのである。その書は、始めは一理を言い、中ごろは万事に及び、末にはまた一理に帰っていく。ときはなてば宇宙に行き渡り、まきこめば微細を尽くして残さず、その味わうべきは窮まりなく、すべてが実学である。これを読む者が熟読すれば、それだけ得るものがあって、生涯にわたって実践してもしきれることはない」と。

子程子曰、不偏之謂中、不易之謂庸。中者、天下之正道、庸者、天下之定理。此篇乃孔門伝授心法。子思恐其久而差也、故筆之於書、以授孟子。其書始言一理、中散為万事、末復合為一理。放之則弥六合、巻之則退蔵於密、其味無窮、皆実学也。善読者玩索而有得焉、則終身用之、有不能尽者矣。

『中庸』は何よりもまず「孔門伝授ノ心法」を明らかにしたもので、その「心法」が後代に正しく伝わらないことを恐れた子思によって一書にまとめられたのだと、『中庸』成立の事情が説明される。そしてそれは、一書としての「始」「中」「末」が「理」と「事」の関連から有機的に構成され、天地宇宙を包摂するスケールを持つとともに微細を尽くして残すところのない、そういう真理の姿を開示した「実学」の書である、こう謳われている。

さらに朱子の著した「中庸章句序」を開けば、朱子が『中庸』に読み込んだ思いを読み取ることが出来る。『中庸』は、何のために作られたのか。子思が、道学の伝が絶えようとしているのを憂えて作ったのである。

中庸何為而作也。子思子憂道学之失其伝而作也。

こう始まる「中庸章句序」は、そもそも人間の「心」がどういうものかを、「人心」「道心」という観点から構造化して提示し、「道心」を「一身ノ主」として生きることが人間としての当為であると説く。

> 人心と道心が現実の心の中で入り混じって、それをどう治めるのか分からないから、危ういものはいよいよ危うく、微かなものはいよいよ微かになってしまう。……道心をして一身の主宰とさせて、人心をしてその命令を聴くようにさせたなら、危ういものも安らかになり、微かなものも著らかとなり、日常の起居動静も自然と過不及のないものとなるだろう。
>
> 二者雑於方寸之間、而不知所以治之、則危者愈危、微者愈微。……必使道心常為一身之主、而人心毎聴命焉、則危者安、微者著、而動静云焉、自無過不及之差矣。

現実態としての心の在りようは「人心」と「道心」が複雑に交じり合っているが、それをあるべき理想態としての心にまで高めることが人としての当為なのである。しかしそれは、人々に至難や不可能を強いることではない。あらゆる人間の心の内奥に「天」から賦与されている「性」に従うことが、ただちに心の主宰としての「道心」の確立なのである。人間としての当為の根拠は、こうして「天」にあると同時に自らの「心」にあるとされる。これが「聖聖相承」、古代の聖人たち（王者たち）によって継承されてきた「道統ノ伝」（真理）なのであるが、歴史はここから大きく転回してしまう。

> わが孔子の場合は、聖人が就くべき位を得ることは出来なかったが、過去の聖人を継いで未来のために学問を開いたという意味で、その功績は（孟子の言うように）「堯・舜よりも優れている」。しかし当時、孔子に親しく接してこの真価を知ったのは、ただ顔子と曾子であり、曾子からさらに伝えられて孔子の孫である子思の頃になると、聖人を去ること遠く、異端が起こるようになった。
>
> 若吾夫子、則雖不得其位、而所以継往聖、開来学、其功反有賢於堯舜者。然当是時、見而知之者、惟顔氏曾氏之

伝得其宗、及曾氏之再伝、而復得夫子之孫子思、則去聖遠而異端起矣。

「道統ノ伝」は、王者の伝えるものではなくなってしまった。孔子は、天子や宰相といった然るべき「位」を得ることがなかったからである。「位」を得ない孔子が「道統ノ伝」を担うというかつてない事態が起こった。しかもさらに時代が降って子思の時代になると「異端」が起こって、孔子―曾子―子思と伝えられた真理そのものが暗まされてしまいかねない状況になってしまった。こうした中で、子思が『中庸』に託したものは切実である。

子思の憂いは深いから、その言葉は切実であり、配慮は遠大だから、その論説は詳細である。……大綱をつかみ出し、蘊奥を開示するという点で、『中庸』より明らかで尽くされたものはない。

蓋其憂之也深、故其言之也切、其慮之也遠、故其説之也詳。……所以提挈綱維、開示蘊奥、未有若是之明且尽者也。

こうして、孟子に「道統ノ伝」は伝えられて、孟子は、この『中庸』を拠り所として異端との論戦に向かったのである。

こう見れば、朱子学にとっての『中庸』とは、真理に至る方法を説き明かした『大学』や、具体的な場面に即した、特定の相手に向かっての聖賢の言動をそのまま記録した『論語』や『孟子』とは違って、真理を真理として直截に、しかも考え抜かれた構成によって説き明かした書という性格を持つものだということが出来る。〈四書〉は、それらの組合せによって全体として真理を伝えるのであるが、『中庸』はその「蘊奥」を「開示」したという決定的な意義を担った書なのである。

二　『中庸章句』批判

徳川儒教には、早くから『中庸章句』への批判の流れがあって、朱子による『中庸』解釈は絶対ではなかった。これは、朱子学の掲げる〈四書〉の権威が揺るぎないものとしてあった中国や朝鮮の儒教との根本的な相違である。(3)

まず山鹿素行を先駆として、伊藤仁斎や荻生徂徠といった朱子学への批判者たちが『中庸章句』を厳しく斥けた。さらに、懐徳堂学派のように朱子学の価値を認める思想集団からも、朱子の『中庸章句』への疑問が提出される。それらの批判の内容は、勿論、それぞれの思想家の立場に応じて多様であって、それらの具体的な内容についてここで立ち入ることはしない。しかし、仁斎による『中庸章句』批判が、分けても重要であることは強調しておきたい。なぜなら仁斎の批判は、『論語』に説かれた孔子の思想と『中庸章句』との矛盾や相反・乖離といったものを具体的に指摘したものであり、その矛盾や相反・乖離を『中庸』のテキストに沿って個別に指摘して、その議論はテキストとしての『中庸』の成立にまで及んでいるからである。そこでは、考証学の立場からの文献批判とは方法を異にするにせよ、鋭敏な思想史的直感に支えられた、『中庸』に対するある種のテキスト・クリティークがなされている。そして仁斎は、削るべきものを削った上で、残された『中庸』を、孔子の思想と整合したもの、かつ新しい時代状況に適うように子思が説いたものとして再解釈してみせた。そしてまた、『中庸』をめぐる仁斎のこの作業は、〈四書〉という枠組み自体の批判という、より大きな作業の一環でもあった。これは、東アジアの思想史にとって画期的なことである。仁斎によれば、『大学』は孔子の学問や思想とは無縁のものとして全否定されるべきもの、『中庸』は後代の不純な夾雑物を除いて、改めて再構成されるべきものである。しかもそこで夾雑物とされたのは、「未発」「已発」という概念を核とした心性論や、あるいは「鬼神」の徳への讃美という部分であって、いずれも朱子学の基本に関わる問題であったから、その衝撃は大きかった。仁斎のテキスト・クリティークの基準は、どこまでも『論語』と『孟子』であり、『大学』や『中庸』に入り込んだ夾雑物は、漢儒の説いた思想的断片に過ぎない。こう論じる仁斎は、『論語』と『孟子』の「古義」を明らかにする作業に没頭して、『論語古義』と『孟子古義』を完成させることによって朱子学の〈四書〉の世界を解体してしまうことになる。

仁斎の批判はこのように徹底したものであったから、徂徠や懐徳堂学派といった後に続く批判者たちは、仁斎の議論を踏まえて、そこから自らの思索を始めたのである。徂徠が仁斎の議論を、どの問題についても強く意識していたことは知られているが、懐徳堂学派の『中庸』論が仁斎を踏まえたものであることは、もっと注意されてもよい。仁斎に先立った素行の『中庸章句』批判は、幾つもの論点を先取りしたユニークなものだったが、やや孤立していたという印象は拭えない。

朱子の『中庸章句』は、子思が予想さえしていなかった手の込んだ異端、つまり禅仏教との思想闘争の書でもあった。それは、『中庸章句』の序が

異端の説は日ごとに新しく月ごとに盛んになり、老荘や仏教を信奉する者たちが出て、いよいよ真理に紛らわしく、しかも真実を根本から乱すようになってしまった。

異端之説、日新月盛、以至於老仏之徒出、則弥近理而大乱真矣。

とわざわざ述べていることからも明らかである。徳川の思想世界において『中庸章句』を擁護しようとする陣営にとっては、その朱子が知る由もない巧妙な異端に自分たちは向き合い、朱子が禅仏教に対峙したと同じように、その新しい異端を論破して退けることこそが自分たちの使命だと感じられていた。その新しい異端の双璧は、仁斎と徂徠であ

る。そして山崎闇斎の学派に、そういう異端排撃の使命感がもっとも強烈に見出せることは言うまでもない。闇斎学派の強固な道統意識は、まさにその使命感の表出であって、徹底して朱子その人の言葉に即して学ぶことなく、明代の朱子学をなぞるだけの林家のような朱子学では、異端排撃の任に堪えないと見なされていた。

三　「鬼神」

仁斎が『中庸』に不信をもったのは、一つには、そこで「鬼神」の徳が讃えられているからであった。『論語』や『孟子』にはそういう鬼神讃美は見えず、もっぱら人々に、人倫的な世界においてよりよく生きるべきことが説かれているではないかと仁斎は考えた。それは、「鬼神」の存在を否定しようとするのではない。「鬼神」の世界は、ともすれば人々をそこに溺れさせるから、敢えてそれらには近づかないというのが孔子や孟子の姿勢だというのである。こうして仁斎は、「鬼神」の世界と「人倫」の世界を分離しようとする。この問題を、徳川思想の全体の問題として考えてみよう。

朱子は、「子曰、鬼神之為徳、其盛矣乎」という一節（『中庸章句』第十六章）について、程子の「鬼神、天地之功用、而造化之迹也」という言葉と、張子の「鬼神者、二気之良能也」という言葉を引いて、さらにこう解説した。

　私が思うに、陰陽二気の次元で言えば、鬼とは陰の霊妙なもので、神とは陽の霊妙なものである。一気の次元で言えば、気の伸びてやってくるものが神で、逆に帰っていくのが鬼であるが、いずれも一つの気である。

　愚謂以二気言、則鬼者陰之霊也、神者陽之霊也。以一気言、則至而伸者為神、反而帰者為鬼、其実一物而已。

「気」の自ずからの霊妙な運動として、鬼神がある。鬼神とは何かという問題が、ここでは「二気」「一気」という次元を交差させながら、〈こういうものだ〉と説明されているわけである。

仁斎は、その説明が誤っていると主張したのではない。そういう世界とは別な、人間として専心すべき世界に目を向けよと言うのである。しかし徂徠になれば、議論はさらに展開する。徂徠は、人間の認識能力でもって「鬼神」をあれこれ〈こういうものだ〉と説明すること自体が、おかしなことだとする。徂徠によれば、鬼神は、人間にとって不可知なものとしておくべきものである。「鬼神」の有無や、その様態についてあれこれと議論することよりも、人知の及ばない不可知なものとしての「鬼神」を含みこんで「道」が立てられていることが重要だと徂徠は力説する。「道」とは人間世界の秩序そのものであり、そういうものとしての「道」を立てたのは遠い唐虞三代の聖人たちで、それは「礼楽」という形で分節された文化的な表現様式をもって現われているものだとする[4]。

こういう徂徠の議論は、その後の思想史に大きな問題を投げ掛けることになる。それを詳しく論じる余裕はないが、国学が深い関心を向けることになる記紀神話の神々、ある時期からその存在を強烈に主張し出すように思われる民俗的な世界の中の怪異や霊威、妖怪・魑魅魍魎にいたる雑多なものたち、それらは、徂徠の開け放った扉から躍り出たものだと言うこともあながち不当ではない。〈こういうものだ〉という説明は、話としては分かるが、どこか胡散臭いという感覚が広がったのであろう。

ところで中国や朝鮮の朱子学が、理気論からの「鬼神」理解を絶対に手離さないのは、一つには、祖先祭祀という「礼」の存在と結び付いて「鬼神」の問題があったからであろう。それは『中庸』本文が、「子曰、鬼神之為徳、其盛矣乎」を受けて、「視之而弗見、聴之而弗聞、体物而不可遺、使天下之人、斉明盛服、以承祭祀、洋洋乎如在其上、如在其左右。（之を視れども見えず、之を聴けども聞えず、物に体して遺すべからず、天下の人をして斉明盛服、以て祭祀を承け使む。洋洋乎として其の上に在ますが如く、其の左右に在ますが如し）」と続くことからも明らかである。朱子学は、祖先祭祀という儀礼の成立根拠も、理気論からする「鬼神」観で説明しようとする。(5) では、徳川儒教では問題はどうだったのだろうか。祖先祭祀だけではなく、およそ儒教的な「礼」（徂徠に言わせれば「礼楽」）は社会的に根付いていなかった。「文公家礼」などを基準として、せめて喪祭礼だけでも根付かせようという努力はないではなかったが、全体とすれば見るべき成果はあげられなかった。(6) 科挙だけではなく、制度的・文化的な規範（礼制）からも遠いところに徳川儒教は位置していたからである。それは、中国や朝鮮の儒教を基準に考えれば、徳川儒教の欠落であり弱さである。(7)『中庸』が讃えた「鬼神ノ徳」を、全く違った立場から、しかし自分こそが『中庸』の真意を正しく踏まえるものだとして登場したのが、幕末・維新期に大きな影響力を発揮した国学者の平田篤胤であった。篤胤の『新鬼神論』を見てみよう。

　抑《そもそも》人の、生れながらにして、誰も〳〵鬼神《かみ》を敬ふ事を知れるは、これ天津神《あまつかみ》の命《おお》せ賜へる、いはゆる性にて、則道なるを、漢国人《からくにびと》なりとて、聖人をしへずとも、いかで己が心と鬼神を尊む事を知らざらむ。元来《もとより》その情《こころ》あるにつけて、聖人と云ふ輩、その別を制《さだ》めたるものなり。『中庸』に「性に率ふ、これを道と謂ふ。道を修むる、これを教と謂ふ」と云へるも此謂なり。

篤胤は、「天」を「天津神」（高天原の神々）に置き換えながら「天命之謂性」に始まる『中庸』の冒頭の一句を捉えて、そこから「鬼神」を尊重する心情が万人に備わっていることを説くのである。そして篤胤は、「鬼神之為徳、其盛矣乎」（第十六章）「事死如事生」（第十九章）「至誠之道、可以前知」（第二十四章）といった文言を、いずれも孔子の思想を忠実に伝えるものであり、それは要するに「漢国人」にはめずらしくも孔子が「天《あめ》上に実物の神在て世中《よのなか》の万《よろず》事《のこと》を主催《つかさど》り賜ふことをよく悟りて、畏るべく欺くまじく、天津神の心に背いては、他に祷る神はなし」という敬虔な態度をもって生きたことによるのだと論じた――まるで仁斎の孔子像を反転させたかのように。

このような篤胤の議論を、どう考えたらよいのだろうか。篤胤の思想が、儒教を換骨奪胎させて成立しているというように捉えることも可能だろうが、篤胤に即せば、これこそが『中庸』の正当な解釈だと信じていることの重みを受け止めるべきであろう。『中庸』の真理価値を認める者を儒者と定義すれば、少なくもここでの篤胤は儒者である。篤胤の『中庸』解釈が無茶なら（確かに無茶なのだが）、そもそも朱子の解釈は無茶ではないのだろうか。徳川思想は、『中庸』からこういう論点――天上の神々を主宰者として仰ぐべき人間の生き方――まで引き出してしまった。上からは国家の権威、下からは習俗の力によって正統性を守られた儒教（朱子学）が存在しえなかった徳川社会では、儒教のテキストは、こういった読まれ方さえしたのである。これも広い意味での日本の儒教、あるいは東アジア儒教思想史の一コマなのではないだろうか。

四　「人道」と「誠」

『中庸章句』批判の先陣をきったのは素行であったが、素行の出発点には、朱子学の議論には事物から離れた抽象的・観念的な傾向が強く、「三民」（農・工・商）の上に立つ武士としての自分たちには、それが切実なものとは思えないという疑念があった。素行は、朱子学の基本的な範疇には、「釈老の異見」に由来するものが多いとも見ていた。これと同じような疑問を、「高遠」に対する「平常」「卑近」の哲学として結実させたのが、仁斎である。既に見たように、「鬼神」の世界に惑溺することを戒めて、「人道」に専心すべきことを説いた仁斎は、朱子学を、「高遠」に馳せることで日常世界から離れた思想だとして斥ける。「平常」「卑近」の徳が、「中庸」なのである。次いで徂徠は、「中庸」を、庶民が日々に実践している徳のことで、具体的には「孝悌忠信」の類だとした。それは、君子（文化エリート）のものではない。君子は、それらの徳の上に、個性的で洗練された専門文化人としての高度の徳を、礼楽の学習によって体得していく。庶民は、そういう高度の徳からは遠い存在であるが、しかし社会の根底には、実はこういった「中庸」の徳が強固に存在していることが不可欠だと徂徠は考えている。さらに懐徳堂学派の中井履軒は、「天命之謂性」について、『中庸章句』が「天以陰陽五行、化生万物、気以成形、而理亦賦焉。（天は陰陽五行を以て万物を化生し、気以て形を成し、理亦たこれに賦す）」として「万物」の在りようから説くことに反対して、それは専ら「人道」について語られたものだと主張して、『中庸』の教えを「直率平易」なものとして勧めている（『中庸逢原』）。このように見てみれば、『中庸章句』を批判する流れとは、「中庸」を「心法」の「蘊奥」とは考えずに、平易で日常的な徳として解釈しようとする流れであることが了解される。

これを別な角度から捉えるなら、朱子のように天地宇宙と個々の人間の在りようを、大宇宙―小宇宙として相似形のように捉えることへの忌避感覚が一貫してそこにはある、こう見てよいのではないだろうか。中国や朝鮮の朱子学者にとって、そういう大宇宙―小宇宙的な共鳴は、経世済民を担い、ひいては「道」を担うべき自己の存立を支える歓喜と自負に満ちた感情であったのであろう(8)。しかし徳川の儒教にとって、そういう感情は身近なものではない。早く素行が、「致中和、天地位焉、万物育焉」（第一章）の句の前で、一介の武士がそのような大きな議論をすることは「分」を弁えないことではないかと逡巡したし、仁斎や徂徠からすれば、大宇宙―小宇宙的な共鳴など、禅仏教にかぶれた唯心的な空論でしかなかった。それだけではなく、仁斎や徂徠からすればそういう議論は、人間の生まれ持った個性としての「性」の多様性に目を塞ぐことであり、生の複雑さや微妙さ、背理や不条理に満ちた現実の姿を隠すものでもあった。そして、これから先は今後の研究に待つところが大きいのだが、闇斎学派やいわゆる寛政正学派というような朱子学者においても、実はこの大宇宙―小宇宙的な共鳴という点では微妙な問題を孕んでいたのではないかと思われる。闇斎学派が「性」や「理」の確かさを、もっぱら君臣・父子といった人倫の場に引き付けて論じることや、素行と全く同じように「致中和、天地位焉、万物育焉」を自分たちとは違った「聖人」の問題だとする古賀侗庵の態度（第二部、前田論文）は、そういう予想を裏付ける。

これはまた「誠」の問題にも繋がっていく。程子が「其書始言一理、中散為万事、末複合為一理」として『中庸』の筋立てを要約した、その「末」の「一理」としての「誠」である。「誠」は、「誠者物之終始、不誠無物」や「誠者非自成己而已也、所以成物也」（第二十五章）とされるように、「物」が「物」として存在する究極の根拠というべき性格をもっている。したがって、単に道徳的な側面で、あるいは心情倫理として語られて済むものではない。存在の究極の根拠として「誠」があるから、それが倫理的な性格をも包摂しているとすべきであろう。そして、その「誠」を体しているのは（体しうるのは）、聖人だけなのである。しかし徳川儒教を通観するなら、「誠」が心情倫理に傾斜して捉えられていることは疑いない。作為や邪念、利害を計ることのない心情としての真心《まごころ》として「誠」を受け止めようとするのは、朱子学の『中庸』理解への賛否に拘わらず、おそらくは共通に窺うことの出来る傾向である。その上で、それが徳川思想と『中庸』という問題において、何を意味するのかを考えなければならない。『中庸章句』は、「天」を基点にして「性」「道」「教」の構図を明らかにして、それが天地宇宙と人道・鬼神を漏れることなく包摂した真理であることを言い、そしてそれを「誠」として集約した。しかし徳川儒教は、『中庸』の守備範囲を「人道」において捉えようとし、日常卑近な、それだけ身近な徳目の書として理解しようとする。そういう中で「誠」も、存在の究極の根拠という基本性格を弱めて、真心としての「誠」に比重を傾けていく。では徳川思想は、存在の究極の根拠を何に求めようとしたのだろうか。そういう探求を、要するに放棄したのだろうか。

これは余りにも大きな問題であって、到底ここで結論を出せるものではない。ごく粗雑な見取り図を描くならば、儒教の側からは、存在の究極の根拠を「理法」として捉える立場、人格的な「天」で押さえる立場、身心の最奥から湧き出る「忠孝」に求める立場、文化英雄としての「聖人」に依拠する立場というように、多様な分岐と対抗が見られる[9]。仁斎の場合は、根拠という発想をそもそも嫌って、「人道」は「人道」それ自体として価値を持つということだろうか。そしてそれぞれの立場から、「誠」は解釈されることになる。しかし、問題はそれでは済まない。純粋な心情（まごころ）ということになれば、和歌や物語が連綿と取り上げてきた心情はどうなのか、そちらこそが、よりリアルで切実なのではないかという問い掛けが突きつけられる。「人間の思情のうち、色欲より切なるはなし、故に古来恋の歌尤多し」（『排蘆《あしわけ》小船《おぶね》』）と断じたのは本居宣長であったが、その恋心をはじめとして、他にも自然（地母神？）に包まれる中の安らぎ、親しい者との別れの辛さ、世を厭う思い……儒教が敢えて見ようとしない精神世界が、いやでも自分たちに相応しい場所を要求してくる。そしてそれらの精神世界の究極の根拠が、人知を超越する「神々」に求められようとする。その時、漢字語の「誠」は、「まごころ」に変わってしまうのだろう。「まごころ」は「誠」ではない。しかしその違いは、大した違いとは考えられなくなっていったのではないだろうか、おそらくは今日の私たちにおいてさえも。

おわりに

中国や朝鮮の思想史において、『中庸』が、儒教の外側で論じられることはあったのだろうか。本稿が、徳川儒教の『中庸』問題を、国学の問題を脇に意識しながら論じたのは奇を衒ったわけでもないし、今の私の関心を無理に押し込んだわけでもない。またそれは、儒教から国学へというストーリーを語ろうということでもない。徳川儒教が、そもそもそういう固有の〈場〉において儒教として展開したということを言いたいがためである。そういう〈場〉の特質が、徳川儒教の性格（豊かさ）を形作っているからなのである。[10] 個々の思想家の、ひいては徳川儒教の豊かさを、〈場〉の特質との関わりにおいて明らかにしながら、問題を中国や朝鮮の側に投げ返すことが大切なので、それを受けた相互の応答の中から、東アジア海域社会の思想連動そのものを捉え返す枠組みが作られるのであろう。

註

（1）「私の考えでは、キリスト教史が多く汎ヨーロッパ的な視野のもとに書かれているように、儒教史、朱子学史というものも、中国・朝鮮・日本（・ヴェトナム？）を通じての通史として、まず、書かれるべきであると思う。……一方の極、つまり儒教内面化の極に陽明学、他方の極、外面化の極に徂徠学、そのような構想での儒教教理史というものを、いったい、書けないものであろうか」と島田虔次が問題を提示してから、実に四十年以上がたっている（『朱子学と陽明学』岩波新書、一九六七年）。島田の言う「内面化」「外面化」という視角がどれほど有効かを、ここで論じる必要はないだろう。いずれにせよ、各国の儒教史をただ綴じ合わせたようなものではない、島田が構想したような、一つの構造体・運動体として東アジアの思想史を描くというような仕事に近づくことが、今でも私たちにとっての大きな目標であり、その方法を模索することが喫緊の課題なのである。

（2）程明道と程伊川の言葉を合体させたものである。次の『中庸』をめぐる「子程子曰」も同じ。

（3）科挙社会のもとでイデオロギーとしての正統性を独占した中国や朝鮮の朱子学とは違って、当時の多様な思想潮流の一つとしてあったという、徳川の朱子学の社会的な在りようという問題がそこには横たわっている。黒住真『近世日本社会と儒教』（ぺりかん社、二〇〇三年）参照。

（4）拙著『荻生徂徠』（明徳出版社、二〇〇八年）参照。

（5）島田虔次によれば、朱子の理気論では、来格する祖先の気が、一たび散じた気が再び凝結して戻ってきたものか、それとも散じた気はそれっきりバラバラにどこかに散ってしまうのかという問題が残り、それはついに未解決のままだったという。祖先祭祀における祖霊の来格を、朱子の理気論は、厳密には説明しきれていない。これに関連して島田は、「朱子が気の説を理論化し体系化したといっても、それは中国古来の学問的・通俗的ないわば通念をそうしたにすぎない、という点が大きいし、また祭祀ということも生活に密着した、しかも圧倒的な「大事」であるので、かならずしも朱子学による説明を必要としなかった、そのようなわけで、この点についての朱子の不整合にあまり敏感になりにくかったのではないかと思われる」と述べている（『大学・中庸』九〇頁、中国古典選　七、朝日新聞社、一九七八年）。本稿の関心からすれば、ここに朱子学の鬼神論の弱さを見るのではなく、日本の朱子学とは違った、祖先祭祀という生活文化にしっかりと根を張った思想の強さを思うべきである。

（6）吾妻重二編『家礼文献集成　日本篇　二』（関西大学出版部、二〇一〇年）参照。

（7）そこにも物事の反面があって、科挙や礼制から自由であったからこそ徳川儒教がある身軽さをもって、儒教の思想的な可能性を突き詰めて、他の思想とも関わりながら（中国や朝鮮の場合と違った）豊かな実りを得るという側面もあったと思われる。拙著『江戸の思想史』（中公新書、二〇一一年）参照。

（8）大宇宙―小宇宙として天地と人間（自己）を捉える感覚を「宋学の根底」に流れるものだとした上で、三浦國雄は、その意味するところを「倫理の綱領が天によって保証される」というより、「倫理と宇宙が互いに照応し、滲透しあう」と理解すべきものとしている（『朱子集』三五二頁、中国文明選　三、朝日新聞社、一九七六年）。

（9）私が念頭に置くのは、順に、闇斎学派の佐藤直方、中江藤樹、闇斎学派の浅見絅斎、荻生徂徠である。

（10）思想史が展開する制度的・精神的な〈場〉という視点については、私なりに渡辺浩の一連の作品――最近のものとしては、『日本政治思想史［十七～十九世紀］』（東京大学出版会、二〇一〇年）――に負うところが大きい。ただ、例えば仁斎や徂徠といった儒者の思想的な豊かさには、渡辺の関心は向かわないようだ。

東アジアにおける林羅山——四端七情説について——

龔　穎
韋　佳　訳

はじめに

東アジア海域文化の交流と展開という広い視野において日本江戸時代の儒学思想を考える時、十七世紀前半に活躍した朱子学者林羅山は、その代表的人物であると言える。

江戸初期の日本と南宋時代の中国とは、時間・空間を遠く隔てている。林羅山は朱子学を理解するにあたり、後世の人々の手が入った〝二次資料〟、すなわち異なる時代、地域のさまざまな立場・観点に濾過された後の朱熹の言論に依拠するしかなかった。このような〝二次資料〟の主なものには以下のようなものがある。すなわち、中国南宋以降の各時代と朝鮮朝の朱子学者たちが伝えた朱熹学説とそれに関連する内容解説、明代に政府によって編纂・出版された『四書五経大全』『性理大全』の中に引用された朱熹の著述、朝鮮の儒学者たちが編集・著作した『朱子書節要』などに抜き書きされた朱熹の著作、またそれ以前に入宋した僧侶或いは海上貿易活動によって日本にもたらされたいくつかの朱熹単行書などである。こうした歴史的事実は、林羅山思想と朱熹学説との間に差異を生じさせた重要な要因の一つともなった。しかしながら、一次資料でなく理解に不利にみえるこうした要因は、必ずしも〝朱子の本意〟を完全には守らなくてもよいという可能性を彼にもたらし、これら右の思想的素材を総合的に参照し、自身の必要に基づいて自由に取捨選択して利用させることになった。林羅山の朱子学思想は、こうした〝距離〟によってこそ創造刷新の機会を獲得したと言うべきであろう。

本稿は、心と人間の本性及び情との関係という問題を扱いつつ、朱熹、李退渓との比較研究を通して林羅山における心・性・情の関係論の具体的な特徴を把握し、また、東アジア儒学史における林羅山思想あるいは日本朱子学の位置を革新し定めるための事例を提供することを目的とするものである。

一　朱熹と異なる「七情」理解

江戸時代における最も代表的な朱子学者である林羅山（一五八三―一六五七年）は、人間の感情世界に深く関心を持ち、情の作用を非常に重視した。彼が言う「情」の内実は、細かく分けるとすると、主に以下の二つの内容を含む。一は、『卮言抄《しげんしょう》』に見られるもので、もっぱら「四端」の情を指す。(1) 二は、「心説」という文章に説かれる、「張明公曰く、『心は性情を統ぶ』と。夫れ性とは其の理なり、五常是れなり。情とは其の用なり、七情是れなり。（書き下し訳文は校訳者による。以下、同。羅山原文—張明公曰、心統性情。夫性者其理也、五常是也。情者其用也、七情是也）[2]」というもので、この「情」は七情を指す。

林羅山は、「虚霊不昧ハ心ヲ云、具衆理（ハ）性ヲ云、応万事ハ情ヲ云。（「虚霊不昧」というのは心、「具衆理」というのは性、「応万事」は情を言う。——龔穎原訳。以下、原文和文に対する訳文、同）」と解釈している。[3] ここで彼は、人間の道徳本性と現実の事物とが関係を持つ——すなわち性と心外の万物とが関わる——ときに情のすがたが出現するのであり、道徳主体と客体との具体的関連は、「情」が起こることによって成立し得るのであるとはっきり主張している。

この問題については、さらに以下の資料を我々は見ることができる。

林羅山は、『大学鈔』において「正心」と「修身」を解釈する時に、まずは朱熹『大学章句』の意味にのっとってこの二者についての解釈的翻訳を進めた上で、さらに以下の補足説明を加えた。

　上ニ云トコロノ正心トコノ修身トハ、トモニ七情ヲ以テイヘリ。心ト物ト交ハルルモ、身ト物ト交ハルルモ、トモニ七情ノ上ニアルユヘナルヘシ。

（先に説いた「正心」と今述べる「修身」とは、ともに七情において言うものである。心と物とが相交わり、身と物とが相交わるのは、ともにかならず七情においてであるからである。[4]）

すなわち、人の心と周囲の事物、人間とまわりの万物に関わりが生じるとき、現実には「七情」を通してこそ、その関連性が立ち現れさせられると言うのである。

以上からは二つのことが読み取れる。一つは、林羅山が「正心」も「修身」も七情という感情方面から把握していることであり、これが朱熹思想に対する彼の理解である。もう一つは、朱熹に対する林羅山のこうした理解が、正心、修身等の道徳修養論を明らかに感情抑制論の方向に傾かせていることである。

以下、「大学」に対する林羅山の解釈という視角から、彼がどのように「七情」を理解し対処したのかをより深く考察してみよう。

朱熹は、「大学章句序」において、「大学の書は、古の大学の人を教うる所以の法なり。（大学之書、古之大学所以教人之法也）」と述べ、人々が「小学」の段階を経過したあと、「其の十有五年に及べば、則ち天子の元子、衆子より、以て公、卿、大夫、元士の適子と凡民の俊秀とに至るまで、皆な大学に入りて、而して之に教うるに窮理、正心、修己、治人の道を以てす。（及其十有五年、則自天子之元子、衆子、以至公、卿、大夫、元士之適子與凡民之俊秀、皆入大学、而教之以窮理、正心、修己、治人之道）」と言う。[5] 朱熹はここにおいて、「窮理、正心、修己、治人」の思想方法を世人に教える書物だと『大学』をはっきり規定し、「窮理」を通してこそ正心、修己、治人を実現できると指摘する。

しかし、林羅山は『三徳抄』の結びにおいて、こうも説く。

心ノ中ニアル五常・七情ヲヨクオサメタダシクシテ、外ノ形ニアラハルル視・聴・言・動ヲコマカニツツシムヲ、聖賢ノ学問トシテ、我身ヲ治メ、人ヲモオサメ、国家ヲモヲサムルハ、大学ノ法ナリ。

（心中に備わる五常によってうまく七情を制御し正し、外形に表れた視聴言動について細やかに慎むという、このことを聖賢の学問としつつ、自身を修め、他人を治め、国家を治めること、これが「大学」の道理である。[6]）

ここで彼は、「七情」——「情」を曖昧に言うのではなく——をうまく制御できることを「聖賢の学問」と見なし、さらに、これこそ『大学』のかなめの箇所だと強調している。

林羅山は七情の作用、ことに七情のマイナス作用を重大だと見ている。例えば、『大学』の「所謂る身を修むるは其の心を正すに在りとは、身に忿懥《ふんち》する所有れば、則ち其の正しきを得ず、恐懼する所有れば、則ち其の正しきを得ず、好楽《こうごう》する所有れば、則ち其の正しきを得ず、憂患する所有れば、則ち其の正しきを得ず。（所謂修身在正其心者、身有所忿懥、則不得其正、有所恐懼、則不得其正、有所好楽、則不得其正、有所憂患、則不得其正）」という段落に対する朱熹の解釈は、「蓋し是の四者は、皆な心の用にして、人の無き能わざる所の者なり。然れども一に之有りて察する能わざれば、則ち欲動き情勝ちて、其の用の行く所、或いは其の正を失わざる能わざらん。（蓋是四者、皆心之用、而人所不能無者。然一有之而不能察、則欲動情勝、而其用之所行、或不能不失其正矣）」というものである。(7) 林羅山は、寛永七（一六三〇）年に完成した『大学諺解』という一書において、彼自身の理解に基づいて、朱熹のこの一段の解釈を当時の日本語口語に翻訳した。彼は言う。

蓋是四者トハ、憤懥恐懼好楽憂患ヲ云ナリ、皆心ノ用ニシテ、人ニナクテハカナハスモノナリ、然レトモ四ノ内一ツモアリテ、察スルコトアタハサルトキハ、必欲動キ情勝テ、心ノ用ノ行フトコロ、其正キヲ失フコトアルナリ、理ヲ明カニスルヲ察ト云ナリ、四ノモノ、理ニ叶フカ、叶ハヌカト、察スヘシ。学者、力ヲツクルトコロ、此察ノ字ニアリ。情勝トハ喜怒哀懼愛悪欲ノ七情カチテ本心ヲ奪フナリ。

（ここに言う「蓋是四者」が指すのは、憤懥・恐懼・好楽・憂患であるが、これらはすべて心の作用であり、人が持たないわけにいかないものである。しかしながらこの四つの中で一つでもその起こることに気づき察しなければ、欲望が動き始め、情が勝ち、心の作用を実際に発揮する時に正しさを失う可能性がある。理を明らかにするということはとりもなおさず察することであり、以上の四つの情の動きが理に合うか否かをみなければならない。学びを求める人が力を尽くすべきはこの「察」という字である。「情が勝つ」とは、喜怒哀懼愛悪欲という七情が勝って本心を奪うことである。(8)）

ここでもっとも注意しなければならないのは、林羅山が右記引用文の後半で論述を追加し説明を強調しているところである。朱熹が言う「情勝」の「情」というのは「喜怒哀懼愛悪欲の七情」であり、こうした七情が強烈になると人の心を占拠し、本心を奪うことになってしまうと彼は強調する。林羅山にとっては、これら人の願望に違背するもの、中でももとよりこれら主に道徳的ではないものを示す感情は軽視してはならない重要な存在であり、これらが一たび暴走して強大な力を爆発させると、人に本心を失わせ、その人を徹底的にぶち壊すようになる可能性があるということがわかる。

以上から要するに、七情の本質や由来とその作用についての林羅山と朱熹の認識はまったく同じなのではなく、羅山は、自身のこの「七情」観に基づきつつ、他のところでもいく度も論述している。彼による儒学の通俗読み物である『三徳抄』の「理気弁」においては、「四端出於理、七情出於気」という条目を特別に立て、また『三徳抄』の「大学」部分では、「三綱」、「五常」、「視聴言動」等の儒学思想の重要なカテゴリーをそれぞれ解釈すると同時に、特に「七情」という条目をつくって重点的に詳細に解説している。それだけでなく「三綱領」という条目で「明明徳」を論述するときにも「七情」の問題にまで及んでいる。

林羅山が〝七情〟の問題を重視したということは、別の視角からも証明できる。それは、十六世紀中期に朝鮮半島で起きた「四（端）七（情）理気之辨」の論戦に対し彼が異常に注目したということである。[9]

二　朝鮮儒者の「四（端）七（情）理気之辨」論戦への注目

簡略に言うと、李氏朝鮮時代の最も傑出した朱子学者である李退渓（一五〇一―七〇）は、一五五三年に、その「四端は理が発したもの、七情は気が発したもの（四端理之発、七情気之発）」という観点を公的に発表し始めた。一五五八年に、別の著名な儒学者である奇大升（号高峯）が退渓のこの論断に対し異議を提出し、両者が論争する状勢となった。この年を「四七理気之辨」の論争の最初の年とすると、一五六六年の論争の終息までこの論争は前後八年もかかった。

林羅山は李と奇の論争を早くに聞いた。彼は出版物等のルートを通じて、関連情報を理解していた。当時、江戸政権と外交事務の取り扱いを協議するために、朝鮮朝の国王はしかるべき時に使節を日本列島に派遣していた。林羅山は、彼自身の幕府高級文官としての身分を利用してこれらの使節をもてなし、彼らに接触したことがあり、この機会を借りて使節に「四七理気辨」の論争状況についてたずねた。以下の二つの史料は、当時、羅山がこの論争について知っており、考えている具体的な状況をよく説明してくれるものである。

『林羅山文集』の「随筆」の一節において、羅山は徳川家康との談話を記録することを通して、慶長十二（一六〇七）年に朝鮮使節と交流した場面を次のように示している。

幕府（即ち徳川家康─龔穎）余（林羅山─龔穎）に謂いて曰く、「而《なんじ》朝鮮の三使と筆談するは何事なる」と。余対えて曰く、「『理気は以て一と為すや、以て二と為すや』と。彼答えて曰く、『理は一有るのみ、気に清濁有り』と。『四端は理より出で、七情は気より出づと。此の言は如何せん』と。彼答えて曰く、『喜怒哀楽の正を得る者は清為り、其の正を得ざる者は濁為るも、気も亦た理より出づ』と。『朱子、象山は何れか愈れる』と。彼答えて曰く、『朱文公は諸賢を集むるの大成にして、何ぞ之れを象山に比せんや』」と。余蓋し意有りて問うこと此の如し、之を試さんと欲するなり。儒先の議論は布きて方冊に在り、余嘗て皆な之れを見れば、彼に問いて而る後に之を知るに非ざるなり。

幕府謂余曰、而与朝鮮三使筆談何事。余対曰、理気以為一耶、以為二耶。彼答曰、理有一而已、気有清濁。四端出於理、七情出於気、此言如何。彼答曰、喜怒哀楽之得正者為清、不得其正者為濁、而気亦出於理。朱子、象山何愈。彼答曰、朱文公集諸賢之大成、何比之于象山。余蓋有意而問如此、欲試之也。儒先之議論布在方冊、余嘗皆見之、非問彼而後知之也。(10)

また、林羅山が寛永十三（一六三六）年に朝鮮使節に書いた書簡にこうある。

貴国の先儒 退渓李滉、専ら程張朱子の説に依り、「四端七情理気の辨」を作りて以て奇大升に答う。其の意に謂えらく、「四端は理より出で、七情は気より出づ」と。此れ乃ち朱子の云う所の「四端は理の発にして、七情は気の発」なり。末学膚浅にして、豈に其の間に容喙《ようかい》せんや、退渓の「辨」、尤も嘉《よみ》すべきなり。我れ曾て其の答を見るも、未だ其の問いを見ず。是を以て之を思うに、其の理気を分ちては則ち「太極は理なり、陰陽は気なり」と曰うも、合一する能わざれば、則ち其の弊は支離に至らんや。理気を合しては則ち「理は気の条理なり、気は理の運用なり」と曰うも、善悪を択ばざれば、則ち其の弊は蕩莽に至らんや。方寸の内、当に明弁すべき所なり。大升の問う所は果して如何ぞ。

貴国先儒退渓李滉、専依程張朱子説、作四端七情理気辨以答奇大升。其意謂、四端出于理、七情出於気。此乃朱子所云四端理之発、七情気之発也。末学膚浅、豈容喙於其間哉、退渓辨、尤可嘉也。我曾見其答、未見其問。是以思之、其分理気則曰、太極理也、陰陽気也、而不能合一、則其弊至于支離歟。合理気則曰、理者気之条理也、気者理之運用也、而不択善悪、則其弊至於蕩莽歟。方寸之内、所当明弁也。大升所問果如何。(11)

それでは林羅山自身は李退渓の性情関係論について、いったいどのように理解したのだろうか。彼は、元和七（一六二一）年に、李退渓と鄭秋巒（之雲、字は静而、号は秋巒。一五〇九—六一）と協力して完成させた『天命図説』という書物のために作った跋文でこう言う。

右、「天命旧新図説」は、朝鮮の鄭秋巒、李退渓の作る所なり。其の性理・気質を論ずる、皆な中国儒先の余言為りと雖も、然れども正《せい》に戻《もと》らずして観るべき者有り。余が家に此の本を蔵すること久し。一日 惺斎（藤原惺窩―龔穎注）に示すに、惺斎曰く、「『四端は理より出で、七情は気より出づ』と。此の説是《ぜ》なり。諸れを『困知記』の云う所に比せば、則ち此れ彼よりも善なり」と為す。昔し趙松雪 新羅の沙門金生の書跡を見て、其の後に題して曰く、「何くの地にか才を生ぜざらん」と。今ま余も亦た此の「図説」に於いてしか云わんか。

右、天命旧新図説者、朝鮮鄭秋巒、李退渓之所作也。其論性理気質、皆雖為中国儒先之余言、然不戻于正而有可観者。余家蔵此本久矣。一日示于惺斎、惺斎曰、四端出於理、七情出於気、此説是也。比諸困知記所云、則為此善于彼。昔趙松雪見新羅沙門金生書跡、題其後曰、何地不生才。今余亦於此図説云而乎。[12]

「壮年の所作」と記されたある「随筆」で林羅山はまた言う。

四端は理より出で、七情は気より出づ。喜怒 事に在れば則ち理の当に喜怒すべき者なり。然らば則ち七情は又た理に出づるか。

四端出於理、七情出於気。喜怒在事則理之当喜怒者也。然則七情又出於理乎。[13]

右のいくつかの資料を関連させて観察すると、林羅山は元和時期以前にすでに李退渓の「四七理気学説」に対しある程度理解しており、李退渓のこの思想を「四端出於理、七情出於気」と要約していたということに気づく。林羅山はまた前者の資料において、退渓学説に対する藤原惺窩の賛美の意を紹介することを通して、自身の「何くの地にか才を生ぜざらん（何地不生才）」という感嘆を表した。

そうではあるが、右述の資料群からは、寛永初年になるまでは林羅山は李退渓の観点を一括して全面的に受け入れたわけではなく、七情の由来などの問題について多面的な思索を試みていて、その時までは彼はまだ自身の思想を「四端出於理、七情出於気」という命題に完全に定着させてはいなかった、ということもわかる。

林羅山思想の発展変化の軌跡に沿うと、以下のことが観察できる。寛永八（一六三一）年に『三徳抄』を著した時、彼は「理気弁」において「四端出於理、七情出於気」を独立した小見出しとして特に提示し、その内容に対する注釈を作った。そして五、六年の後の寛永十三年になると、羅山はさらに「退渓『辨』、尤可嘉也」とはっきり言い、この問題における李退渓の学説に対するその賛同の意を表した。

以上の事実素材に基づき、中国の従来の研究者は、寛永時代以後、林羅山はすでに完全に李退渓の「四七理気説」を受け入れたと一様に考えている。(14) だが私は、これらの資料は、「四端七情」についての林羅山の論述と李退渓らの討論とに深い関わりがあることを説いているだけであると考える。ではしかし『三徳抄』「理気弁」における「四端出於理、七情出於気」に対する釈義と李退渓の「四端七情分理気」という学説との一致性は、いったいどういう方面のことを体現しているのだろうか。すなわち林羅山、李退渓両人の「四端七情」の思想内容について、さらなる深い綿密な比較研究がやはり必要なのである。このことが、従来の研究で不足している基礎的作業である。

三　羅山の七情論の思想的特徴及びその位置づけ

まず指摘したいのは、寛永八年に『三徳抄』を書いた時、林羅山は、「四七理気説」について李退渓と奇大升の二人が進めていた討論をある程度知ってはいたが、この討論のすべての内容をなお把握はしていなかったことである。右述の資料で彼が言った、「我れ曾て其の荅を見るも、未だ其の問いを見ず」という語、また「大升の問う所は、果して如何ぞ」という質問から見ると、当時、林羅山が見た関連文字資料は、両者の往復書簡そのものではなく、『天命図説』（李退渓、鄭秋巒共著）の後に付された「四端七情分理気辨」であり、この「辨」は、李退渓が奇大升の鋭い質問に対して応えた初回の書簡である。この「四端七情分理気辨」の内容は、李退渓『自省録』に収録される「答奇明彦四端七情分理気辨書第一書」の内容とほぼ一致する。そこで以下、李退渓の「辨」の思想内容と林羅山の『三徳抄』における「四端出於理、七情出於気」の釈義とを比較し、思想内容における両者の同異を解明していこう。

最初に観察できるのは、表現方式における両者の相違である。『三徳抄』「理気弁」の第二条の小見出しは「四端出於理、七情出於気」であるが、「四端七情分理気辨」の文章の中にはこれとまったく同じ表現方式はなく、李退渓が説いたのは、「往年 鄭生の『図』を作るや、四端は理より発し、七情は気より発するの説有り（往年鄭生之作図也、有四端発於理、七情発於気之説）」というものである。

林羅山が見た『天命図説』に収録された「天命旧図」は、鄭秋巒の序文からすると、鄭氏が作ったものである。この「天命旧図」には、「四端の発は理に純らなり、故に善ならざる無し。七情の発は気を兼ぬ、故に善悪有り（四端之発純理、故無不善。七情之発兼気、故有善悪）」という表現があるが、李退渓はその「天命新図」においてその表現を「四端理之発、七情気之発」と改めた。林羅山の「四端出於理、七情出於気」の表現と退渓のここにおける表現とにはいささか違いがあるのだが、これが直接に李退渓の「天命新図」によるものであるか否かは断定できない。

第二に指摘したいのは、『三徳抄』にはある著しい傾向があって、それは、李退渓の「四端七情分理気辨」に反映されている思想のある方向を過度に強調しているということである。

李退渓はその「四端七情分理気辨」の最初において、鄭氏「天命旧図」における関連問題に対する彼の態度を示した。彼は言う。

往年 鄭生の「図」を作るや、四端は理より発し、七情は気より発すの説有り。愚意うに亦た恐らくは其の分別する太甚《はなはだ》しく、或いは争いの端を致さん。故に下の「純善・兼気」等の語を改む。蓋し相資りて以て講明せんと欲し、其の言の疵《し》無きを謂うに非ざるなり。

往年鄭生之作図也、有四端発於理、七情発於気之説。愚意亦恐其分別太甚、或致争端。故改下純善兼気等語。蓋欲相資以講明、非謂其言之無疵也。[16]

ここで注意すべきは、李退渓が鄭氏「四端発於理、七情発於気」の表現方式に満足しないのは、この言い方では「分別すること太甚《はなは》だし」の嫌いがあると退渓が考えるためということである。具体的に言うと、退渓にとっては、「四端」と「七情」との由来からその特質に至るまでを過度に厳しく区別して扱うと、誤解を招き、「争いの端」を引き起こしかねないのである。基本的な立場から言うと、四端と七情との由来を、前者が理により後者は気によるものだと簡単に分けることに李退渓が賛成していないのは明らかである。

しかし、なぜ李退渓は「四端理之発、七情気之発」と、結局は鄭氏の表現に似ている言い方を使ってしまったのであろうか。「四端七情分理気辨」において、退渓は四端七情に対する自身の認識を述べた後、こう書く。

二者（四端と七情を指す—龔穎）皆な理気より外ならずと曰うと雖も、而るに其の従りて来たる所に因りて、各おの其の主とする所と重んずる所とを指して之を言えば、則ち之れを某は理為り、某は気為りと謂うこと、何の不可なるか之れ有らんや。

二者雖曰皆不外乎理気、而因其所従来、各指其所主与所重而言之、則謂之某為理、某為気、何不可之有乎。

言い換えると、李退渓は四端と七情の来源から分けてその「其の主とする所と重んずる所と」に沿って説いて、「四端理之発、七情気之発」というこの言葉を言い出したのである。逆に言うと、退渓は、四端には理しかなく、七情には気しかないとはまったく考えておらず、彼にとって、四端も七情も「理気より外ならず」であり、ともに理気二者の共同作用でできたものである。この大前提の下で「四端理之発、七情気之発」と説くのは、二者を形成させるそれぞれの主要な要素を強調するためにほかならない。

四端七情それぞれの由来を、理なのか気なのかと分けることに李退渓が賛成しない以上、ではなぜ彼は「四端七情分理気」という学説をさらに堅持するのか。この問題は、彼が弁論した相手である奇大升の思想傾向と密接に関わる。退渓はかつてこう説いている。奇氏が保持する、「理気は、異なる物に非ず（理気、非異物）」という考え方は、明代の儒学者の羅整庵（一四六五―一五四七）の思想に似ているところがあるので、そこで奇大升の観点を信奉する人々がどんどん羅整庵に近づき、最後には「駸駸然として気を以て性を論ずるの蔽に入りて、人欲を認めて天理と作すの患いに墜つ（駸駸然入於以気論性之蔽、而墜於認人欲作天理之患）[17]」ということを招くのを深く心配する、と。この状況において、李退渓は少しも曖昧にせずに理と気との異なる性質を区別しようとし、特に奇大升に対し四端七情の由来の問題を討論する時には、他人によりもある種緊張した気持を提示した。その具体的な表現の一つが、「四端理之発、七情気之発」の立場を退渓が格別に強調し、理と気との本質的な区別を人々が軽視するのを防ぐことだったのである。

以上を要するに、李退渓は当時にあった二つの思想傾向を警戒する。一つは鄭氏を代表とするもので、彼は四端を純粋な理と見なし、そのことで七情と四端とを完全に切り離して扱う。もう一つは奇氏の見方であり、すなわち「理気を以て一物と為す」というもので、思想傾向においては理気一元論にきわめて接近する。この二つの観点はどちらも李退渓が理解する朱熹の理気学説に合わないところがあり、そこで彼は同時に二人に反対しようとした。このような特定の立場が、「四端理之発、七情気之発」という表現方式を固守するという具体的結果をもたらしたのである。

では一方、林羅山が『三徳抄』の「四端出於理、七情出於気」という条目において強調したのはどんな内容であろうか。まずは以下の段を見よう。

ヒトノ心ハ只道理マデニテアルユヘニ、仁・義・礼・智ハコノ理ヨリ出ルナリ。気ニハ善悪アルユヘニ七情出来スル也。七情ニハ善ト悪トアリ。四端ニハ善バカリニシテ悪ナシ。

（人の心にはただ道理だけがあり、故に仁、義、礼、智が理から出る。気には善悪があり、故に七情が出てくる。七情には善悪があるが、四端はただ善だけで悪はない。[18]）

この段は、鄭秋巒が「天命旧図」で説いた、「四端の発は理に純らなり、故に善ならざる無し。七情の発は気を兼ぬ、故に善悪有り」の中の、四端は「善ならざる無し」であるのを連想させる。先に述べたが、李退渓は、鄭氏のこの言い方が「分別すること太甚だし」であまり適当ではないと考える。林羅山はここでは退渓の意見に従ってはおらず、逆に四端七情の由来を厳しく分け、鄭氏の見解に近い表現方式を採った。これも、彼自身が四端、七情の由来を明確に区分しようとしていると言えるもので、この点においては李退渓の影響を見るのは難しい。

もう一つ、「四端出於理、七情出於気」の条目において、林羅山は、論述の重点を七情の抑制論という方向に置き、その文章の行間からは、人間の感情が悪に流れるという可能性に対する彼の強い危機意識が伝わる。例えば彼は言う。

・此七情ヲ道理ノママニスレバ、仁義ニカナヒテヨケレドモ、血気ノ私ニヒカルルトキハ、七情ホシイママニナリテ、理ニソムキテ悪キ故ニ、ヨク分別シテ、七情ヲ理ニカナヘテナセバ、イヅレモアシキコトナシ。

（もしこの七情を道理のままに行えば、仁義に符合して、とてもよい。だがもし血気の私に引きずられるときは、七情はほしいままになり、理に背反して悪となり、だからきちんと辨別し、七情を理に符号させれば、悪事はなくなる。[19]）

・親ニ孝行ヲスルハ心ノ理ナリ。若又親ニイカリヲアラハスハ、是血気ノ私ナリ。是ニヨッテ理ト気トノ差別ヲシルベキ也。

（両親への孝行は心の理である。もし両親に怒りを表すならば、それは血気の私である。かならずここから理と気の判別にとりくまねばならない。[20]）

林羅山にとっては、気に由って発した七情と理に由って発した四端とは、本質が違う存在のものであり、両親に痼癪を起こすという悪い感情は血気の私によってできたものであり、この点を人々は十分に認識しなければならず、感情が理の要求に合うようにさせることを通して、これらのよからぬ感情を消さなければならないのである。

林羅山はたしかに李退渓の「四端七情分理気辨」と似た「四端出於理、七情出於気」という表現方式を使った。しかし、李退渓の立場は、四端七情を分けすぎる傾向と二者の本質的な違いを無視して二者を混ぜて一つとするという二点の誤りの傾向を警戒することにあった。一方、羅山は、退渓に危険思想とみられた鄭氏の「分別すること太甚だし」に接近する学説を堅持することに努め宣伝した。

おわりに

以上のことをまとめると、朱熹は、情が性（即ち理）の発現であり、「情＝四端＋七情」と考えたが、林羅山はこれとは異なり、七情を特に重視して、情を七情とほとんど同列に扱うのである。彼はまた李退渓学説のある一部を一面的に強調し拡大して、七情はただ気に由来し、そこで悪へと発展する傾向が強くあり、ひどくなればその人のすべてを破滅させることを招くと考える。林羅山の心性論思想には、情（特に七情）に対する理解と位置づけなどの問題において、朱熹とも李退渓とも重要なちがいが存在するのである。

李退渓ら朝鮮朝の儒学者は「四七理気之辨」について討論を進めたが、それらはすべて四端七情及び人性の悪の由来の問題をめぐって展開したものである。もちろん朝鮮朝時代の学者が朱熹思想体系の本意に充分照らして七情の由来問題をかなり明確に解釈し、朱子学の思想内容を発展させ深化させたことそれ自体は、一つの重要な貢献である。

けれども江戸幕府開府初期の高級文官としての林羅山は、わずかばかりのこの一歩に満足はしなかった。彼が七情に注目する最終の目的は、どのようにうまく非道徳的感情を制御できるかという点にある。紙幅に限りがあり、林羅山が宣揚した、どのように「七情」を制御するのかということの具体的なやり方は後日の検討に待ちたい。一つ確定できたことは、羅山が主張する「七情」抑制論的な修養論は、人間の本性（理）を信頼することを前提とし、未発の理を涵養することを修養の鍵と主張する朱熹の考え方と大きく違いがあるということである。林羅山は、道徳秩序の再建と長期戦乱を経てきた武士たちにこの秩序を遵守させることの難しさを十分認識していて、江戸初期のこの難局に効率よく対処するために、悪に氾濫しやすい「七情」というこの人間性の弱点を的として狙い、情欲を制御する重要性を強調したのであろう。

註

（1）玉懸博之「林羅山『巵言抄』の思想――羅山の思想展開史の実相を求めて――」（『文芸研究』一四二、一九九六年、東北大学）を参照。
（2）『林羅山文集』（大正七～十年刊版覆刻版、ぺりかん社、一九七九年）巻二十七「心説」、三一〇頁。
（3）林羅山『大学鈔』（国立国会図書館所蔵稿本）「明徳」を解釈する部分。
（4）林羅山『大学鈔』（国立国会図書館所蔵稿本）「正心」「修身」を解釈する部分。
（5）朱熹『四書章句集註』（中華書局、一九八三年）、一頁。
（6）『三徳抄』下「視・聴・言・動」（『日本思想大系二八　藤原惺窩・林羅山』岩波書店、一九七五年）、一八六頁。
（7）朱熹『四書章句集註』（中華書局、一九八三年）、八頁。
（8）林羅山『大学諺解』下（国立公文書館内閣文庫所蔵写本）。

（9）例えば魯学海は『朱子理気論的地域特性』（東洋書院、一九九九年）において、山崎闇斎もその『文会筆録 五』で、「四端七情分理気の義は、『退渓集』十六に数書之を論じ、『自省録』に載する所最も備わる者なるも、諸儒道い到らざる処なり」と言及するが肯定も否定もしていない、と指摘する。山崎闇斎はこの「四七理気学説」の討論には特別の関心を持っていないということがわかり、この点で林羅山と明らかな対比をなしている。

（10）『林羅山文集』巻六十八「随筆四」、八四〇頁。

（11）『林羅山文集』巻十四「寄朝鮮国三官使」、一五七―一五八頁。

（12）『林羅山文集』巻五十「天命図説跋」、六二〇―六二一頁。

（13）『林羅山文集』巻六十七「随筆三」、八三二頁。

（14）例えば魯学海は、「ここ（『三徳抄』「理気弁」）で林羅山が言っている「四端出于理、七情出于気」は朝鮮思想の直接的導入であると断定できる」（前掲魯学海書、二〇五頁）と考えるが、これも旧説を踏襲する事例である。この問題をめぐって学界が新たな討論を展開することを期待したい。

（15）『陶山全書』に収録された鄭秋巒「天命旧図」の同じ箇所の表現は、「四端発於理、七情発於気」である。ここの引用は、林羅山の「跋」と鄭秋巒の「序」がついている版本による。「序」の日付は「嘉靖甲寅正月」である。

（16）鄭之雲（秋巒）、李退渓共著『天命図説』「四端七情分理気辨」。『天命図説』は、阿部吉雄編『日本刻版李退渓全集 下』（李退渓研究会、一九七五年）に収録されたものを使用した。其の中に林羅山の跋文がついている。以下の『天命図説』についての引用はすべてこの版本による。

（17）鄭之雲（秋巒）、李退渓共著『天命図説』「四端七情分理気辨」。

（18）『三徳抄』上「理気弁」（『日本思想大系二八　藤原惺窩・林羅山』岩波書店、一九七五年）一六三―一六四頁。

（19）『三徳抄』上「理気弁」（『日本思想大系二八　藤原惺窩・林羅山』岩波書店、一九七五年）一六四頁。

（20）『三徳抄』上「理気弁」（『日本思想大系二八　藤原惺窩・林羅山』岩波書店、一九七五年）一六四頁。

（翻訳・韋佳、校訳・市來津由彦）

荻生徂徠の四書解釈——『大学』『中庸』を中心に——

王　青

韋佳・洪瑟君　訳

一　訓読と古文辞学

日本社会は古代以来、中国の典籍を積極的に輸入し取り入れた。日本の知識人の教養は中国文化を基礎としており、当時、中央の大学寮でも、地方の国学・私学等の各教育機関でも、教育内容はすべて中国の儒学経典を中心としており、まず「素読」しそれから「講義」するという教え方で教授されていた。「素読」というのは、漢音で経典の原文を読むことであり、「講義」というのは定められた注釈で経典の原文を解説することである。いうまでもなく、当時は、中国語・漢字の教養が極めて深い日本人でなければ漢文（中国古典文）の経典を読めず、このため漢文化の広がりは貴族と上層知識人の間に限られたのである。

十四世紀の初め、日本五山の禅僧岐陽方秀、桂庵玄樹は『四書集注』に和文の訓読を付した。彼らが創立した漢籍訓読法は、中世以後の日本社会における中国文献を読む新たな方法となった。その基本的特色は、漢文の原著に、各漢字の訓詁意味に従って日本語の仮名を付けることであり、実際、この方法は「漢文を直接読むこと」を「漢文を訳して読むこと」に変えたため、漢文のレベルがさほど高くない人でも原著の内容を大体理解できることとなった。しかし、その漢文訓読の方法は、漢文化の普及には役立ったが、読者に和訓者の解釈によって文献の意味を理解させ、原著者の本意と理解をずれさせることともなった。江戸時代中期の儒学者荻生徂徠（一六六六―一七二八）は、「訓読」とはその実、一種の翻訳であり、翻訳とは訳者が文章を再創作する過程であり、原文をどう忠実に訳したとしても、原文に対し偏差と誤解が生じることは避けられないと指摘した。「此方の学ぶ者　方言を以て書を読み、号して和訓と曰い、諸れを訓詁の義より取るも、其の実は訳なり。而るに人は訳為るを知らざるなり。……是を以て和訓回環の読みは、通ずべきが若きと雖も、実は牽強為り。（書き下し訳文は校訳者による。以下、同。徂徠原文――此方学者以方言読書、号曰和訓、取諸訓詁之義、其実訳也、而人不知為訳也……是以和訓回環之読、雖若可通、実為牽強）[1]」。絶対的に忠実に経典を理解しようとすれば、「唐音直読」――すなわち中国人と同様に中国語の発音と語順に従い、中国の古典を読むことによるしかないと徂徠は主張するのである。

多くの日本学者と同様、中年以前の徂徠は、程朱学を基盤として儒学の経典を解釈していた。徂徠を朱子学信奉者から批判者に転換させたきっかけは、伊藤仁斎との恩と怨み以外に、中国明代の文学者李攀龍、王世貞の文学理論との出会いもあった。明代十六世紀後半、李攀龍、王世貞ら文壇における後七子は当時の文壇の旧弊を正すため、「文は則ち秦漢、詩は則ち漢魏盛唐」、「宋以後の書を読まず」等のスローガンを唱え、自分らの文学主張を「古文辞学」

と名づけた。李・王の古文辞学に啓発され、徂徠は中国語に古文から現代文までの歴史変遷があったことを認識した。「世は言を載せて以て移り、唐に韓愈有りて文 古今殊なり、宋に程朱有りて学 古今殊なる。……殊に知らず、今言は古言に非ず、今文は古文に非ずして、吾れ其の中に居りて、是を以て諸れを古に求むるも、乃ち能く其の名を得る者の幾希《すくな》きを。……故に聖人の道を求めんと欲する者は、必ず諸れを六経に求めて以て其の物を識り、諸を秦漢以前の書に求めて以て其の名を識り、名と物と舛《たが》わずして、而る後に聖人の道得て言うべきのみ。（世載言以移、唐有韓愈而文古今殊焉、宋有程朱而学古今殊焉。……殊不知今言非古言、今文非古文、吾居於其中、而以是求諸古、乃能得其名者幾希。……故欲求聖人之道者、必求諸六経以識其物、求諸秦漢以前書以識其名、名与物不舛、而後聖人之道可得而言焉已）」(2)。中国の宋儒さえも現代文と古文との区別が分かっておらず、まして徂徠と同時代の日本人にとっては、中国語に古文と現代文との区別があることがいっそう分かるはずはなく、宋学に従うことしか知らなかった。

古今の歴史の変遷により、先王の道を記した六経はもはや損なわれて完全ではなくなり、先王の道の伝承も途絶えてしまい、先王の道をふたたび掘り起こそうとすれば、現代の文、すなわち宋儒の義理の学を捨て、古文辞学の方法によって古文に潜んでいる道理を探究しなければならない。このように徂徠は李・王の古文辞学を、朱子学を批判する武器にまで発展させ、自らの「先王の道」の学説体系を立てたのである。

徂徠の考えでは、古文が対応しているのは中国の夏殷周三代の封建社会だが、その中の人情世態は今日の日本と通じており、その古文辞学の真の目的は、単に漢詩文を書くことではなく、「古今（華和）を合して一と為す者、是れ吾が訳学なり、是れ吾が古文辞の学なり」(3)というためである。だから彼が「古」＝「彼」＝中華を研究するのは、「今」＝「此」＝日本をはっきりと認識するためであり、今を知りたければまず古を知らねばならず、李・王の古文辞学は、「古に梯する」方法論を徂徠学にまさしく提供したのである。

徂徠の考えでは、言語は有限なもので、刻々発展・変化している事物を、完全、確実には表現できない。いわゆる「一を挙ぐれば百を廃す」であり、言葉で物事を描こうとして、逆に物事の本質から離れてしまう。それゆえ聖人は「道」に対し、どんな議論や説明もせず、ただ道が載った「物」を提供し、「蓋し先王の教えは、物を以てし理を以てせず」とし、後世の人に自ら体得させた。いわゆる「物」というのは、詩書礼楽などの四教六芸を含む「礼」だと言える。程・朱を代表とする宋代の儒者は、正統派だと自認していたが、先王の道が六経の中に存在していることが分からず、ただ子思・孟子らが先王の道を守って百家と争ったときの論争を先王の道そのものだと考えるばかりで、こうした論争がもはや先王の道を歪曲し、ずれをもたらすことがまったく分からなかった。また、現代文と古文との区別が分からないため、先王の道の実態と名称が認識において離れ――「物と名と離れ」てしまい、義理が盛んだったとはいえ、その実、いっそう誤解と誤りが生じたのである。

程朱諸公は、豪傑の士なりと雖も、古文辞を識らず。是を以て六経を読みて之を知る能わず、独り『中庸』、『孟子』の読み易きを喜ぶや、遂に其の外人と争う者の言を以て聖人の道本と然りと為す。又た今文を以て古文を視れば、而ち其の物に昧く、物と名と離れ、而る後に義理孤行し、是に於てか先王・孔子の教法 復た見るべからず。

程朱諸公、雖豪傑之士、而不識古文辞。是以不能読六経而知之、独喜中庸、孟子易読也、遂以其与外人争者言為聖人之道本然。又以今文視古文、而昧乎其物、物与名離、而後義理孤行、於是乎先王孔子教法不可復見矣。(4)

自然界と人間社会の諸現象について、朱子学は普遍的「天理」によって一貫する解釈をしようとする。しかし、「理」は完全に主観的な解釈であって、客観的な基準が一つもないため、人間を主観で恣意の沼の中に次第に深く陥れさせる。儒家経典に関する宋儒の解釈・発揮、すなわち義理の学は、まさに主観的な推測と言語上の詭弁である。

理に形無く、故に準無く、其の以て中庸と為し当に行うべきの理と為す者は、乃ち其の人の見る所なるのみ。見る所は人人殊なり、人人各おの其の心を以て「是れ中庸なり、是れ当行なり」と謂う、是《かく》の若きのみ。人間に北より看れば南と成る、亦た何の準とする所ぞや。又た天理・人欲の説の如き、精微と謂うべきのみなるも、然れども亦た準無きなり。譬えば両郷の人の地界を争うが如き、苟くも官の以て之を聴く無くんば、将《はた》何の準とする所ぞや。故に先王・孔子　皆な是の言無く、宋儒之を造るも、無用の辯なり。之を要するに未だ堅白の帰たるを免れざるのみ。

理無形、故無準、其以為中庸為当行之理者、乃其人所見耳。所見人人殊、人人各以其心謂是中庸也、是当行也、若是而已矣。人間北看成南、亦何所準哉。又如天理人欲之説、可謂精微已、然亦無準也。譬如両郷人争地界、苟無官以聴之、将何所準哉。故先王孔子皆無是言、宋儒造之、無用之辯也。要之未免堅白之帰耳(5)。

そこで「古文辞学」の研究方法は、宋儒以来の講釈、義理の風習を排除した。学びの主体が学びの内容を対象化する際に、往々仮想の論敵を伴い、主客の間に距離を生じ、その後に主体が自分の主観的な想像を強引に学びの対象に付け加え、学びの対象の本質と結局は完全に背離することになってしまうためである。しかし、先王の道の出発点は天に対する尊敬とそれによって生じる信頼の心情、すなわち一種の無我の境であり、そこからこそ自己が対象すなわち先王の道との一体化に達するのである。それゆえ徂徠は聖人の道は「習」を第一とすると考え、すなわち言葉という媒介を否定した。彼は模倣を通して「習慣は天性の如き」という主観客観の同一化に達することを強調する。

且つ学の道は、倣効を本と為す。故に孟子曰く、「堯の服を服し、堯の言を誦し、堯の行を行えば、是れ堯のみ」と。而して其の心と徳との何如を問わざる者は、学の道爾りと為す。……久しくして之に化し、習慣　天性の如くんば、外より来ると雖も、我と一と為る。

且学之道、倣効為本。故孟子曰、服堯之服、誦堯之言、行堯之行、是堯而已矣。而不問其心与徳何如者、学之道為爾。……久而化之、習慣如天性、雖自外来、与我為一。(6)

『大学』「経一章」に提示される格物致知から治国平天下に至るいわゆる八条目に対する解釈を例として、朱子学は、「天理」が世界におけるすべての物事を貫く唯一の本質と根源であり、それゆえ「格物致知」というのは世界におけるすべての客観的な事物を考察対象とし、そこから「天理」の存在を検証・体験することであると考える。しかし、徂徠はそれを、「故に古えの学ぶ者は、必ず先王の詩書礼楽の教に遵い、之を習して熟するに服し、自然に以て其の知を致す有り、是を之れ物格りて知至ると謂う。先王の教を舎てて由らず、独り己が心を以て彼の事物の理を窮めんと欲するは、亦た妄なりと謂うべきかな。其の究み必ず仏氏に陥ちて而る後に已まん。(故古之学者、必遵先王詩書礼楽之教、服習之熟、自然有以致其知、是之謂物格而知至。舎先王之教而不由、独欲以己心窮彼事物之理、亦可謂妄矣哉。其究必陥于仏氏而後已)(7)」と解釈する。

「物格而后知至」の「物」は先王の道であり、「格」はそれを自分と一体化させることであり、「知至」は聡明・英知がこれによって生じることである。子供が習字帖を使って文字を書く練習をするように、古文の模擬練習を通して自身を古典の中に没入させ、これによって古文辞学をしっかりつかむ。その上で詩書礼楽についての技術的実践によって、自己向上の目的を成し遂げるのである。

そもそも訓読法は中・日の空間的な隔たりを解消するために、相手の言語を推定する形で自国の言語で解釈して日本語に移植したものである。しかし宋儒の注釈はすでに当時中国語の通俗な口語体になっており、すなわち簡潔文雅な中国文言文の翻訳で、文言文の原意を壊してしまったものである。加えて日本語の訓読は宋儒の注釈を再翻訳したもので、さらに一段階の破壊となっている。こうみると、訓読によって習得した「詩書礼楽」は、実際は日本の「詩書礼楽」であって中国の「詩書礼楽」ではない。徂徠はかくして、訓読、注釈、解釈はすべて価値がないものであり、「和訓及び伝注を廃」し、「唐音直読法」と古文辞学を採用しなければならないと主張したのである。ただし徂徠学における古文辞学の目的は、詩書礼楽が中国の固有文化であるのを明らかにすることを目標とする近代文献学なのではなく、世界どこでも通用する先王の道の普遍的性格を確かめるためのある種の方策と手段なのである。

二 〈封建〉と〈郡県〉

右に述べたように、徂徠が「和訓を廃」し「古文辞学」を鼓吹した目的は、単に古語に対し実証的研究をするためではなく、中国上古三代の政治社会体制が徳川時代の政治社会体制と一致性を有しており、先王の道が異国の現代の徳川社会においても実践できる可能性を持つことを確認するためであった。

徳川家康はかたちとしては日本全国の平和統一を成し遂げ、幕藩体制という封建土地制度と身分制度を確立した。しかし、幕府体制そのものは構造的な矛盾、すなわち幕府の統一権力と各藩領主の権力との間の矛盾をも含んでいた。参勤交代制度は、幕府が政治、軍事において各藩をコントロールする有効な手段ではあるのだが、同時に大名領主及び武士階級の経済的実力を削ってしまうものでもあり、必然的に幕府の統治基礎を動揺させるのである。

一方、徳川時代の生産力は大幅に高まり、特に徳川時代後期すなわち十八世紀末から十九世紀初めにかけては、資本主義経済が萌芽し始めてかなり発展してきた。商品経済と金融の発達によって社会生活が日々複雑化・文明化し、階級がより一層分化し、身分制が動揺し、統治階層の権威としての武士階級は、大きな衝撃と挑戦を受けた。

徂徠は『太平策』と『政談』という二つの政論の文章において国家の全体制度に目をつけ、問題の根源が「制度未だ立たざる」ことと「旅宿の境界」にあると指摘した。[8] すなわち武家経済の貧困とそれによって起きた統治の危機を解決するその根本的な方法は、「旅宿」を「土着」に変え、制度がない様態から有る様態に改正することにあると言うのである。

徂徠の考えでは、異国中国の古代であれ近世であれ、あるいは日本の古代であれ、統治の根本は、民が代々土地に密着し、男は耕作し女は着物を織って自給自足すること、それが「土着」である。このような世の中では統治システムの外で遊離する人はなくなり、すべての人がみな統治者一人に掌握され、支配されることになる。

そのため、徂徠が提出した改革の方策案の第一は、先王の道の「土着」政策を回復させることであった。彼は『政談』の中で、城下町にいる遊民化した武士を郷里に帰らせ、男に耕作させ女に織らせ、ふだんは農業をして戦時には兵士となり、このようにすれば、領地内の農民の動向が常に洞察できるだけではなく、さらに重要なのはこうして商品経済がもたらす消費生活から武士を遠ざけ、商品の需求を減らすことができるのだ、と提起した。身分等級を制度化しなければ、「倹約令」も単に無意味な法令になることが分かっていたからである。倹約は消費の欲望に対する抑止であるが、欲望を抑えることは強制しきれず、消費の欲望を生じない環境、すなわち「風俗」を作り出すしかできない。こういうことがすなわちすべての人を土着させることを制度化する、いわゆる「聖人の妙術」なのである。

それゆえ一番大切なのは、生活の細事において、士、農、工、商の秩序及び身分の貴賤に従って階級制度を徹底的に実行することであり、しかもそれは、工商の地位を貶め、農民の地位を抑え、武士の地位を高めることを原則として実行しなければならない。彼は『政談』の中で、身分、官位の相違によって服装、日常用品など衣食住や振る舞いの各方面にふさわしい制度を非常に具体的に詳述した。いわゆる制度は「礼」であり、聖人や先王は「礼」を定め、将軍は「制度」を制定し、礼楽制度はもっとも重要なものであると言える。

制度が大切なのは、天地万物には一定の限りがあるが人の欲望は終りがないものだからである。物が少なく人が多い場合は争乱が起こり、物が多く人が少ない場合は互いに平和に暮らすことができ、このため制度は資源に対し合理的に分配する一種の手段となるのである。徂徠が考えている理想社会は兵・農が未分離だったときの自然経済の構造であって、彼が、商品経済と商人を排斥し、幕府は「本を重んじ、末を抑え」て、自給自足する小私有経営の農業経済を統治の社会基礎とし、武士の主従関係の緊密化と農民階級に対する専制統治とを固め直すことを図るべきだと主張していたことが読み取れよう。

まさしく徂徠自身が繰り返し強調したように、先王の道の核心は「土着」にあり、この制度の完成様態は周代の社会制度である「分封制」であった。

中国社会は夏の禹王が王位を子に伝えて以来、氏族社会が国家社会に転換し、殷の湯王は夏を滅ぼして宗法制の奴隷社会を建てた。周の武王が殷を滅ぼしたのは、中国が封建領主制国家となり封建社会の初期段階に至ったことを示している。西周の建国の後、殷の政治制度を継承する基礎の上に、宗法制、分封制、井田制の一連の政治経済制度が定められた。

周の天子をリーダーとする中央政府は諸侯国に対しある程度の統制権を持ってはいたが、直接統治する地域は天子の領地内だけに限られていた。周の平王が東に遷都した（紀元前七七〇年）のに従い、周の王室と諸侯との間の封建主従関係はしだいにゆるくなり、周王室は政治・経済面では有力諸侯に依存せざるを得ず、諸侯は覇権を争うために天子をかついだ。春秋戦国時代に礼楽は崩壊し、諸侯国内が宗法制から地主土地所有制に転換する過程で、社会全体は大混乱、大変革の時期に入っていった。

紀元前二二一年、秦王（名は）政は六国を滅ぼし、戦国時代以来の封建諸侯が長く割拠していた状勢を終わらせて中国を統一した。国を分封し藩を建てる周代以来の制度と専制王権・統一国家とは併存できず、そこで秦の始皇帝は分封制を廃止し郡県制を全国に押し広め、中央集権の制度を確立した。その後、中国の歴史において各王朝に地方諸侯の勢力と中央集権との矛盾が起こったことは多くあるが、全体的な趨勢としては、中央集権が固められ、国家統一がしだいに強化されていった[9]。

徂徠は、中国社会における政治制度の歴史沿革に対し否定的な態度をとっており、「成周と春秋との間には、世界が前後にちがうほどの大きな溝のようなものがある」と考えた。中国社会は秦の始皇帝以後、中央集権制度の下に「郡県」制を施行し、先王の道は宗法制の社会基礎を失い、「礼楽」の体系も変わってしまった。隋唐以後、科挙制度を施行し、法家の習慣にどっぷりつかった。ひと言で言えば、中国にはかえって「漢唐以後、礼楽無し」であり、さらには、「且つ三代よりして後、中華と雖も亦た戎狄 之を猾《みだ》せば、古の中華に非ざるなり（且三代而後、雖中華亦戎狄猾之、非古中華也[10]）」であると断言した。すなわち、「封建制」を廃止した中国では聖人の道がもはや廃棄されたため、その権威と正統性を失ってしまったのである。

一方、日本の歴史を概観すると、そこでは古代から徳川時代にかけて郡県制から封建制へという、中国とは正反対の推移過程が現出した。「大化」の革新は隋唐の政治・経済制度を取り入れ、天皇を中心とした中央集権制が打ち建てられ、経済上は土地国有制を前提とする班田収授法と租庸調制に依拠した。しかしこうした制度は、日増しに激しさを加えた土地の兼併と大土地私有制の発展に従い、九世紀末、十世紀初め頃には基本的には崩壊した。皇族、貴族と寺社は自身の特権と財力を利用し、多くの土地を領有し、私有地では多くの荘園が形成された。荘園制という環境において、有力な領主や荘園の見張り人を中心とした武装集団が多く現れ、武士階級が形成された。源頼朝が一一八五年に日本史上で初めて武士を支配的地位に立たせる社会政治体制である鎌倉幕府を建て、室町幕府も基本的には鎌倉幕府の政治体制を引き継いだ。

徳川家康が日本を統一した後、政治構造においては「戦国大名領国制」を突き破って幕藩体制を基礎とした中央集権の政治体制を打ち建てた。戦国大名たちが完全に独立した権力を有していたのとは異なり、幕藩体制下において大名たちは相対的に独立した権力をわずかしか有しておらず、他方、中央政権は多くの重要問題について最終決定権を持っており、かくて中央集権と地方分権とが互いに融合した政治体制が形成された。

幕府が全国の土地を大名あるいは旗本という臣下に分封したということをみると、徳川時代は封建制の体制に属し、ゆえに「郡県制」の時代に入ってしまった中国と比べれば先王の道を実行する社会・物質条件をより一層備えているが、ただし徳川日本の現実状況は実質的にはしだいに郡県制の方向へ滑り堕ちていっていると徂徠は認識した。武士は城下町に住んで「郷里」を失ってしまい、緊密な上下関係や、助け合い互いに規制しあう有機体であることから離脱し、「浮雲」のようになり、その統治能力は日増しに退化しつつあった。

具体的な人情世態の面で日本の江戸時代の現状と中国の三代とは古今にちがいがあり、そのため中国の先王の道は日本社会の現実問題を解決できないと考える人も当時いたのではあるが、しかし徂徠は、封建体制という同じ社会体制としての結びつきがあり、古代中国と今日の日本がつながっているため、中国古代を通して現代日本のことがわかり、歴史に対する学習を通して各王朝歴代の治乱盛衰から引き出される経験と教訓を現代の戒めとみなせると考えた。そして、各王朝における具体的な礼楽制度の変遷から「道」の精神を把握し、江戸時代の現実に活用して時代の問題を解決し、政治を刷新しようとする。

徂徠は体制の弊害を露呈しつつある徳川幕府のために「土着」に戻し「制度」を建て直す改革法案を提出し、とどのつまりは、宗法制の社会基礎に基づいて作った中国の三代の社会制度である分封制を模範とし、徳川政権体制の内部に腐食する商品経済の要因を取り除き、武士統治階級内部に存する血肉のごとき緊密な繋がりを取り戻し、血縁を基盤とする封建の基礎に基づく徳川氏の一元的専制統治を固めようとしたのである。

三　先王の道と人情人性

周知のように、儒学者は常に経典に対する注釈によって自分の思想学説を論じる。徂徠も、程・朱の経典の注釈に対する批判と経典を再解釈することによって自身の古文辞学と先王の道の理論体系を構築した。

前述したように徂徠の考えでは、人間はかならず自分の主観知能で推理、演繹しようとし、内心に観念上の変化を生じさせた後に、その観念の指導のもと実践しようとするのだが、このことは最も愚かで道理に合わないことであった。それゆえ、徂徠は言語という理性的な思索の道具を否定し、「模倣」「習慣」などの身体的実践を強調した。徂徠のいわゆる「道」とは、伏羲、神農、黄帝が創造した卜筮や農耕漁猟などの生活体系の「利用厚生の道」を含む、中国古代の先王や君主らが制定した具体的な歴史制度を指し、更には主として堯、舜、禹、湯、周文王、周武王、周公の七人が制作した精神文化である「礼楽の道」を指す。「道」は、孝悌仁義から礼楽刑政に至るまでの制度・文化の総称であり、四教六芸などの具体的な技術の体系であると言える。そこで聖人の道は実践的な「習」を第一とし、聖人の治は「風俗」を第一とする。その「風俗」とは人々が日常生活の中に形成する行為規範であり、民衆が理性によって推理していきようがなくとも聖人の道の精神を本当に理解させるものである。知らず知らずに感化するこの「風俗」の力に依拠して民衆を教化しさえすれば、天下・国家を治める効果がひとしなみに得られ、これこそがいわゆる不言の教、無為の治なのである。

徂徠の考えでは、「銖銖にして之を称《はか》れば、石《こく》に至りては必ず差《たが》い、寸寸にして之を度《はか》れば、丈に至りては必ず過つ（銖銖而称之、至石必差。寸寸而度之、至丈必過）[11]」であり、それゆえ認識は「小」である個体の事物を対象とすべきではなく、「大」の視点で存在を集合体とみなし、その全体の発展方向を把握する視角から認識すべきである。「大」は単なる「小」の累積ではないため、「大」と「小」に対する認識方法は異なるものである。「小」に対する認識はどのように累積しても「大」には至りえず、「大」の方法によってしか「大」を認識できないのである。

このような認識論から出発して、徂徠は、個人が道徳実践を積み重ねても、「小」と「大」、すなわち個人と社会とは本質が異なる二種の概念であるため、直接に社会全体の幸福をもたらすことはありえないと主張した。社会問題を解決するのは政治であり、指導の方針は「先王の道」である。それゆえ「道」は「統名」であり、包括的概念であり、その内実は極めて豊富であり、矛盾のごとくに見えるようでさえあり、どんな言葉でもただ「道の一端」しか捉えられず、「道」の本質については一貫性をもって分析、推理、演繹しようもなく、文学的方法によってその全体的印象を描写することだけができる。道は礼楽であり、礼楽が燦然たる姿を「文」と形容し、それゆえ「文」は道の隠喩なのである。

『論語』子罕篇にみえる、「孔子曰く、文王既に没するも、文 茲に在らずや」という句に対し、朱子は、「道の顕なる者之を文と謂う。蓋し礼楽制度の謂いにして、道と曰わずして文と曰うは、亦た謙辞なり（道之顕者謂之文、蓋礼楽制度之謂、不曰道而曰文、亦謙辞也）[12]」と注釈した。徂徠は、その注釈を取りあげて朱子学の思索方式について次のように総括的に批判している。

古者《いにしえ》は道之を文と謂う、礼楽の謂いなり。物の相雑るを文と曰う、豈に一言もて能く尽くす所ならんや。古は「儒者の道は博くして要寡し」と謂う。道の本体 然りと為す。後世は簡を貴び要を貴ぶ。夫れ直情径行する者は、戎狄の道なり、先王の道は然らず。孔子曰く、「文王既に没するも、文茲《ここ》に在らずや」とは、後儒は謙辞なりと謂う。夫れ文なる者は文王の文なり。仮使《たと》い孔子自ら謙《へりくだ》るとも、文王を謙らしめんや。是れ自ら理学者流の精粗を二つにするの見なるのみ。又た文質の説有り。文なる者は道なり、礼楽なり。質なる者は学ぶ者の質なり、忠信を貴ぶ者、教えを受くるの質を謂うのみ。忠信にして文無くんば、郷人為るを免れず。故に孔子は十室の邑にも、忠信を貴ばずして、学を好むを貴ぶなり。後儒は僅かに能く精粗本末 一以て之を貫くを言うも、而るに其の意の郷《むか》い往く所を察すれば、則ち亦た唯だ内を重んじ外を軽んじ、精を貴び粗を賤しみ、簡を貴び要を貴び、明白を貴び斉整を貴ぶのみ。此より以往、先王の道は藉りて以て衰颯《すいさつ》枯槁《ここう》し、粛殺の気 宇宙に塞り、其の究み必ず戎狄の道に馴致して而る後に已まん。蓋し古えの時に道之を文と謂い、而して其の教えは養いて以て徳を成すに在るを知らざるに坐するが故なり。

古者道謂之文、礼楽之謂也。物相雑曰文、豈一言所能尽哉。古謂儒者之道博而寡要。道之本体為然。後世貴簡貴要。夫直情径行者、戎狄之道也、先王之道不然。孔子曰、文王既没、文不在茲乎、後儒謂謙辞。夫文者文王之文也。仮使孔子自謙、而謙文王哉。是自理学者流二精粗之見耳。又有文質之説。文者道也、礼楽也。質者学者之質也、貴忠信者、謂受教之質耳。忠信而無文、不免為郷人矣。故孔子十室之邑、不貴忠信、而貴好学也。後儒僅能言精粗本末一以貫之、而察其意所郷往、則亦唯重内軽外、貴精賤粗、貴簡貴要、貴明白貴斉整。由此以往、先王之道藉以衰颯枯槁、粛殺之気塞于宇宙、其究必馴致于戎狄之道而後已焉。蓋坐不知古之時道謂之文、而其教在養以成徳故也。[13]

朱子学について言うと、理と気の関係は「理一分殊」の関係であり、すなわち「一」と「万」、或いは「一」と「多」の関係である。仏教の「月が百川に印す」という比喩のように、天地万物はすべて一つの理であり、理は万物の中に散在し、万物にそれぞれ一つの理が具有する。しかし散在するそのそれぞれの理はすべて一つの理であり、一つの統一的理である。ここにおける理は、事物そのものの特殊な規律や特殊な原則ではなく、事物がそこに持っている普遍の原則あるいは普遍の規律である。

徂徠の考えでは、朱子学の「道」の本質は「能く一言もて尽くす所の者」であり、その思索方式は「内聖外王」「精粗二分」であり、人間社会のあるべき状態を内在する本来性や道徳性から演繹し、本質と現象とに区分し、内と外、体と用、内の徳性と外の功業とに二つに分け、内を重んじ外を軽視する傾向を持つ。しかも朱子学は「一理」で自然、政治、倫理道徳を含むすべての物事を貫こうとし、結局、「一を挙げて百を廃す」、仏教の法身の説と違いはない。徂徠の批判は、正確に朱子学の本質をつかんだものというべきであり、彼が主張したのは、まさにある種の内外一体、本末一致、精粗不分の思惟様式であり、すなわち、「道は精粗無く本末無く一以て之を貫く（道無精粗無本末一以貫之）[14]」のである。

とはいえ、徂徠学と朱子学とは水火のような対立物というわけではない。というのは、徂徠からすると、善悪、是非、曲直など両立しない対立物に事物を二分するという思考方式はそもそも朱子学の方式的なものであり、「道」の「大」という性質に違背するものだからである。仏・老のような自分の心の解脱や安らぎだけを追求し、治国・天下に対し心を用いない学説でさえも、婦人・愚民を教化する上で用いられるため、「先王の道」の内に取り入れてもかまわない。「道」は政治の技術であるため、多彩多様なものであるはずである。徂徠学は、朱子学、仏・老の学などを、「道の裂」すなわち「先王の道」の一つの構成要素的な部分、「大」における「小」としてあてていると言うことができる。

先王の道の最高の目標は「仁」であり、「仁」は儒家学説の中で政治に関する最高の境界である。徂徠の考えでは、

「仁」というのは、子供を養育するように統治者が万民を養育し、万民が平穏に過ごし楽しく働き、代々相継いでいくようにさせることである。単に人民を平安にする主観的動機があるだけで、人民を平安にする客観的効果がないような「仁」は、仏・老のような空虚な議論である。朱子学は「心」を強調し、仁斎は「慈愛」を説くが、それらはすべて主観的動機を強調するだけで、「安民」の効果を問わないため、釈迦を仁人と見なす「不学無術」のものである。先王の道は包括的なものであるからには、「仁」も包括的なものであり、多種多様な人材が互いに協力することが求められるのである。

朱子学は、本来の「道心」に戻るために、かならず「天理を存し、人欲を去」り、すべての人が本然の性を完璧に体現する聖人になることを目標として厳格な道徳実践をしなければならないと主張する。しかし徂徠にとっては、聖人は天理を完璧に体現した朱子学式の者ではなく、政治社会制度の制作者で、普通の人間を超えたものであり、「人人皆な聖人為るを得べし」というのは、おろかな妄想と異ならない。普通の人間は内的な修養を通して道徳的完善性を実現する方策もないからには、聖人が制定した「先王の道」という外在的規則に従って自身をしつけ、自身を陶冶し、自身の「材を成す」、すなわち特殊技能や専業技術を持つ人材となり、社会のために貢献し、同時に自身の価値を実現するようにするだけである。

「仁」と「人」は「大」と「小」の関係にほかならず、どんな人でも「仁」の実際的効果が得られさえすれば、「仁」即ち「道」の体系の中に入ることができると言える。朱子学のように、すべての人が「天理を存し、人欲を去」り、画一的な道徳聖人になることを求めるのは、逆に「仁」の実現を損い害する可能性がある。いわゆる「悪」は絶対的なものではけっしてなく、ただ善の過不及の状態であり、「悪」は結局先王の道の体系に収められ、その体系の中で陶冶され修正されて「善」の状態に達する。しかしこのような過程は朱子学のような主体の厳しい道徳修養ではなく、自身の主体性を捨てて、自身を「術」としての先王の道の体系に無条件に置き、自分と先王の道との間にある主客の対立を消却させて完全的な一致に到達するのである。

仁なる者は養いの道なり。故に国家を治むるの道は、直きを挙げて諸れを枉《まが》れるに措けば、能く枉れる者をして直からしむ。身を修むるの道も、亦た其の善を養えば而《すなわ》ち悪自ら消ゆ。先王の道の術なり。後世の儒者は先王の道を識らずして、乃ち其の私智を逞《たくま》しくして、以て「善を為して悪を去り、天理を拡めて人欲を遏《とど》む」と謂うなり。此の見一たび立つや、世は唐虞に非ず、人は聖人に非ず、必ず悪多くして善少ければ、則ち殺気 天地に塞がる。故に『通鑑〔綱目〕』の治国に於ける、『性理〔大全〕』の修身に於ける、人と我と皆な其の苛刻に勝えず。
仁者養之道也。故治国家之道也、挙直措諸枉、能使枉者直矣。修身之道、亦養其善而悪自消矣。先王之道之術也。後世儒者不識先王之道、乃逞其私智、以謂為善而去悪、拡天理而遏人欲也。此見一立、世非唐虞、人非聖人、必悪多而善少、則殺気塞天地矣。故通鑑之於治国、性理之於修身、人与我皆不勝其苛刻焉。[15]

確かに徂徠の考えでは、個人の修養はけっして社会の安定を直接には実現できない。しかしそれは徂徠が道徳を軽視した、あるいは徂徠が人情・人性を道徳の拘束から解放することを主張したということではなく、彼からすると政治と道徳とは異なる属性を持つということである。ただしそれは政治と道徳とは対立する関係だという意味ではなく、徂徠にとっては、政治と道徳とは「大」と「小」との関係であり、すなわち道徳は政治に含まれており、しかも「先王の道」の基礎的な部分なのである。

徂徠は「孝悌忠信は中庸の徳行為《た》り〔孝弟忠信為中庸之徳行〕」と何度も強調し、それは貴賤を問わず人間であれば勤勉に実行すべきことなのである。特に、下層の統治される階級である「民」について、「唯だ上智と下愚とは移らず」という愚民観を保持しており、「民は之を由らしむべきも、之を知らしむべからず〔民可使由之、不可使知之〕」とする愚民教育を行うことを主張した。それゆえ彼は道徳教化の効用をより一層重視し、「古聖人ノ道ニ、民ニ孝弟ヲ教ユルコトヲ第一ト言ル[16]」と主張したのである。

朱子学の考えでは、君主が「修身・斉家・治国・平天下」の政治活動を進める際にまずは「誠意・正心」すべきとし、すなわち個人の道徳修養と政治を統一的、連続的なものとみなす。これに対し徂徠は、個人の道徳修養は直接に政治と経済の成功をもたらすことはないと考える。しかしここから、徂徠学は政治と道徳が異なる領域にある独立なものであると説明することはけっしてできない。「故に人中庸を務めて以て其の徳を成せば、則ち広大・精微・高明なる者皆な焉に至る。此れ高きに登るは必ず卑きより行い、遠きは必ず爾きよりすの意なり（故人務中庸以成其徳、則広大精微高明者皆至焉。此登高必自卑行、遠必自爾之意[17]）」。政治と道徳との関係について、朱子学は道徳がすなわち政治だとみていると言うならば、徂徠学においては、道徳は政治の中に含まれる一部だと言うことが許されよう。

徂徠学と朱子学との分かれ目の背後には、科挙制度の有無という重要な社会制度の背景がある。中国の読書人にとっては、科挙制度は修身・斉家・治国・平天下を有機的に連結させた有効なルートであり、現実の状況の如何を問わず、少なくとも原則的には「科挙の前に、全ての人は平等」であり、貧乏学生でもこつこつ勉強することによって、国家の命運を握る宰相になれるのである。しかし江戸時代の日本は世襲身分社会であり、武士しか統治階級になれず、しかも武士が授けられる官と職の高下は、父親の身分によって決められ、道徳と関わりはなかった。武士階級以外の農工商階級が個人の道徳実践によって「治国・平天下」の政治行為に参与しようとするとしたら、それは奨励されないばかりではなく、武士という統治階級にとって、その統治秩序に害を与える恐ろしいことである。それゆえ政治と道徳の「独立」は、徂徠学に特有な「近代的」特徴とは言えないだけではなく、むしろ朱子学よりいっそう「自覚的に」封建身分の秩序を守る保守主義だったと言うべきである。

一方、徂徠の考えでは、郡県の治は「法」治であり、封建の治は「礼」治であり、「法」は「禁令」であり強制的なものであり、その働きは長く続けられない一方、「礼」は自律的なものである。それゆえ徂徠の考えでは、「法」はもちろん重要だが、「法」を定め実施する「人」の方がより重要であった。統治の人材としての「人」がおりさえすれば、「法」に不備なところがあっても、「人」は詳しく考察することができ、長所を生かし短所を避けることが充分にできる。しかし「人」がいなければ、「法」がいかに完璧であっても、正確に運用するに至り得ないのである。

しかし、徂徠に不満を感じさせたのは、まさに武士統治階級内部の官僚主義、教条主義、形式主義のやり方が日増しにひどくなり、組織が膨張し、無用な官が氾濫することであった。しかも、上下が隔絶し、人材が流通せず、上の者は上に昇進し、下の者はより下に沈み、天地には「否之卦」（下三爻が陰、上三爻が陽の『易』卦。上下が交わらないかたち―校訳者）の情勢が現れており、上層の者は世事に疎く、統治能力が退化して日増しに腐敗し、下の実情を上に述べ立てるのは虎の口を探すような危険なことであった。一方、下層の者は保身のために、ひたすら上層の者に媚を売るばかりとなり、それゆえ当面の急務は、膠着状態に陥った身分制度の拘束を破り、優秀な人材を大胆に抜擢することであった。

周知のように、朱子学の根本は理気二元論にあり、こうした理気二元論は、人の本性論の面においては「本然の性」と「気質の性」の説である。しかし徂徠は「道は精粗・内外・本末無し」と主張したため、人の性が「本然の性」と「気質の性」という両面を備えることを否認し、天から受けた「気質の性」しか持たないと考えた。しかも「気質の性」の本質は「万品」であり、多様化するものであり、人力によって変えられないものである。徂徠は、宋儒の気質を変化するという説を「人力を以て天に勝たんと欲す（欲以人力勝天）」とする臆断の説だと批判したが、また彼は、人間の性は「善く移る（善移）」ものであり、善を練習すれば善になり、悪を練習すれば悪になるとみた。つまりは人の性は質的変化は起らないが、環境という外からの作用下で量的変化を起こすことができると言うのである。先王の道とは「礼」であり、礼の具体的な内容は「詩書礼楽」である。君子つまり統治階級の成員は、礼の実践を通して自分の人格を陶冶しながら、絶えず実際政務を処理する自己の能力を向上させる。このような能力や特徴が、いわゆる「徳」というものである。人の本性の本質は「万品」でありそれぞれ違っているため、「徳を成」す過程は朱子学が主張する「復性」の過程なのではなく、各自が自分の本性の基礎から潜在的能力を発掘して、専門技術を身に付けるものであり、それゆえこうした「徳」はやはり「相い殊な」るものである。徳を向上させる目的は、統治階級に十分な人材を提供しようとすることであり、一国を治めるには多種多様な専業人材を必要とし、なんの特長もない人は凡才でしかないのである。

徂徠の考えでは、人には身分的な尊卑貴賤があるが、職業の場には尊卑貴賤はなく、どのような職務・職位もみな「天職」「職分」なのである。社会的役割としての自身の「職分」が何であれ、みな最大限に自身の能力を発揮しなければならない。なぜなら、社会は一つの有機体的な全体であり、尊卑上下にかかわりなく、どんな人も天が与えた自身の位置と責任があり、自身の職責を完全にやりとげさえすれば、社会の安定と発展のために貢献し、「先王の道」に参与したことになり、つまりはこれが「仁」の一端である。これが、米には米の役割があり、豆には豆の役割があることであり、朱子学のように人々が画一的な道徳完璧な人になることを求めるのは、米に豆の役割を担わせ、豆に米の役割を担わせることであり、「仁」の実現を損なうのである。

天下の至誠とは、聖人を謂うなり。其の性を尽くすとは、其の天より得る所の者を拡充して広大の業を極むるを謂うなり。人の性を尽くすとは、聖人　教えを立て、以て天下の人をして、各おの其の性質に順い其の徳を成さしむるを謂うなり。物の性を尽くすとは、天下の物を挙げ、皆な以て其の性質に順う有りて、各おの其の用を極むるを謂う。木の性を尽くして以て宮室を造り、金の性を尽くして以て刀剣を鋳し、牛馬の性を尽くして以て靮《おもがい》を羈《つな》ぎ鼻を穿《うが》つの類の如き是れなり。

天下至誠者、謂聖人也。尽其性者、謂拡充其所得于天者而極広大業。尽人之性者、謂聖人立教、以俾天下之人、各順其性質成其徳也。尽物之性者、謂挙天下之物、皆有以順其性質、而各極其用。如尽木之性以造宮室、尽金之性以鋳刀剣、尽牛馬之性以羈靮穿鼻之類是也。[18]

徂徠学における「気質の性」は、気一元の立場から朱子学における「復性」という行為の意義を否定したため、徂徠学の人性論は、朱子学式の道徳禁欲主義から人の本性を解放したとかつて評価された。しかし実際上は、徂徠は職能論の立場から人間の社会属性を強調することから出発し、朱子学のような道徳実践における個人の主体性であろうと、個人のいかなる意味でもの主体性を否定するものであった。かくて朱子学の「天理」に対するその否定は、人の本性を道徳禁欲主義の拘束から解放させるというのではなく、個人の道徳主体性を否認するということなのである。

徂徠は、人の本性がそれぞれ異なり、しかも人の力は変えられないと主張したとはいえ、同時にまた、いわゆる「先王の道」は人の本性に即した基盤上に作られたものであり、「聖人の道を建つるや、乃ち人に是の性有るに率いて之を立つ（聖人之建道、乃率人有是性而立之）[19]」と強調した。それゆえ道と人の本性はが本質的にはある自然的な連続性を依然として持っており、そうであればその人性論は依然として伝統的儒学の範疇を超えるものではないのである。人間社会はこれをつながりとしてこそ有機的全体になることができ、また士・農・工・商などの社会分業体系は、聖人が人のこの本性に応じて定めた制度である。「蓋し人生まれて相親しみ相愛するの心有りて、合群するを以て其の道と為す（蓋人生有相親相愛之心、而以合群為其道）[20]」のである。人々が道によって実践していく過程で、自然に「道と性と合して一と為る（道与性合而為一）」、すなわち現行の政治体制を意識して保守する境界に至るものであった。

徂徠学の人性論におけるこうした自然的連続性は、朱子学式の「性即理」とはもはや異なり、老荘の人工・人為に依らない「自然」とも違っている。徂徠に言わせれば、いわゆる「道」と「人性」の連続性あるいは一致性とは、人の本性の発展方向に随い自身の能力を高めながら、森羅万象を含む「先王の道」において自身に最適の位置を見つけることを言うものである。徂徠における人の本性観は、人間を社会的存在とみなし、社会全体の調和が成立することを前提とする下でこそ、人の本性の多様性を承認するのである。

徂徠は人の本性が多様的なものであり、人の内在的能力が制御できないものであるとみなしたとはいえ、それは彼が人の性を賛美するものではなく、逆に制御できず心配すべきものであるために、外部からの礼楽によって人情・人欲を制御しなければならないと強調したのである。彼の考えでは、いわゆる「人情」とは思慮するまでもない、あるいは思慮以前に生じる基本的な要求と欲望であり、道と人情との関係は対立的なものではない。しかし先王の道に拠らなければ「人情」「人欲」は制御し馴致するまでにはできず、「則ち必ずや中和の気を傷るに至る」ものであるため、聖人は「故に楽を立てて以て之に教え」た。それゆえ徂徠の考えでは、道とは聖人が人情・人性を制御し抑えるものであるのに、孟子は他人と論争しようとして道が「性に根ざす」という自然的側面を強調しすぎ、程・朱は仏教の影響を受けて「心」の側面をより重んじたのである。

夫の子思の中庸を作るを観るに、老氏と抗する者なり。老氏は聖人の道は偽なりと謂えり。故に性に率うを之れ道と謂いて、以て吾が道の偽に非ざるを明かにす、……孟子の性善に至りても、亦た子思の流なり。杞柳の喩えは、告子之を尽せり、孟子之を折《くじ》くは過てり。蓋し子思の本意も、亦た聖人 人の性に率いて以て道を立つと謂うのみにして、人人性に率わば、皆な道に合すと謂うに非ざるなり。它木《たぼく》は桮棬《はいけん》を為るべからずんば、則ち杞柳の性に桮棬有り。然りと雖も、桮棬は豈に杞柳の自然ならんや。惻隠・羞悪は、皆な仁義の性に本づくを明らかにするのみ。其の実は惻隠は以て仁を尽くすに足らずして、羞悪は未だ必ずしも義ならざる者有るなり。言を立つること一たび偏すれば、毫厘も千里にして、後世の心学は此に胚胎す。荀子の之を非とするは是《ぜ》なり。観夫子思作中庸、与老氏抗者也。老氏謂聖人之道偽矣。故率性之謂道、以明吾道之非偽、……至於孟子性善、亦子思之流也。杞柳之喩、告子尽之矣、孟子折之者過矣。蓋子思本意、亦謂聖人率人性以立道云爾、非謂人人率性、皆合乎道也。它木不可為桮棬、則杞柳之性有桮棬。雖然、桮棬豈杞柳之自然乎。惻隠羞悪、皆明仁義本於性耳。其実惻隠不足以尽仁、而羞悪有未必義者也。立言一偏、毫厘千里、後世心学胚胎于此。荀子非之者是矣。(21)

徂徠学における道は、自然と人為の対立的統一であると言える。徂徠は朱子学のように、自然秩序との同一性に依拠して善の根拠が先験的に人間にあると主張してはいなかったが、彼の考えでは、人間の本性は互いに補いあうもので、その中で万物を養う自然（天地）の運行という自然秩序観が重要な位置を占めており、「道の大原は天より出で、故に大徳の人は、必ず天命を受く（道之大原出于天、故大徳之人、必受天命）(22)」るのである。ただしここには、西欧の近代思想における自然と人間との対立、人間が働きかける対象としての自然といった理解と、依然として本質的な相違がある。

『大学』冒頭の「大学之道、在明明徳、在親民、在止於至善」に対する徂徠の解釈を挙げてみよう。そこには彼と朱子学それぞれの思想特質がきわめて典型的に反映されている。

此れ天子諸侯 学宮を建て、養老等の礼を行い、其の中に於て人を教うる所以の者を言う。其の意は徳に務むるに在り。之を道と謂うは、是の礼即ち先王の道なり。明徳は猶お顕徳のごとし、玄徳に対して之を言う。……之を明らかにすとは、諸事を施行して以て民に明示するの謂いなり。古書の「明」の字皆な爾り。朱熹の解は、磨きて之を明らかにするの謂いにして、古《いにしえ》者に是の義有る莫くして、程頤の天理人欲の説より出で、乃ち仏氏の真《しん》如无明《によむみょう》の説なるのみ。……而して孝弟敬譲下に行われ、百姓《ひやくせい》親しく睦み、亦た其の上に親しむこと父母の如き、此を之れ親民と謂う。而るに程頤は古文辞を識らず、誤りて下文に「新民を作《おこ》す」と引くを以てして此の文を釈するの言と謂う。妄りに親を改めて新と為すは、殊に知らず、民を新たにすとは革命の辞にして、大学は守成の君の奉ずる所なるを。豈に是の言有らんや、従うべからず。……朱熹乃ち「明徳」「親民」「止于至善」を以て、皆な為学の方なりと為し、而して至善は事理当然の極なりと謂う。此れ人人をして自ら至善を事物の理に求めしむるなり。夫れ宇宙より以来、数千年・数十聖人を歴し、其の心力を竭くし、其の智巧を極め、之が道を建て、故に之を至善と謂うも、而るに一旦の知を以て驟《にわ》かに之を得んと欲するは、豈に凡人にして聖人の権を奪うに非ざらんや。僭に非ざれば則ち妄なり。亦た自ら揣《はか》らざるの甚だしきなり。夫れ人君学を建てて以て民の心志を一にす、是れ至善に止まるを謂うなり。而るに其の私智を逞《たくま》しくして以て之を乱し、議論紛紛にして、是非蜂擁《ほうよう》し、天下是に由りて騒然たり。毫厘千里の差も、慎まざるべからざるなり。

此言天子諸侯所以建学宮行養老等礼、於其中教人者。其意在務徳焉。謂之道者、是礼即先王之道也。明徳猶顕徳、対玄徳言之。……明之者、施行諸事以明示於民之謂也。古書明字皆爾。朱熹之解、磨而明之之謂、古者莫有是義、而出自程頤天理人欲之説、乃佛氏真如无明之説耳。……而孝弟敬譲行乎下、百姓親睦、亦親其上如父母、此之謂親民。而程頤不識古文辞、誤以下文引作新民而謂釈此文之言。妄改親為新、殊不知新民者革命之辞、而大学者守成之君所奉也。豈有是言乎、不可従矣。……朱熹乃以明徳親民止于至善、為皆為学之方。而謂至善者事理当然之極、此使人人自求至善於事物之理也。夫宇宙以来、歴数千年数十聖人、竭其心力、極其智巧、建之道、故謂之至善、而欲以一旦之知驟得之、豈非凡人而奪聖人之権乎。非僭則妄。亦不自揣之甚也。夫人君建学以一民心志、是謂止於至善。而逞其私智以乱之、議論紛紛、是非蜂擁、天下由是騒然。毫厘千里之差、不容不慎矣。(23)

すなわち徂徠にとっては、「古文辞学」によって「訓読」に換えるのは、宋儒の義理の学によって葬り去られた先王の道を掘り起こすためであり、道とは程・朱理学の「新民」「明徳」等の個人的道徳の実践なのではなく、「古文辞を識らざ」る程・朱は「新民とは革命の辞な」ることがわからず、「人人 自ら至善を事物の理に求む」るのは「聖人の権」を奪う主観的臆断であることもわからず、それゆえまさに「僭に非ざれば即ち妄」なのである。そもそも『大学』は、「守成の君の奉ずる所」であり、もとより現行の政治体制の保持を目的とするものであり、それゆえ統治階級が推し進める「孝悌」「親民」の道徳教化の「明徳」を推し進めるのは、先王の道を実現するための正しい方策である。四書など儒家経典に対する徂徠と朱子学の解釈の相違から考えると、やはりその多くの分岐は、中日両国が当時おかれていた歴史条件と社会体制の相違によるものであり、近代と前近代という時間的序列にこのことを単純に帰着させることはできないのである。

註

（1）『訳文詮蹄』初編巻首（戸川芳郎、神田信夫編『荻生徂徠全集』第二巻、みすず書房、一九七四年）二頁。
（2）『辨名』序（『日本思想大系36　荻生徂徠』岩波書店、一九七三年）、二〇九頁。
（3）前掲『訳文詮蹄』（『荻生徂徠全集』第二巻、みすず書房）一六頁。
（4）『辨道』1（『日本思想大系36　荻生徂徠』岩波書店）二〇〇頁。
（5）『辨道』19（『日本思想大系36　荻生徂徠』岩波書店）二〇五頁。
（6）『徂徠集』巻二十七「答屈景山第一書」（『日本思想大系36　荻生徂徠』岩波書店）五三一頁。
（7）『大学解』（『日本名家四書注釈全書　学庸部　壹』東洋図書刊行会、一九二三年）一九頁。
（8）「制度ヲ立ルト旅宿ノ境界ヲ止ルト、此二ツガ困窮ヲ救ノ根本也」（「政談」巻之二、『日本思想大系36　荻生徂徠』岩波書店、三二六頁。

（9）明末清初、経済の発展によって、大地主と工商業階級が成長し、黄宗羲、顧炎武、王夫之などを代表とする「公私論」の名義の下に、封建専制君主制に反対する進歩的思潮が現れた。彼らは中央集権制度の下に出現した拡張しすぎた王権の弊害に対し、王権を一手に握ることに抵抗する角度から、「封建の意を郡県の中に寓す」といった政治構想を提出し、地方自治、地方分権によって君主の「独権」を制限することを主張した。

（10）『徂徠集』巻二十五「復柳川内山生」（『日本思想大系　荻生徂徠』岩波書店）五一六頁。

（11）『辨道』11（『日本思想大系36　荻生徂徠』岩波書店）二〇四頁。

（12）『論語集注』巻五（『四書章句集注』中華書局、一九八三年）一一〇頁。

（13）『辨道』17（『日本思想大系36　荻生徂徠』岩波書店）二〇五頁。

（14）『辨名』上「道」（『日本思想大系36　荻生徂徠』岩波書店）二一〇頁。

（15）『辨道』9（『日本思想大系36　荻生徂徠』岩波書店）二〇三頁。

（16）『政談』巻之一（『日本思想大系36　荻生徂徠』岩波書店）二七七頁。

（17）『中庸解』（『日本名家四書注釈全書　学庸部　壹』東洋図書刊行会）二五頁。

（18）同右四四頁。

（19）『辨名』上「中庸和衷」（『日本思想大系36　荻生徂徠』岩波書店）二三二頁。

（20）同注（18）三三頁。

（21）『辨道』1（『日本思想大系36　荻生徂徠』岩波書店）二〇〇頁。

（22）同注18二七頁。

（23）『大学解』（『日本名家四書注釈全書　学庸部　壹』東洋図書刊行会）九―一三頁。

（二〇一一年二月九日修訂）

（翻訳・韋佳・洪瑟君。校訳・市來津由彦）

近世琉球と朱子学

中村春作

はじめに

琉球研究を代表する一人、東恩納《ひがしおんな》寛惇《かんじゅん》（一八八二―一九六三）が、近世琉球における儒者の教養について、清朝期に北京国子監の儒者が書き残した琉球王府派遣留学生（官生《かんしょう》）たちの記録（潘相『入学見聞録』）を紹介して述べている。それによれば、はるばる福州を経て北京に到着した王府派遣留学生（官生）たちが、せっかく中国で唐本を購入しながら、わざわざそれに「琉刻」（琉球版）本を参照して訓点を施し始めたというのである。[1]

入学見聞録に、「中国の書を購い得ても、亦球刻に照して添註す」とある。これは北京国子監留学の官生等が、無点の唐本に、句読点を入れていることを言ったもので、球刻即ち琉球版と言われていたものは、実は毛利貞斎の四書俚諺鈔のことである。この書は扉に、「正徳第五乙未徂署穀旦」（六月吉日）と入れてあるのを、官生等は、明の正徳年に持つて行つて、尚真代に、琉球で印刻されたものと唱えていた。或は実際にそう信じていたものかも知れない。この書は、片仮名で註解を入れてあるので、平仮名を蕃字とも倭字とも呼んでいたに対して、片仮名を球字と唱え、片仮名を使用した標註本をすべて球刻と触れこみ、これを虎の巻として、国子監の講義に出席していたものである。即ちこの毛利貞斎俚諺鈔と琉球の学問とが、切つても切れぬ因縁を有するもので、琉球の学問は、実は俚諺鈔程度にしか行つていなかつたものである。

東恩納が引く中国人儒者の見聞は、中国留学に選抜されるほどの学生が、毛利貞斎『四書俚諺鈔』という、いわば初心者が参照する解説書、それも和刻本を参照していたことを明らかにすると同時に、近世琉球儒学がどのような状況であったか、その一端を明らかにするものである。そして東恩納は「琉球の学問が朱子の新註、しかも標註本の範疇を出なかった」と評し、「琉球では、この書（『四書俚諺鈔』）が最も珍重され、那覇辺では、村御物として秘蔵されたほど」であったとする。清国に派遣された最初の官生、蔡文溥《さいぶんぷ》のような文筆に秀でた例もあり、一概には言えないにせよ、年月を経るにつれ和刻本の標註なしに唐本を読めない留学生も出てきたということであろう。

実際、清からの冊封副使、李鼎元（一八〇〇年来琉）が、その記録『使琉球記』に「本国（琉球）は書籍がもともと少い。中国から購入するものもまた多くない。ゆえに文風は朝鮮に及ばない。（本国文籍固少。即購自中国者亦不多。故文風不及朝鮮。）」と記したように、琉球にもともと漢籍が多くないことはしばしば言及されるところである。明治期、第四代沖縄県令を勤めた西村捨造は「官ノ文庫ニモ左国史漢資治通鑑等アルノミニテ古今ヲ徴スヘキ内外ノ史籍ハ欠乏セリ」（『南島紀事外篇』）と記録する。また、大正期、南島方面に書誌調査をした武藤長平は、伊波《いは》普猷が図書館長として蒐集した沖縄県立図書館の所蔵に関し、

同館には唐本や琉球版典籍が余り多く儲蔵されて居ないのは如何にも物足らぬ感がある。勿論琉球版は其数少なくて到底同館を飾る訳にはゆかぬが、せめて唐本だけは他府県の図書館よりは数多くありたいものだと思ふ、然るに同館の文庫には四書の体註や二三の支那小説類などありふれた者ばかりで一向冴えぬ。

と慨嘆し、唐本として残るものも『周礼註疏』『春秋左伝註疏』『孟子註疏』『礼記註疏』『四書玩註詳説』等などを散見するに過ぎず「是とても左程取り立ていふ程の典籍でもない」と記している。(2) 武藤は、明清以降、頻繁に中国と往来を繰り返し、また閩《びん》人三十六姓の帰化人集団の存在から想定される中国古典籍世界との連絡の、予想に反した乏しさを慨嘆するのである。そこに示されるのは、冊封関係から脱した江戸期日本の儒学の盛況に比して、現実に冊封関係の中に在った近世琉球における儒学の存在感の乏しさの発見であろう。実際、きわめて根強い伝統的信仰と習合した中国由来の風水思想の土着化の広がり、密度の濃さに比べて、儒学思想の琉球での深化の度合いが浅く感じられるのは事実である。(3)

では、近世琉球における儒学思想、朱子学の展開の実際はどうであったのか、そしてそれはどのように社会内に機能したのか。

一　近世琉球における儒学思想の定着過程

一般に薩摩侵攻（「薩摩入り」）以前の琉球を古琉球、それ以後、明治期琉球処分までを近世琉球と呼びならわすが、儒教が本格的に受容されたのは、近世以降のことである。田名《だな》真之は「近世沖縄の学問の主流は、当時の日本・中国と同様に、儒学であり、朱子学であって、経書（四書五経）の講釈を中心としていた。ただ、沖縄の儒学の系統には、古琉球以来二つの流れがあって、一つは禅僧等によってヤマトから首里へ、他の一つは官生等によって中国から久米村に導入されている」と概説する。(4) 古琉球時代から琉球とヤマトの間に五山の禅僧が多く往来し、琉球王朝を中心に仏教を広めると共に、ヤマトの和文文化を伝えてきた。琉球には古くから和文文化が根付いてきたのである。一方、久米村に集住した中国南方からの帰化人集団、閩人三十六姓が、対中国外交担当者として活躍し、儒教文化を保存し、中国留学生の母体となっていた。しかし、琉球における儒学思想の骨格を具体的にかたちづくったのは、実は、薩摩経由で持ち込まれた朱子学であった。

長く中国と交通してきた琉球であるが、真に学問として琉球に朱子学が入ってきたのは、薩摩侵入を契機とした出来事だったのである。そして、それまで王府の学問とは別個に存在してきた久米村の儒学も、それに共振して変容していった部分が大きい。その間の経緯を、真境名安興《まじきなあんこう》（一八七五―一九三三）は、以下のように説明する。(5)

漢籍は支那の大学、国士鑑に留学生を派して研学せしむると共に、国内にても、初めは支那の儒者を招聘して学習せしめたるが如し。明の毛擎台、曾得魯、張五官、楊明州の如き是れなり。（廟学紀略）其後司教、講解師、訓詁師等の職を置き文教盛況なりしが、享保三年には久米邑に明倫堂を設置せられ、正式の教育を施されたり。是れより先慶長年間に、我邦朱子学の泰斗桂庵禅師の法嗣、釈玄昌（文是和尚）の高弟子なる泊如竹の渡来ありて、時の国王尚豊の師と為り逗留三年の間、大に朱子学を鼓吹せり。斯の如く儒学も漸次支那学者の手よりして我邦学者の手に移り総て和訓に依りて学習せしめたり。

（『沖縄一千年史』）

ここに述べられるように、琉球に明倫堂が創立されたのは、日本でいえば享保三年（一七一八）であり、本土での多くの藩校設立に先んずるものであった。そしてそこでの教育は主として久米村住の中国帰化人が担当していた。それが泊如竹の渡琉を契機とする、薩摩由来の朱子学伝播により、次第に中国帰化人からヤマト経由の儒学に、それも和訓に依拠した学習へと変化したことを、真境名の文章は説明する。(6)

ところで、真境名が叙述の基とした程順則『廟学紀略』（一七〇六）は、近世琉球における儒教定着の過程を記す最初の記録であるが、そこには、明の万暦年間、紫金大夫蔡堅（一五八五―一六四七）が中国唐から聖像（絵画）をもたらし私邸に奉じていたが、後に尚貞王の許可を得て、久米村に孔子廟が創建されたことをいい、明の学者の渡琉を得て儒学が広まったこと、それ以前には学問が無かったことを述べている。

又た旧例を按ずるに、中国の大儒を延《まね》きて生徒に教授す。毛擎台、曾得魯、張五官、楊明州の如きは、今に至るまで国人能く之を道《い》う。夫れ木に根本有り、学に淵源有り。四先生の教沢の我が国に及ぶや、炳として日星の若し。此れに及びて紀せざれば、後に将に之を伝うる者有ること無からんとす。四先生以前に至りては、則ち考うべからず。

又按旧例、延中国大儒教授生徒。如毛擎台曾得魯張五官楊明州四先生、至今国人能道之。夫木有根本、学有淵源。四先生教沢及於我国、炳若日星。及此弗紀、後将無有伝之者。至於四先生以前、則不可考矣。

ここに名が出る「炳として日星の若き」四先生の事績は今日伝わらないが、少なくとも、それ以前には正式の儒学学習そのものが無かったことが、ここからはうかがわれる。そして程順則は続けて、久米村において「文理精通なる者一人を択びて講解師」となし「句読鮮明なる者一人を択びて訓詁師」となして、教育制度が始まったことを述べる。この「講解師」と「訓詁師」による教授は、科挙（科試）を採用した琉球における伝統的教育組織として継続され、その存在は諸書に言及されるところである。

清からの冊封副使、徐葆光の記録『中山伝信録』（一七二一刊）もまた「講解師」と「訓詁師」の存在に着目し、かつ、久米村聖堂の様子を以下のように記録している。

聖廟は久米村泉崎橋の北に在り、南に向いている。大門を進むと、庭は方広十余畝、上に拝台を設けてある。正堂は三間で、夫子像の前にまた木主を設けてある。四配（顔子・曾子・子思子・孟子）は各々一経を手にしている。正中の梁上には御書「万世師表」の四大字を摹して榜書してある。……明倫堂の左右二つの庇の下には経書籍文を蓄え、書籍はほぼ備わっている。国王は、また紫金大夫程順則に命じて、「聖諭十六条」数節を刊刻し、毎月の朔日にこれを講じさせる。旧例では、紫金大夫一員に教授を司らしめ、毎旬三六九の日に、講堂に詣って諸生の勤惰を稽察させ、あわせて中国往来の貢典を理《おさ》めさせ、さらに大礼を参賛させる。

聖廟在久米村泉崎橋北門、南向。進大門、庭方広十余畝、上設拝台。正堂三間、夫子像前又設木主。四配各手一経。正中梁上、亦摹御書万世師表四大字榜書。……、明倫堂左右両廡、蓄経書籍文略備。国王又命紫金大夫程順則刊刻聖諭十六条演義数節、月吉講之。旧例、以紫金大夫一員司教、毎旬三六九日詣講堂、稽察諸生勤惰、兼理中国往来貢典、並参賛大礼。

聖廟の整備の状況とそこで行われたことがらの一端をうかがいしることができる。ここで注目したいのは、国王が程順則に命じて「聖諭十六条」を刊刻させ、講義させたということである。これはあとに触れるが、琉球儒学の一つの特質に関わることである。

では、学校において「講解師」「訓詁師」は実際、どのように講義したのか。中国音で経書の講義をなしたのか、和語あるいは琉球の言語で講義したのか。そしてどのようなテキストを用いて講義したのか。その示唆を与えるのは、宝暦三年（一七二六）、琉球から薩摩に向かう途中、遭難して高知宿毛大島に回航された楷船の乗組員（使者として潮平《しおひら》盛成が乗船）から、土佐の儒者戸部《とべ》良熙《よしひろ》が聞き取りし、後に写本で広く江戸期日本に流通した聞き書き書『大島筆記』中の記述である。

琉球ノ学校小学四書六経ヲ業トス近頃マテハ備旨ト云書ヲ用ヒ居タルカ近年四書体注渡リテ是カ集註ノ昭考ニ簡明ナ末疏シャトテ今ハコレヲ用ユト照屋里之子云ヘリ……学校アマリ大ナルトハ聞ヘス聖堂ト並ヒ立リ聖堂ニテ丁祭トテ二月八月ニアリ三司官国王　名代ニ来リ拝ス学頭一人ソ祭衆官数ニアルコトナリ膳部ヲススメ楽ヲ奏スルコトナリ学校ノ名ハ明倫堂ト云王子以下誰ニテモ就学アルコトナリ学校ニアラスシテ自宅ニテ講スル者モアリ……久米村ノ学官ハ本唐ノ通リニ直読ニ教ルソレヲ講官ヨリ国読ニ通スレ様モ教ル也点本ハサツマノ僧文之カ点本ヲ用う傍ヨリ琉球朱子学ナリヤト伺ヘルニ甚怪ヌル様子也子細ハ本唐モ琉球学業トイヘハ小学四書集註章句五経集伝ヨリ外ハナク何学ト云ヤウナル名目ハナキ故也

ここから了解されるのは、久米村の教師が、元々は中国音で直読して教えていたのが、薩摩伝来の「文之点」に拠る「国読」に転換したこと、そして「学業」といえば朱子学以外には想定し得ないことである。元々「習漢字、以草表章、通漢音、以専応対」が任であった帰化人学者もまた、「文之点」による「国読」での授業へと転じたということである。儒学の普及が、薩摩からの影響の下、訓読による教授によってなされたということである。

ここにいう、琉球が「サツマノ僧文之カ点本ヲ用う」るようになったきっかけは、薩南学派、桂庵玄樹《けいあんげんじゅ》、文之玄昌《ぶんしげんしょう》の直系、泊如竹《とまりじょちく》（一五七〇—一六五五）が、薩摩藩の命により渡琉し、王府で学問教授し三年間滞在したことによる。薩摩の儒者、伊地知季安《いじちきあん》（一七八二—一八六七）の著『漢学起源』は、「琉球は小夷にして礼儀を知らず。（泊如竹）翁の教うるに人倫をもってするに至るに及んで、然る後、その俗、稍々正に嚮《むか》い、始めてみずから禽獣と別るることを知る」と、琉球王家における泊如竹の儒教道徳感化の功を薩摩の視点から賞揚している。泊如竹の学風は実行を重んじるものであり「その学博洽を求めず、心を詩賦に用ひず、四書に精通し実行を重んず。桂庵・文之の学風茲に至りて一変す」（『薩藩の文化』）るものであったため、経学的な事績は伝わっておらず、琉球国王の世子にどのような教授を行ったかも不明である。ただ、西村天囚が『日本宋学史』において、彼のことを「著書に勝れる刊書の功」と評したごとく、如竹は、桂庵、文之の読みを公式化して伝えるのに大きく寄与した人物であり、彼により朱子学が一定の訓読の読みとともに琉球に移入されたことは疑いない。「後世に至りても文之点に非ざれば読まず。琉使の江戸に至る毎に、文之点四書を購い帰れりとぞ。是れ如竹教化の致す所なるべし」（西村『日本宋学史』[7]）と記述されるように、これ以降、「文之点」四書集注を通して、琉球の士人たちは儒学、特に朱子学を学ぶこととなったのである。

　このように、当初五山文化の影響を深く受け、和文文化に親しんでいた琉球王朝（古琉球）が、漢文重視、儒学重視に至ったのは薩摩侵攻後のことであり、それは学校制度の整備とも連動したものであった。そして、和風の訓読、および朱子学の移入も、五山禅僧につながる薩摩経由のヤマト文化の影響下に行われたのであった。一六六三年（康熙四）、薩摩による寺院の布教の禁止と儒学学習の法令、一六七四年（康熙十三）、孔子廟完成、一六七七年、講解師、訓詁師配置、といった次第で国教としての儒学の浸透と、それに応じての漢文化（訓読文化の普及）が進展していくことになったのである。そしてこの後、琉球を代表する儒者、程順則《ていじゅんそく》（一六六三—一七三四）、蔡温《さいおん》（一六八二—一七六一）らの活躍期を迎える。明倫堂創立は、孔子廟創建後ほぼ半世紀後の、一七一八年の出来事であった。

では、このような経過をたどり、近世琉球に浸透した朱子学とはどのような性格のものであったのか。

二　〈教諭〉社会としての琉球

琉球儒学史を代表するのは程順則と蔡温の二人である。名護親方、名護聖人とも敬称される程順則、字寵文、号念菴は、久米村程氏の七世、地元で訓育を受けた後、一六八三年中国に留学し四年滞在、陳元輔のもとで学んだ経歴を持つ。帰国後、講解師に任ぜられ、その後も四度中国へ渡って学んだ人物であり、尚真王の世子尚純、世孫尚益の侍講ともなり、前掲、徐葆光『中山伝信録』にも記されるように、明倫堂創建を建議したことでも知られる碩儒である。また、宝永七年（一七一〇）の「江戸上り」に加わり、新井白石とも面談した人物である（荻生徂徠と面会したとの説もある）。その彼が、思想史上もっとも知られるのは、『六諭衍義』を琉球にもたらした事実、そしてそれがさらに江戸幕府に伝わった経緯においてである。

『六諭衍義』とは、順治九年（一六五二）、清の世祖順治帝が頒布した六箇条の教諭、「六諭」（第一孝順父母、第二尊敬長上、第三和睦郷里、第四教訓子孫、第五各安生理、第六毋作非為）に、康熙年間、范鋐が白話による解釈を加えて民間に広まったものである（「六諭」は元々は、明の太祖「教民榜文」（洪武三十一年、一三九八）に由来する）。『六諭衍義』渡来の具体的経緯は、程順則が康熙廿二年に留学生（「官生」）として初めて渡唐した際に、その重要性に気付き、その後康熙四十七年（一七〇八）進貢副使として渡唐の際、中国福州で印行すること得たとされる。程順則がその自ら印行した『六諭衍義』を携えて日本にやってきたのは、宝永七年「江戸上り」の際であるが、それは当初、薩摩藩主島津吉貴への献呈本としてであった。それがほぼ十年を経て、享保四年（一七一九）、島津吉貴から将軍吉宗に献上されるにいたったのである。

そもそも程順則が『六諭衍義』を自らの資金で上梓した理由は、その民衆教化の内容に感服したことにあわせて、当時の中国語（白話）を学習する目的にあった。程順則自身、以下のように語っている。

……けだし五方の風気迥《はる》か殊にするを以て、語言各おの別なり。普天の率土、共に正音を準とす。琉球は溟渤の外に孤懸して、土語郷談、之を海内に較ぶるに、尤も異の異なり。惟うに是れ世々皇恩を受け、都に入り貢献して、万有余里を往返す。その間、津吏の問答、貢務の諮詢、正音を解さざれば、扣有るも応莫く、江河の流れず、血気の運らざるが如し。毋《む》乃《し》ろ学ばざる者の過ちか、抑そも亦た術の以て之を導く無きの故か。之を導く者は、それ惟だ読書か。然れども六経四書は微言奥旨多し。祇《た》だ自ら之れを心に喩るべし。何ぞ能く日々之を口に宣べんや。惟だ是の編は、字字是れ大道理なるも、却って字字是れ口頭話にして、男女老幼、聞きて之を知らざる莫く、教うる者は力を省き、学ぶ者は暁り易し。之を導くの術、此より善き者有る莫し。（「重刻六諭衍義跋」）

……蓋以五方風気迥殊、語言各別。普天率土、共準正音。琉球孤懸溟渤之外、土語郷談、較之海内、尤異之異。惟是世受皇恩、入都貢献、往返万有余里。其間津吏之問答、貢務之諮詢、不解正音、有扣莫応、如江河之不流、血気之不運。毋乃不学者之過耶、抑亦無術以導之之故也。導之者其惟読書乎。然六経四書多微言奥旨。祇可自喩之於心。何能日宣之於口。惟是編字字是大道理、却字字是口頭話、男女老幼、莫不聞而知之、教者省力、学者易暁。導之之術、莫有善於此者。

すなわち、彼我の語言の懸隔の自覚、六経四書の言語と「口頭話」の言語的差、そして民間の人人にとってふさわしい教化の言語とは何かという問い、等々の問題意識が、この書物の上梓に際して当初より存していたのである。そしてこの白話によって記された教訓書ゆえの日本語への翻訳の困難が、室鳩巣による和訳本『六諭衍義大意』と荻生徂徠による訓読本『六諭衍義』の二種類を生み出すことになったのであった。

そしていったん和訳された『六諭衍義』は、江戸期日本において、幕府の奨励策により「寺子屋」に頒布され、また民間の教師「手習い師匠」に頒布され、またその過程で、大量の同様の〈教諭〉本を産み出していくこととなった。享保七年（一七二二）『官刻六諭衍義大意』以降、『賜版六諭衍義大意』（同年）、『六諭衍義小意』（中村三近子・京都、享保十六年）、『国字六諭解』（享保十九年）等々、類似の出版が相次ぎ、江戸、京都、大坂の三都以外においても、藝州『教訓道しるべ』（「孝順父母、是ハ人の子たるもの、孝行を専とし、何事も親にそむかざるべき教へを諭せり、……」）や秋田藩版『六諭衍義』といった多量の書物群の出版が、実に延々と明治末まで続くことになったのである。[8]

こうした日本全国にわたる『六諭衍義』本の流通について、歴史学者深谷克己は、「東アジア法文明」を〈教諭〉による統治、すなわち「武断」でないかたちで、「安民」「無事」の実現をめざし、かつ統治者の正当性を説くことによって、治者—被治者間の合意の形成をめざす方法の浸透という観点から解釈する。「一七世紀における「武断」から「文治」への転換という説明は、古くからの近世史の共通理解であり、今日でも、歴史教科書をふくめたほとんどの近世通史で採用されている認識である。「文治」への移行については、牢人問題対策としてきた古い理解から、明清交替のアジア動乱への統一政権としての対応とする新しい理解へ変化してきた経緯がある。しかし、そこに対応的なものがあるとしても、「文治」とは根本において東アジア共通の政治文化、すなわち「儒教核の仁政徳治」への移行を表すものであり、言いかえれば「政治の文明化」のアジア的拡大の事象にほかならない。その流れの中に、近世日本での法制的支配の伸長、支配機構の官僚制化の拡大があり、「諭」によって支配を貫徹させようとする政治志向への浸透があった」からだと深谷は説明するのである。[9]そして「小家族の普及した日本社会では、「六諭」の受容は乾いた土に水が染み込むようにすみやかに広がった」ことを深谷は指摘している。

元来、中国における〈教諭〉による統治の浸透は、明清交替を経て生じた政治の新たな局面の結果であった。漢民族と異なる満洲族によって建国された清帝国の新たな国家道徳として孝道思想が再編され、それが〈教諭〉というかたちをとって全土に公布されたのである。一六七〇年、康熙帝により発布された『聖諭』十六条がそれであり、それを演繹した『聖諭広訓』や、続々と出版されたその解釈本の流通が象徴する、新たな民衆教化の展開であった。(10) それは同時に「孝」の思想を、天下に強力に教布することであった。

中国歴代の天子は、「孝を以て天下を治む」（以孝治天下。─『孝経』孝治章）という金言を奉じ、孝道奨励をもって、政治の第一要諦とする。……

清の順治帝の六諭の第一に「父母に孝順」（父母孝順）を置き、康熙帝の上諭十六条の第一に「孝弟を敦くし、以て人倫を重んず」（敦孝弟以重人倫）を置いてある。皆孝治主義を以て、平天下の要諦と認めておる証拠に外ならぬ。（桑原隲蔵）(11)

この教化策、「孝道」教化を軸とする〈教諭〉支配の構想が、琉球を介して江戸期日本に伝わり、広範に幕府支配下の民衆道徳形成の手段とされたのである。それはまさしく、「孝」道徳を中心とした文化圏が近世東アジアに出現したことをも意味する。(12) そしてその中継点に琉球が存したのである。

前に引用した徐葆光『中山伝信録』中の「国王は、また紫金大夫程順則に命じて、「聖諭十六条」数節を刊刻し、毎月の朔日にこれを講じさせる。旧例では、紫金大夫一員に教授を司らしめ、毎旬三六九の日に、講堂に詣って諸生の勤惰を稽察させ」といった明倫堂の姿は、江戸期日本以上に、〈教諭〉による統治そのものの姿を伝えている。琉球に古くから和文文化が浸透していたことはすでに述べたが、程順則が伝えた中国口語による〈教諭〉、そして、元々は程順則の個人的試みとして始まった〈教諭〉の翻刻が、今度は、江戸から琉球に環流するかたちで、庶民教化の基盤となっていったのである。琉球を介して江戸社会に伝わった『六諭衍義』であるが、その和訳本『六諭衍義大意』が、再度琉球に逆輸入されることによって広まり、その流れの中で、「孝行」の重要性を平易に諭す、蔡温『御教条』のごとき教訓書群が編まれ、流布し、民衆道徳の基盤が形成されていったからである。『那覇市史』資料編第一巻十は「Ⅲ　道徳・教戒関係資料」として、『御教条』をはじめ『名護親方善行伝』『聖諭広訓大意』など、十二巻十九編の資料を収載するが、その解説において、田名真之は「学問・教養としての「四書五経」の講読等はそれとして、儒教は国と人民、人と人との関係を説き、人々の思考・生活・行動の規範を示すより具体的なものとして機能していった」と的確に評している。(13)

今日残存する琉球士族の教訓書（『阿嘉《あか》直識《ちょくしき》遺言書』）をみると、「六諭・小学・四書」が儒学としてまず学ばれるべきものであり、なかでも「六諭」が重要とされていたことが分かる。(14) まさに、享保以降の江戸社会と同様、琉球においても〈教諭〉社会の実現が具体的に目指されたのである。むしろ、公的な学問としての朱子学しか存しなかった近世琉球において、〈教諭〉社会の実現はきわめて率直な政治的課題だったといえよう。琉球においては、学ぶ主体が特定の階層に限られていたため、江戸期日本の場合のように、民間知識人を基盤とした儒学思想の深化ということは無かった。「首里ニ国学校ナルモノアレドモ、入学法、門閥ニアラザレバ入ルヲ免セズ」「平民ト婦女トハ読ムコト能ハズ」（河原田盛美『琉球備忘録』）といった階層社会が「科試」と並行して厳と存した琉球において、儒学はもっぱら公の学問として展開し続けたのである。そしてそこで実践されたのは、もっぱら四書五経そのものの朱子注による学習であり、江戸期日本におけるような、多様な解釈や儒学諸流派の形成はそこでは見られなかった。その代わりに、大衆教化の施策として、また人々の生活規範として、より愚直に〈教諭〉社会の実現がめざされたのであり、そこにこそ近世琉球儒学の一つの特質があると言えるだろう。

三　蔡温の実学

近世琉球における教訓書の代名詞ともいえる『御教条』は、琉球を代表する儒者、具志《ぐし》頭《ちゃん》親方蔡温が三司官の一人として在任時、他の二人の三司官、伊江親方、美里親方、および北谷《ちゃたん》王子の連名で、雍正十年（一七三二）に発布されたものである。執筆には文書奉行、豊川親方があたったが、その立案は蔡温により、今日では、蔡温の名とともに伝わっている。三司官とは、琉球独自の執政体制で、三人の宰相が司官として任命され、国王の下、合議で実際の政治を行ったものであり、ほぼ向氏、毛氏、馬氏、翁氏の四大氏から選任され、終身官であった。この、各地で巡検の際に講読会で参列者に申し聞かせ、筆算稽古所（各地域に設置された学習塾）の教科書として使用された『御教条』は、冒頭、琉球の成り立ちを述べ、ついで薩摩への感謝を記し、さらに役人、士族、地頭、百姓等々、その職分に応じた生き方を述べたうえで、人としての生き方、生活のあるべき姿を平易に説き聞かしたものである。その本論部分は、次のような「孝行」の勧めから始まる。

人間の道と申すは、孝行、題目に候。孝行と申すは、諸士百姓どもその身の行跡、題目にして、家中人数そのほか親類、縁者に至るまで、むつまじく取り合い、もっとも御奉公人は、国家のため何れの篇、精を入れ、また百姓等は、家業に油断なく相い働き、各々件《くだん》の勧めをもって父母を安心させ候儀、孝行と申すことに候。

人間之道与申者孝行題目ニ候。孝行与申者諸士百姓共其身之行跡題目にして、家中人数其外親類縁者ニ至迄睦敷取合、尤御奉公人ハ国家之為何篇入精、又百姓等者、家業無油断相働、各件之勤を以父母安心させ候儀、孝行与申事候。

このように人の道の根底に孝行があることを説く『御教条』は、続いて子弟の教育、敬老、救貧等々の道徳について述べ、また、ユタ（巫女）信仰の非なること、死霊・生霊の否定に及び、「人間と申すは、惣じて天性五常の徳儀備え居り候ゆえ、上下万民、才柄無柄とも皆もって国用の積もり候」と、道徳的生活が国家繁栄の基であることを述べて三十二条の教諭を閉じる。こうした内容を持つ『御教条』が、「孝順父母、尊敬長上」をもって始まる『六諭衍義』や、「敦孝弟以重人倫」を第一条とする『聖諭広訓』と同一線上のものであることは明らかであり、それが上から頒布されたことは、琉球において〈教諭〉社会の実現がめざされたことを示すものである。

『御教条』を起草した蔡温は、他方士身分に対しても、『独《ひと》物語《り》』を著し、「五行四民の道は、人間作意の様に有之候得共、畢竟天道自然の陰陽五行より差発来申候。然故、政道の儀は何篇陰陽五行を本性にして相行申事に候」と儒教的政治の実践を語りかけている。ここにみられる政治実践との直接的つながりが、琉球儒学思想の一番の特徴である。そしてそれが、中国（清）と日本（薩摩藩および江戸幕府）という強大な政治圧力の狭間で、直に王国の存立に関わって機能したところに、琉球儒学の本質がある。さきに『御教条』が、冒頭、薩摩への感謝の表明から始まっていることを述べたが、『独物語』もまた、次のような言葉をもって始められる。

御当国の儀、偏小の国力を以、唐・大和への御勤御座候に付ては、御分力不相応程の御事候。然ば前代より王国にして立来候儀も、御当国諸山気脈悉致連属、其形蜿蜿《えんえん》如龍有之。又御当国の座所も、分野星辰の内、洪福の星に差当申候故。此程御政道の本法乍無案内、兎や角、相済来事に候。

辺境の小国で中国、日本の両国に仕えるには力不足でありながら、ここまでなんとかやってこられたのは、「諸山気脈」が龍の如く連なり、「洪福の星」の下に王国が位置するからだ、というのである。二大強国の狭間で独立して生きながらえることの難しさと、風水思想による国家護持がここには示されている。そしてこの二つの課題は、蔡温の政治家、儒者としての生涯に一貫するものであった。

蔡温の儒学が純粋な朱子学であるか否かについては、冊封副使、李鼎元の「蓋し朱子を学んで未だ純ならざるもの」(『使琉球記』)とする当時の批評以降、多くの議論がなされてきた。[15]また自伝にいう中国、福州における「湖広の人」との邂逅、そこでの思想的回心に関しても多く議論されてきた。しかしながら、著作の内の重要なもののいくつかがすでに失われていることもあり、いまだ議論の決着はついていない。そして近年では、単純に朱子学か陽明学かといった色分けで論じるのではなく、明末清初、中国の多層的思想潮流のなかで蔡温儒学もとらえ直されるべきではないかとする有力な考え方が出てきつつある。[16]いま、筆者に詳細に立ち入って新知見を出す用意もなく、残された紙数も限られているので、ここでは、蔡温における朱子学受容とその政治実践への展開について述べておきたい。というのも、蔡温の儒学は、経書解釈の差を競うものではなく、むしろ現実の琉球の置かれた状況に即したものだったからであり、蔡温の儒学思想は、その政治論、治山論、風水論等々、現実的社会問題と一連のものとして、その真価が問われるべきものと考えるからである。蔡温が関わったことがらは、国学者との対立(平敷屋朝敏らの処刑)や、自ら指揮した大がかりな土木事業もふくめて実に多面的であり、思想家であり峻烈な政治家であった蔡温の全体像のなかで、その儒学思想もとらえ直されるべきであろう。

蔡温の著作として知られるのは、前述の『御教条』『独物語』のほか、仏者との問答形式を取る『簑翁片言』、思想的論述『醒夢要論』、統治論『図治要伝』、『俗習要論』などである。なかでも思弁的表現を多く含むのは『醒夢要論』であり、そこにはたしかに朱熹の議論に通じる表現を多く見いだすことが出来る。「一気のいまだ萌さざる前は、混々沌々として、言の説くべき無し。強いて太極と呼ぶ。……一気の萌、虚空よりして起こる。これ物の初めなり。此の処、もって点識すべし。此の気、既に起こりてのち、序に従って陰陽分かれ、天地闢け、人物生まる。これ一気妙用の致すところにして、いわゆる造化なるもこれなり」といった太極、陰陽二気を原理とする宇宙生成論、あるいは「人物各々妙用の理を得て、もって己が有と為す。いわゆる人物の性、是れなり。性は即ち理なり。その理の発する所、即ち則なり」といった人性論等々、朱熹哲学の原理に沿った発言、用語を確かめることができる。しかし同時に、同書の四分の三を占めるのは、「鬼魅魍魎」「呪詛」「仙之術」の否定、それに惑溺する人心（「世俗の人、常に虚誕の説を信じ、深く気惑を懐きて終身醒めず」）への戒めの記述なのである。蔡温は、「風雨雷霆《てい》」等の怪異現象を陰陽二気の集散と説明し、「鬼神」も「あに形体の論ずべきことあらんや」と唯物的に整理する。政治家として、当時民間の習俗に深く定着したユタ・トキに厳しく対処したことも考え合わせると、蔡温において朱子学は、文字通り「実学」として、政治学として採用されたと考えることができよう。

蔡温の著書、『要務彙編』の典故を整理した都築晶子は、十巻にわたるその内容がほぼ『性理大全』に依拠することを明らかにしたうえで、しかしながら「『性理大全』の形而上学の部分は全く引用していないこと」「科挙之学・礼楽・宗廟・宗法・謚法・封建・学校・諫諍・王伯・論兵・夷狄などの細目の引用がみられず、これらの制度が蔡温の注意をひかず、ひいては琉球にとってなじみがなかったこと」に注目している(17)。蔡温の朱子学受容が、琉球の置かれた個別事情、王国の実際の政治に直結するものであることがうかがわれる。蔡温は『中庸章句』をしばしば著述に引用するが、その際も、彼の関心は、江戸期の儒者が関心を抱いた「性―道―教」や「誠」の部分ではなく、もっぱら『中庸』中の政治を論じた箇所にあった(18)。彼の主著『図治要伝』は、君臣道徳から説き始める国家経営論であるが、そのなかに「人性は、すなわち理なり」といった性理学的言辞があっても、それが最終的に「これ衆を治むるの機関、いわゆる一視同仁の道」と結論づけられるように、議論はつねに、内省的詮索にではなく、具体的統治論へと向かうものとしてあった。それは彼の風水論が、現実的な治山事業として結実したこととも連動する、蔡温儒学の「実学」

としての特質である。蔡温が清と日本（薩摩）との間で王国をいかに存立させるかということに腐心したことは最初に記した通りである。そしてその儒学もまた、ユタに代表されるような伝統的習俗に「惑溺」した琉球社会を、いかに豊かな自立した社会に築き上げるかに主眼があるものであった。それは江戸期日本におけるような、経学あるいは性理学の側面に偏した朱子学受容（それと表裏した批判）とは確かに位相を異にするが、それとはまた別の、すなわち、琉球の置かれた現実（地政学的な、特殊土着的な）に即した、社会教化の学としての、朱子学の一展開としてとらえられるべきではないか。

おわりに

琉球における「近世」とは、五山文化の影響下に形成された和文文化の上に、侵入者として入り込んだ薩南学派経由の朱子学、そしてそれに触発されて活性化した帰化人文化があいまって、王府の（および薩摩藩の）政治的意図の下、儒学思想が「上から」普及した時代である。この時期、「学問といえば朱子学の他は無い」環境のなか、朱子学は、経書解釈の学問としてよりむしろ、現実社会に適用されるべき学問として定着したといえよう。それが〈教諭〉社会の形成であり、また蔡温に代表されるような、現実的統治の根拠としての朱子学の応用であった。

これまで朱子学の日本への展開は、江戸期の儒者は直接中国人儒者と接することが絶えて無かったため、すぐれて経書解釈の場面の問題、世界認識の方法の問題として議論されてきた。しかしながら、述べてきたような、『六諭衍義』や『聖諭広訓』の東アジア全域への流通過程を視野に入れるとき、民衆の生活にまで直に影響したものとして朱子学的世界の拡散を考える必要もあるのではないだろうか。そうした視点を導入するとき、琉球儒学（朱子学）の思想史的意義もまた新たにとらえ直されることになるはずである。

註

（1）琉球新報社編『東恩納寛惇全集』一、第一書房、一九七八年、一〇五〜一〇七頁。
（2）武藤長平『西南文運史論』岡書院、一九二六年、一八九〜一九〇頁。近世琉球の書物文化に関する近年の研究成果として、高津孝『博物学と書物の東アジア――薩摩・琉球と海域交流――』榕樹書林、二〇一〇年、がある。
（3）琉球における風水思想の展開については多くの研究蓄積がある。中国風水思想との関連に関しては、三浦國雄『風水・暦・陰陽師――中国文化の辺縁としての沖縄――』榕樹書林、二〇〇五年、等を参照されたい。
（4）田名真之「近世久米村の成立と展開」『新　琉球史　近世編（上）』琉球新報社、一九八九年、二一六頁。
（5）『真境名安興全集』第一巻、琉球新報社、一九九三年、二六二頁。
（6）中村春作「琉球における「漢文」読み――思想史的読解の試み――」中村・市來・田尻・前田編『続「訓読」論――東アジア漢文世界の形成』勉誠出版、二〇一〇年）も参照されたい。
（7）西村天囚『日本宋学史』朝日新聞社、一九五一年、一七一頁。
（8）近世日本における「六諭」の普及については、許婷婷「徳川日本における「六論」道徳言説の変容と展開――「六諭衍義」と「六諭衍義大意」の比較を中心に――」『東京大学大学院教育学研究科紀要』第四七巻、二〇〇七年、による整理を参照。
（9）深谷克己「東アジア法文明と教諭支配」早稲田大学アジア地域文化エンハンシング研究センター編『アジア地域文化学の発展』雄山閣、二〇〇六年。
（10）大村興道「清朝教育思想に於ける「聖諭広訓」の地位について」林友春編『近世中国教育史研究』国土社、一九五八年、周振鶴『聖諭広訓――集解与研究』上海書店、二〇〇六年、等参照。
（11）桑原隲蔵（宮崎市定校訂）『中国の孝道』講談社学術文庫、一九七七年、三一〜三四頁。初出、一九二七年。
（12）加地伸行『孝経〈全訳注〉』講談社学術文庫、二〇〇七年、三二五頁。また、『聖諭広訓』『六諭衍義』が、早期から西洋にも「孝」思想の紹介とともに伝わっていたことは、魚返義雄『漢文華語　康熙帝遺訓』大阪屋号書店、一九四三年、井川義次『宋学の西遷』人文書院、二〇〇九年、に詳しい。

(13)『那覇市史　資料編第一巻十　琉球史料（上）』那覇市役所、一九八九年。

(14)「阿嘉直識遺言書」『東恩納寛惇全集』五、第一書房、一九七八年、所収。

(15)代表的な議論としては、蔡温をむしろ陽明学者とした伊波普猷、依然、朱子学者であると強調する糸数兼治、「朱子を学んで純ならず」であり、かつ「陽明を学んで純ならず」と評した真栄田義見《まえだぎけん》らの説が挙げられる。

(16)焦点はそれぞれ異なるが、都築晶子、G・スミッツ、佐久間正らによる諸議論は、ともに、蔡温の学派的規定そのものよりも、蔡温の思想が当時の琉球の現実にどう対応するものであったかという面から、蔡温儒学の本質をとらえ直そうとするものである。

(17)都築晶子「蔡温の儒家思想について――『要務彙編』をめぐって――」『龍谷大学論集』第四四五号、一九九五年。

(18)都築晶子「蔡温の「国」の思想――唐と大和の間で――」『人文学報』第八六号、二〇〇二年、参照。

[補説]　五山の禅僧と朱子学の流通――『中庸』の日本への伝来――

琉球における和文文化の流入に五山の禅僧が大きく与ったことは、すでに述べた通りである。第二尚氏時代、王家の菩提寺となり琉球随一の古刹となったのは、臨済宗、南禅寺の介隠和尚を開祖にいただく円覚寺であり、この王家の菩提寺は、代々、五山の名僧が渡琉して住持をつとめたのである。また、「薩摩入り」以降の薩南学派流入に関しても、その媒介となったのは南禅寺、建仁寺、東福寺等々、五山で修行した桂庵玄樹（一四二七―一五〇八）と、その直系の僧侶たちであった。五山の禅僧たちは、禅の修行のみならず、外交、軍事にかかわる有能なブレーンとして、戦国諸大名に仕えたからである。そしてこの禅僧を介して、朱子学もまた日本に本格的に移入されることになったのである。桂庵玄樹によって訓読法の改革がなされたのも偶然ではない。貴族社会から新興の武家社会に移行する中で、学問も紀伝家、明経家からなる伝統家学の世界から離脱し、それに応じて訓法も、秘伝的世界から開かれた技法へと展開せざるを得なかったからである。桂庵玄樹の新訓法が「置き字」一字一字の読みに拘泥したのは、朱子学の言辞の抽象性を背景に考える必要がある（『桂庵和尚家法倭点』）。そして、戦国諸大名と禅僧との密接な関わりのなかで、中国伝来の新思潮、朱子学も、武士自らの学問として次第に受け入れられていったのであり、足利学校においては四書が教材として学校規則に載せられるにいたったのである。

そもそも朱子学を最初に日本に伝えたのが誰であるかについては、これまで、臨済宗の祖、栄西、あるいは泉涌寺の開祖、俊芿、さらには円爾、等々の高名な禅僧の名が挙げられてきたが、朱子学伝来の起源として特定できる誰かがいたわけではない。明らかなのは、入宋した有力な禅僧によって宋学（朱子学）およびその書物が将来されたことである。多くの禅僧にとって、朱子学は禅法を弘めるための方策であり、理論武装の道具であり、その性理学に第一義的な関心があったわけでなかったが、義堂周信（一三二五―八八）は、宋学における四書の意義に気づき、「新注」と「古注」との差異に着目している。彼は「儒学者の講義する孟子が、各々異なっているのはなぜか」という足利義満の問いに対し、禅と思想基盤を一にするものとして、朱子注の意義を返答し「大学・中庸は最も治世の書たり」と述べたとされる。朱子によって『礼記』一書中から取り出されて別の書物とされ、それ以降、経書中、特権的な位置を与えられた『大学』『中庸』が含有する実用的な意味に、義堂周信は注目したのである。こうして、禅僧による学問紹介を経て、それまでの五経中心主義の伝統家学から四書中心主義へと、思想潮流が大きく変化したのである。

『中庸』の日本への伝来については、江戸期の儒者、大田錦城『九経談』に「四書集注、後醍醐帝の時、始めて我が邦に来る。伊勢の垂水広信、始めてこれを奉信し、もって藤原藤房に授く」と記されており、また、藤原頼長が『中庸』一書に接し「殊勝の巻」と認めたとされるように、相当早くから、ほぼ朱熹在世時にテキスト自体は入っていたらしい。ただ、それが新思想として語られだしたのは、五山の禅僧によってであった。一条兼良「尺素往来」には「清中両家の儒、師説を伝へて侍読候か、伝注及び疏、並びに正義は、前後漢晉唐朝の博士の釈する所、古来これを用ふると雖も、近代独り清軒玄恵師、宋朝濂洛の義を以て正と為し、朝廷に講席を開く。以来、程朱二公の釈する所、肝心と為すべく候」と記され、「宋朝濂洛の義」、すなわち宋学＝朱子学に学者の関心が移動してきたことが記されている。またそこには歴史意識に関しても、朱子学的正名論に基づく『資治通鑑』

が注目されたことが述べられ、なかでも『資治通鑑』に「蘊奥を得た」のが北畠入道、すなわち『神皇正統記』の著者北畠親房であると記されている。新学問の移入が、経学領域にとどまらず、南北正閏問題に直結する熱い思想課題にもつながるものであったことが、ここからはうかがわれる。特に『中庸』は、人の内心の問題から敷衍して語るものとして理解されたため、心の在り方（「中」という概念）を軸とする禅の教えと連動するものとして、彼らに注目されることとなり、その議論の中でもとりわけ多く言及されるようになったのであった。『中庸章句』からの引用、解説は、もちろん禅の精神との一致をいうものがほとんどであったが、彼らの注目を通して、『中庸』一書の経書としての重要性が認識されたことは疑い無い。

そしてこの京都五山の一つ、相国寺で学問修行したのが藤原惺窩（一五六一―一六一九）である。その惺窩が「われ久しく釈氏に従事せり。然れども心に疑ふあり。聖賢の書を読めば信じて疑はず。道果してここにあり。あに人倫の外ならんや。釈氏既に仁種を絶ち、また義理を滅しぬ。これ異端たる所以」（林羅山『惺窩先生行状』）と述べ、藤原惺窩―林羅山と引き続いて、儒学の「自立」を語り出すことになるのである。

第二部　江戸期の中庸注釈・中庸論

山崎闇斎と崎門学派の中庸論

田尻祐一郎

はじめに

山崎闇斎（元和四年・一六一八―天和二年・一六八二）は、『四書大全』をはじめとする後世の二次的な書物から離れて、朱子その人に帰って朱子の思想を明らかにしようとした思想家で、「敬」を基軸として朱子学を理解しようとした。同時に神道にも深い関心を持ち、宗教性の深い独自の神道思想を懐いていた。[1] その門人たちは、朱子学者としての闇斎から学ぼうとする者と、神道家としての闇斎を継ぐ者とに分かれ、後者は闇斎を「垂加神道」の開祖として讃えていくことになった。

闇斎の朱子学を学んだのは、俗に「崎門三傑」と言われる佐藤直方（慶安三年・一六五〇—享保四年・一七一九）、浅見絅斎（承応元年・一六五二—正徳元年・一七一二）、三宅尚斎（寛文二年・一六六二—寛保元年・一七四一）であり、これを第一世代として、[2] さらに直方の門下からは稲葉迂斎（貞享元年・一六八四—宝暦十年・一七六〇）、その子の稲葉黙斎（享保十七年・一七三二—寛政十一年・一七九九）らがその学脈を伝え、絅斎の高弟として若林強斎（延宝七年・一六七九—享保十七年・一七三二）が出て、尚斎の弟子としては久米訂斎（元禄十二年・一六九九—天明四年・一七八四）や蟹養斎（宝永二年・一七〇五—安永七年・一七七八）が活躍した。さらにこれらを継いだ人々は、それぞれの師を深く讃仰しながら、その学問を昭和の時代まで繋げた。

一　山崎闇斎

闇斎の『中庸』に対する姿勢は、『中和集説』の編纂と『文会筆録』のうちの巻六「中庸」から窺うことが出来るだろう。

『中和集説』は、「中庸首章説」（『朱子文集』巻六十七）を冒頭に置いて、「未発」「已発」をめぐる朱子の発言を『文集』や『語類』から選び出して、闇斎が編纂したものである。寛文十二年（一六七二）に書かれたその序文において、

闇斎は、

さて「天命之性」とは、体用動静を合せて言うのであり、未発の中は体の静を指し、中和の節は用の動を指している。この意味は至って精密なもので、朱先生も不惑の年を過ぎて体得され、『中庸章句』を定め『中庸輯略』を編み『中庸或問』を作られ、「中庸首章説」を書かれた。……ここで私は思うのだが、「天命之性」は人心に備わっているのだから、心を存し性を養うのは、天に仕えることでもあり、心を存し性を養う要点は、「敬」以外の何ものでもない。

夫天命之性、合体用動静而言、未発之中、其体之静也、中節之和、其用之動也、斯義至精至密、朱先生猶不惑年然後得之、遂定章句、為輯略、作或問、又特著首章説、……於是乎、窃有感焉、夫天命之性、具于人心、故存心養性、所以事天、而存養之要、無他、敬而已矣、

と述べている。つまり『中庸章句』『中庸輯略』『中庸或問』はセットで学ぶべきことが言われ、[3]『中庸』では言及されない「敬」の重要性が「存心養性」の「要」として説かれているのである。「敬」については、さらにこうも言われる。

程子が中和を語る時は、いつも「敬」を論じられた。朱先生が常に同じようなスタンスを取られたのは、その意味するところが深い。私は以前に『中和旧説』序を読んで先生の見方が了解できたのだが、惜しいことに『中和旧説』は今となっては伝わらない。そこで（朱子の言葉を集めて）この書を編んで『中和集説』と名付ける。

程子論中和、必以敬為言、先生（朱子）常挙此示人者、其指深矣、予嘗読中和旧説序、知先生所見之初終、惜哉、其旧編之不伝也、仍為此編、名曰中和集説、

「敬」を「存心養性」の「要」とするのは、程子から朱子へと伝わった理解であって、それを忘れさせないために、

今は伝わらない『中和旧説』(4)を補う意味も込めて『中和集説』を編纂するということである。確かに、そこで選び取られた朱子の言葉（全三十条ほど）を見れば、そこここで「敬」が力説されている。一つだけ例を引けば、「答張欽夫書」の次の一節、

そもそも心は一身の主人であり、そこには動静語黙の隔てがない。だから君子が敬に集中するにも、動静語黙を貫いて力を用いないことはない。未発の前に、この敬がしっかりと存養の実体をつかさどり、已発の際にも、この敬が省察のすべてをつかさどる。……君子が「中和ヲ致シテ万物位ス」となすことが出来るのは、敬をもっぱらとするからだ。

蓋心主乎一身、而無動静語黙之間、是以君子之於敬、亦無動静語黙而不用其力焉、未発之前、是敬也、固已主乎存養之実、已発之際、是敬也、又常行於省察之間……然則君子之所以致中和而天地位万物育者、在此而已、

というように。

「未発」と「已発」、「静」と「動」を貫くものとしての「敬」の重視は、『文会筆録』からも見ることが出来るが、ここでは繰り返さない。

二　浅見絅斎

浅見絅斎は『中庸』の講義録として『中庸章句師説』を残している。無窮会図書館（織田文庫）所蔵の写本によれば、それは絅斎が講述して、高弟である強斎が筆記したもので、講述は元禄十六年（一七〇三）四月二十六日に始まって、ほぼ四日に一度というペースで続けられ、翌年の二月四日に完了している。この時の筆記で出来た本は、絅斎—

強斎の学統を継承する門人たちによってさらに転写されたに違いなく、この無窮会図書館本もその流れの中で誕生した写本である。すなわち巻末の識語によれば、天保十二年（一八四一）に、友人の平田某から借り受けた[5]『中庸章句師説』の写本を、得能某がその冬までかかって写して四巻にまとめ、米田某がそれを借りて弘化二年（一八四五）に写し、さらにそれを借りて伊集院某が安政五年（一八五八）に転写して、その後、無窮会図書館に収められることとなった。

闇斎学派では、このようにして、師の〈生の言葉〉を伝えることが一貫して尊重された。時には、くだけた口語調や俗語が混じることもある[6]。刊本がないからやむをえず写すということではなく、師の口吻を伝える講義口調そのままの漢字カタカナ交じりの文章を写すという行為それ自体に学問的な意義が認められ、対面することのなかった師（ここでは絅斎）との時間を超えた一体感や、それを写し継いできた学脈に連なったという強固な帰属意識が得られたのであろう。直方や尚斎の系統でも同じであって、こうして『××講義』『××師説』などと名付けられた、古典の解釈書を中心に師の語録なども含めた膨大な量の写本が、崎門の力の強かった各地に残されたのである（とくに新発田、小浜、名古屋、上総などは知られている）。このような学問の形は、江戸期の他の朱子学派にも見られない独特なものであって、東アジアの学問の歴史の中でも興味深い事例を提供するものではないだろうか[7]。

それでは、絅斎『中庸章句師説』の内容を見ていこう。それは、朱子『中庸章句』の丁寧な解説であり、その思想の忠実な祖述であるが、そこにも自ずから絅斎の個性が滲み出ている。

（1）『中庸』の主題

絅斎は「序」に入るに先立って、『中庸』という書がどのようなもので、なぜ『中庸』と名付けられたのか、他のテキストとの関係をどう考えるべきかといった点について論じている。

大学ハ大人ノ学術ノ書ユヘ大学ト云、孟子七篇ハ孟子一生ノ書ユヘ孟子ト云、ワキテ此中庸ノ題号ハ此両字デ道学ノ正脈ヲ伝ヘテ、畢竟三十三章ノ為ノ発明ユヘ、……此両字ガ伝ラヌト聖賢相伝ル道ガマギレテ異端害レ之、

『大学』や『孟子』と『中庸』では、その「題号」に込められた意図が違うというのである。「中庸」という「題号」そのものが、「道学ノ正脈」が何であるのかを直截に開示しているからで、おなじ四書でも、そこに『中庸』の際立った特色があると絅斎は論じている。ここが明確に了解されないと、「聖賢相伝ル道」が暗まされて「異端」が着け込んでくることになる。

（子思は）中庸ノ両字ヲ発明シテ、此両字デ道ノ正脈ヲ伝ヘタゾ、人ノ実名ヲ呼ヤフナ要領トナルゾ、一篇始終此両字ノタメデ、コレサヘアケバ（明らかになれば）聖賢ノ道マギレヌトアルコトゾ、古ヨリ相伝ル聖賢ノ書ハ、易・書・詩・春秋・礼・楽ニテ、コレヲ六経ト云テ学者一生ノ目アテトス、学術ハ小大学デ伝ハリ、孔孟ノ平生教示サル、書ハ論語・孟子デノコル、此中庸ハ子思ノ述ラレテ道統ノ相伝ヲ後世へ遺サル、書ゾ、

「六経」、『小学』と『大学』、『論語』と『孟子』、それぞれに性格や目的があって互いに掛替えのないものであるが、『中庸』は特別であって、人でいえば「実名」に当たるものだという。それはどういうことかといえば、

大学ハ天下万世ノ学ノシヤウノ書デ、……論語ハ根本ヲ養ヒ、孟子ハ事業ニ発シテ、中庸ハ則チ学者ノ大学ニ始リ論孟ヲ身ニ得タツマリ帰宿スル処ゾ、……中庸ハ、聖賢ノ道ノ至リヲキハメ成就至極ノ目当ノ書ゾ、

と述べられるように、「中庸」の二文字に端的な「至極ノ目当」がそのままに示されているわけである。

絅斎は、これだけのことを述べて、「序」に進む。朱子は、「中庸何為而作也、子思子憂道学之失其伝而作也」として「序」を語り出すが、これを絅斎は、

易ハト筮ノ為ニ作リ、大学ハ学術ノ為ニ述レバ、子思ノ身ニアリテハ、孔子ノ著シヲカレタ六経ヲ発明セラレフナラバアマルホドアルニ、カヤウニ各別ニアマ（編）ル、ハ、ドフシテモ此書ニ各別ノワケナフテハカナハヌユヘ、大眼目ヲアカシテ見セウト云コトデ、……道学ノ万世ノ後ニ伝ハラヌヲ憂テ作ラル、、

と敷衍して、さらに『中庸』のテキストとしての特色を、

教ノ書ヂヤノ学ノ書ヂヤノト云コトデナイ、モトヨリ教学ハ其内ニアレドモ、聖賢ノ道脈正統ノ定規ヲ伝ラル、書ト可レ思、

と説いている。先の「道学ノ正脈」と同じことを繰り返しているわけであるが、『中庸』にとって、「教」や「学」とは何かという主題は、そこに込められてはいるが『中庸』の本質ではないというのは、大胆な言い方である。では「道学」とは、何なのだろうか。

道学トハナンノコトゾト云へバ、天地ハ天地ノ天地タル無窮ノ道アリテノ天地、人倫ハ人倫ノ人倫タル道アリテノ人倫、其道アリテ天地造化ヲナシ、日用人倫ヲナス故、其道明ナレバ天地モ立、人道モ立テ、……道デナケレバ天地人道ガ立ズ、学デナケレバ其道ガアカヌ（明らかにならない）ユヘ、ソレヲ道学ト云、

「天地」や「人倫」を、かくあらしめている「道」があり、それを明らかにするのが「道学」だというのである。現象として現われる世界、具体的な行為の連関として成立する世界、それらの根底にあってそれらを支えている「道」とは何かを体得することが、『中庸』の主題だというのである。

そして、

此書ニイタリテハ、アタマカラ「天命之謂性」ト天命ノ本源カラ、アカハダカニシテ説テアルカラハ、此書ナンノコトナイ道学相伝ノ書ト可レ知、……コレハ道ヲアカシ、異端ヲ闢《しりぞ》ク為メノ書デ、異端ヲ闢ハ此本源ヲアカス(8)

ヨリ外ナイユヘ、コレヨリアト中庸ノ字ヲキハメ〳〵テ発スルゾ、

として「道学ノ正脈」を端的に述べ伝えることと、「異端」を斥けることとが表裏の関係にあることが強調される。

（2）「人心」「道心」

堯から舜に伝えられた言葉「允執厥中」、それを敷衍して舜から禹へ託された「人心惟危、道心惟微、惟精惟一、允執厥中」、ここから朱子は、「心」を「虚霊知覚」なるものとして捉え、より分析的には「人心」を「或生於形気之私」とし、「道心」を「或原於性命之正」とし、「人心」を「危殆」「不安」なもの、「道心」を「微妙」「難見」なものとした（『中庸章句』序）。これを絅斎は、次のように説明する。

感ゼヌサキカラナン時デモ感ゼラル、ヤウニ、本然ダ、イ虚霊ナリデ、親ニ向ヘバ愛《いとをし》イト自然ニヲボヘ、兄ニ向ヘバ慇懃ニ自然ニヲボヘ、虚霊ノ実用感ズル上カラ云ヘバ知覚ト云、知覚セズシテ知覚スル本然カライヘバ虚霊ト云、……人ノ身ハ理ト気トデ生レテイルモノ、物ニ知覚セヌサキハ理モ気モ云ヤウナイ、生レツイテイル虚霊ナワ（虚霊ナリ?）ワヅカニ感ズルト、ヨイニツケ悪ニツケ処ニシタガイ日用ニアラハレ出ル端ガ、気ニ感ズルト理ニ根ザストノ違ヒアリ、

特定の場に引きつけることなく「心」の構造を原理的に解明しようとする朱子の議論[9]とは違って、絅斎の視線は常に具体的な人倫の場に向き合い、「親」への「愛」や「兄」への「慇懃」といった感情の「自然」な発露によって、「心」の様態の考察に確かな実感が保証されるという傾向を見せる。

「人心」は「気ニ感ズル」ことで発現し、「道心」は「理ニ根ザス」ものであるが、当然ながら「人心」は悪ではないし、「道心」と離れてあるものでもない。

人心ヨリ外ニ道心ノ実ハナフテ、道心ヨリ外ニ人心ノ動キヤウハナシ、兎角人ノ身ハ理ト気ト二ツニ生レツイテイルユヘ、理ニ本ハ（本ヅク?）本然自然ノ目アテヾ、気ヲ修メ悪ヲ去ガ学ノ事ナリ、

そして絅斎は、「妻子ニツラル丶」ことで「孝」を蔑ろにしてしまうといった事例（場）に引証して、「気ヲ修メ悪ヲ去（ル）」学問の正しさを説くのである。

（3）「異端」

子思の時代にはまだ仏教は伝来していなかったが、朱子は、子思が向き合った「異端」の延長に仏教を見て、仏教への強い危機感のもとに『中庸章句』の「序」を著した。絅斎も、それを継いでいる。

此書ハ道学正脈ノ骨髄ノ大事デ、……此書ナイト孔子ノ道伝ラズ、此書ナイト異端ノ為ニ惑ハサレ利害ノ為ニカヽエラレ、道ト云ハ後世菩提ノコト、義理ノ熟スル時分ニハ禅門ニナルマデゾ、

絅斎はこの講義を通じて、「伯夷・柳下恵」「虚無寂滅ノ教」「老荘」「俗学」「心学」「伯（覇）道」といった「異端」に言及しているが、最大の「異端」を仏教に見据えていることは言うまでもない[10]。しかも、仏教そのものが次第に狡猾になってきたとする。当初は「タダ殊勝ナ地獄極楽ヲ立、婆カ、ヲタラス」程度だったものが、まさに朱子が「異端之説、日新月盛、以至於老仏之徒出、則弥近理而大乱真矣」と述べたように、

魏晉以来老荘ヲマゼ、鳩摩羅什ヂヤノ三蔵ヂヤノト云モノガ出テ、……儒書ノ言ガコチニモアルト云様ニ、父母恩重経ヲ作テハ孝行ノマギラニシ、戒律ヲ立テハ存養ヲマギラス、「近理而大乱真」ト云ガソレゾ、

という段階に至った。ここでも絅斎は、「孝行」という人倫の場で問題を考えている。そして絅斎は、朱子も言わない「異端」を取り上げる。

儒者ト云ヘドモ存心ノ法ヲ知ラヌモノハ、始カラ存心ノナリヲコシラヘテセフトスルト却テ心法ガ乱ル、ゾ、象山ガヤウニ窮理ヲイラヌ事トスレバ、……皆心ノ修メヤウノダ、イノ法リヲ得ヌユヘ、イロ〳〵ノ事ヲコシラヘテ云出スゾ、……釈氏ハ日用ヲ離レテ心ヲヨフセフ〳〵トシ、心学者ハ早ク効ヲ付フトスル、

朱子が、子思の時代の「異端」の延長として仏教を捉えたのと同じように、絅斎は、仏教の延長に陸象山を見ている(明らかに王陽明が意識されている)。「心学者」が効果を急いで「窮理」を忌避するのは、「存心ノ法」を知らぬからだというのが絅斎の批判である。[11]

(4)「自然」

『中庸』の冒頭の一節「天命之謂性、率性之謂道、修道之謂教」について、朱子『中庸章句』は「率、循也、道猶路也、人物各循其性之自然、則其日用事物之間、莫不各有当行之路、是所謂道也」と説いて、「性之自然」という表現を用いている。[12]

しかし絅斎の講義には、様々な「自然」が溢れている。これまで紹介した絅斎の文章にも幾つかの「自然」が見られていたが、他に典型的な用例を拾ってみる。

誠デナケレバ身ニ義理ヲシテカラガ、火ノ自然ニアツク、水ノ自然ニ寒イ如ク、子トシテ自然ニ親ノ愛シク、臣トシテ自然ニ君ガ大切ナ至デナケレバ、真実ノ実徳自然ノ身デナイゾ、

また、

場ナリ自然、理ナリ自然ニアタラネバ中デナフテ、……義理ナリノ人心、人心ナリノ義理ニナルユヘ自然ニ過不及ナキニナル、

さらに「本原自然ノ理」「天地自然ノ生ミノマ、ノ本然」「義理自然ニ安ンゼヌコトハナイ」「感ズル情ナリガ自然ニホドヨウアタリ〳〵スレバ」等々、限りがないほどである。この他にも、政治や制度に関わって

礼楽制度ノ立コトモ、惣体造化自然ノナリニ行レ、……自然ト聖人ノ徳ナリ自然ニ世ガ服シ、徳ナリ自然ニ治ル、

などとも言われる。

では、このように盛んに用いられる「自然」をどう考えたらよいのだろうか。『中庸』首章をめぐる絅斎の講義には、こうある。

朱子以来、性ノ吟味スル衆ガ、本然ノ理ト云コトハ説デナリトモ知リテヲレエドモ、心ノ内ニアル理ガ性ヂヤトサガシ出スヤウニ思フテ、性ノ端的正面ヲ知ラヌゾ、

「性即理」という命題を言葉では了解していても、それを「心」の中に、何かまるで対象物を探すようにして見出そうという傾向があって、それは「性ノ端的正面」を知らないものだというのである。

親ノ愛ク生レ付テイル理ナリガ人ノ身デ、理トサシタモノモ、一ツホセクリ出シテ云コトデハナイゾ、

「理」は、「ホセクリ出シテ」（ほじくり出して）見出すようなものではない。

愛イヲ見テカラ仁ノ性ト云《いい》、白ヲ見テカラ目ノ性ト云デハナイ、サウナラヌサキカラサウ生レ付テアル、根ヌケ自然ノ持マヘノナリヲ性ト云ト合点スベシ、

これを見れば、絅斎が「自然」を繰り返すのは、「心」の中に「理」が「性」として内在することを承認しながらも、何か探求して見出すべき対象のようにそれを捉えてしまう発想を克服しようという意図によるものであることが想像される。そして、「理」がそういうものではないことを確かな手ごたえでもって明らかにするものは、絅斎にとっては、「子トシテ自然ニ親ノ愛シク、臣トシテ自然ニ君ガ大切」云々というような人倫的な感情の発露だったのであろ

う。このあたりの微妙な議論を、「率性之謂道」についての絅斎の講義を通じて、もう少し検討する。

「率性之謂道」の、とくに「率」について絅斎はこう論じている。

> アレナリ自然ナリヲサシテ率ト云、……此字ガソコネルト、中庸一篇ノ道ヲ伝ル書ガ、聖人ノ道ヲ作リタリ人為ニ始ルヤウニナルユヘ、夥シイ違ヒゾ、程門ノ歴々説ル、ケレドモ、性ニシタガウテ行フト云ハル、ユヘ、ソデナイゾ、天命ノ性ノ本然自然ノ万世宇宙ヲ貫クハヘヌキノ道デナイ、

「率性」を「性ニシタガウテ行フ」として理解すると、それは「道」を作為的なものと捉えることになってしまうと主張するのである。ここが躓きやすい所で、「程門ノ歴々」も誤った場合が多いとする。そうした理解では、「シタガウ」自己と「シタガ」わせる「性」とに間隙が出来てしまう、こう絅斎は言いたいのである。

> 率ノ字ガ、コチカラ性ノヤウニスルノ、性ニツイテユクノト云ト、コトノ外ソコネルゾ、人ガ性ノヤウニシテユクコトデハナイ、……（そうした理解は）皆見立デ説テ自然デナイ、

この間隙を容認してしまうと、「理」や「道」を何か対象物のように見出そうという発想になり、結局は「道」を作為的なものとする思考に堕落してしまう。(13)

（5）「鬼神」

「鬼神」について絅斎は、

> 扨鬼神ノ義ハ天地人倫ノ本領デ、日月星辰水火草木、ユクトシテ鬼神ノ妙用デナイコトトナイ、天地デ行ハル、ハ春夏秋冬ト云、人デ云ヘバ父子君臣ト云、……其父子トナシ君臣トナシ、春生トナシ、秋枯トナス本然妙用ノ本領ヲ鬼神ト云、

として、天地自然の在りようだけではなく、「父子君臣」をはじめとする「人倫」の世界についても、それが「鬼神」の「妙用」としてあるものとする。それゆえに、国家にとっての宗廟や家庭における神主《しんしゅ》（霊牌《れいひ》、仏教習俗の位牌《いはい》に当たる）が重要なのだと絅斎は説いている。そして「怪異ナコトノ人道ノ外ニ格別アル様ニ思ヒ、願ヲカケテ叶テノトコ云」ような態度で「鬼神」に向き合うことが強く斥けられる。

絅斎にあっては、「鬼神」とは何かを理気論の立場から説き明かそうという議論よりも、「鬼神」にどのように向き合うべきかという問題に関心があるようである。鬼神とは何かという本質論は、

兎角鬼神ハ二気ニ過ヌゾ、陰陽ヨリ外天地ノ道ハナシ、天地ノ道ヲハナレテ鬼神ノ妙用モナク、鬼神ノ妙ヲ離レテ天地ノ道モナイ、

といった説明で済ませて、絅斎の力点は移っていく。

鬼神ニハ性トモ情トモ片付テ云様ナイガ、ソコガ鬼神妙用ノ大事ゾ、……ムカヘレバ水ノツメタク、風ノヒヤ、カニシ、雷ハ轟カシ、全体鬼神ノ思入気象ノ、人ノ長度心ノ様ニアルハ、タヘテ性情ノ合点ヲセヨ、……天ノ性情ハ鬼神ノ鬼神タル処ノ実心ヲ云、

水や火の動き、雷の轟きのようも、「鬼神」の霊妙な働きによるので、どこが「性」、どこが「情」という分別は難しいが、天地自然の世界は、直ちに「鬼神」の「実心」として捉えられると絅斎は言いたいのである。そこでは、天地自然が一つの大きな生命体としてイメージされているのではないだろうか。

天地造化モ、人ノ身ノ如クイキタモノユへ、花ト咲セ実トナラス理ノ妙用ガ天地宇宙ヲ貫テ、イツ迄モヤマヌ、コレヲ神明トモ云、

朱子学では、天地宇宙を「気」の循環・凝集・拡散の運動として捉えるだろうが、絅斎はそれを端的に生命体として

見ている。その生命体の生き生きとした動きが、あるいは花を咲かせ実を結ばせる働きであり、あるいは父への愛や君への忠の思いとなって現われるのだと絅斎は考える。「理」を対象として探るのではなく、〈湧き出てくるもの〉としてイメージするのも、またあれほどに「自然」が言われるのも、ここに繋がっている。

次に「祭祀」についての議論を見てみよう。『中庸』本文の「使天下之人、斉明盛服、以承祭祀、洋洋乎如在其上、如在其左右」について、絅斎は、

　七日迄ハケガレタコトニアヅカラヌ様ニスル、三日ニナリテハスツキリト余事ノ心ニアヅカラヌ様ニシ、……其祭ル処ノ人ノ居所ヲ思ヒ笑語ヲ思ヒ、生テゴザル親ニ向ナリデ微塵余心ノ交ラヌ様ニ、鬼神ナリノ吾心、吾心ナリノ鬼神……サアレバ……思ノ至リ理ノ極マリナリニ気ガ感ジテ、鬼神ガ祭ナリニ、ソレカアラヌカト形ガアルデハナケレドモ、妙用自然ノ鬼神ガ吾心ナリニアラハル、、

祭る側が身心を整え、「生テゴザル」かのように亡親に対して、「鬼神ナリノ吾心、吾心ナリノ鬼神」というまでに心が集中すれば、「気ガ感ジテ」亡親との交感がかなうというわけである。それは、実体として亡親が現われるということではない。それは、

　浮屠ノ云様ニ再ビ散ジタモノガアツマルデハナイ

とも

　ユイタモノ、再ビモドル造化ノ理ノナイハ勿論ノコト

言われることから明らかである。しかし亡親の姿は「吾心ナリニ」現われる。

　吾親ハ死ナレテモ、吾心ノ親ヲナゲキ思フ心ハ、イツ迄モ本心徹底シテ平生忘レヌガ、此度ハ祭トアレバ、余事余念ナフ思テ、……何トゾ時ニ感ジ、祭理ノ自然ノ様ニ心ガ実シテ、思ナリ理ナリニ気ガ感ジテ、……吾心ノ本

心ノアルナリノ親ノ気ガ妙用自然ニ感格シテ、箸取テ食フデモナケレドモ、理ノ妙用ニ味ヲウケ、再ビ親ノ理ガ感ズル、コヽガ云ニ云ハレヌ黙シテ知モノハ知《しり》、知ラヌ者ハイツ迄モ知ラヌ、

「理ナリニ気ガ感ジテ」とも「親ノ理ガ感ズル」とも言われるから、「理」「気」それぞれに孝子の至誠に感じて反応するのである。その感応は、それ以上の説明を受け付けない「妙用自然」の作用というべきものであり、

聖人ト云ヘドモウカヾフ様ナイ、天地造化不レ已処ノ感通ガソコニアル、

としか言いようのないものなのである。

関連して、世上に「神道」として通用しているものについての絅斎のコメントを拾っておこう。

後世ノ神道ヂヤガ、祈禱シテノ罰利生ガアルノト云テ鬼神ト云ハ、アサマシイコトゾ、孝ヲスルモ忠ヲスルモ罰ガヲソロシサニト云ニナリテハ、鬼神自然ノ道デナイ、

「孝」や「忠」に生きることと「鬼神」に向き合うこととは、絅斎の中では不可分一体のものである。

吾国ノ上古、天人ノ間未レ遠、世スナホニマコトニシテ、幽明鬼神ノ道理デヲノヅカラ教ノ立ハ、伏羲ノ卜筮デ日用ノ教ヲ立ト同事ゾ、（中国では）気運次第ニヒラケバ、其上ガイヨ〳〵ソナハリテ、仁義礼智ノ、礼楽ノト云ヤウニハナリタルゾ、吾国ノ教ハ神道ト云ガ立カラアヤシイコトヲ云出シ、今ノ神道者ノヤウニ、ソデナイコトニナルガ……

絅斎は、「鬼神」を語ることで「祈禱」や「罰利生」の世界に人々の目を向けさせようという「今ノ神道者」への嫌悪を繰り返し表明している。[14] 不安を煽ったり、怪異を言い立てたり、現世利益を謳ったりする「神道」なるものと、『中庸』の説く「鬼神」の議論とが全く別物であることを言明し、いわゆる「神道」が日本に固有の道なのではないかという主張に対しても、「神道者ノ、万国ニナイ吾道ヂヤト云モ文盲ナコトゾ」として相手にしなかった。[15]

おわりに

絅斎の『中庸』への講義を見てきたのであるが、そこから浮かび上がるのは、どこまでも人倫の場において「性」「道」「教」や「誠」、さらに「鬼神」の問題を捉えていこうとする姿勢の強さである。そして「性」をはじめとしてそれらは、自らの内から〈湧き出てくるもの〉のイメージで捉えられ、そこを自覚することが求められる。その背景には、天地宇宙も人間も一つの連続した生命体であって、その内部から〈湧き出てくるもの〉を曇りなく発揮させることが、人倫の場に生きる者の自然かつ当為だという思想があるように思われる。朱子学が、老仏に対して人倫の意義を説く思想であることは言うまでもないし、世界観として、天地宇宙と人間を〈大宇宙—小宇宙〉として捉えているとはよく言われることである。その限りでは、絅斎のような考え方も、朱子学の一つの展開として了解されうるものかもしれない。しかし——どこまでが朱子学なのかという議論にそれほどの意味があるとも思えないが——絅斎の立論の根底には、個性的な生命観のようなものが潜んでいると捉えることも可能なのではないだろうか。そして、そこを一つの起点として、朱子ではどうなのか、朝鮮の朱子学ではどうなのか……というように問い返すことが次の課題かと思われる。

もう一つ、足元の課題として忘れてはならないのは、闇斎学派の特徴でもある膨大な写本群を整理する仕事である。その作業は、それぞれに個性的な方向に進んでいった学派の全容を開示することに繋がるはずだが、残念ながらこれらの史料群は、未だ書誌的な整理さえ不完全なままに放置されている。組織的・集団的な研究調査によって、この学派の全体像に接近できる日が近いことを望まずにはいられない。

註

（1）闇斎の思想については、拙著『山崎闇斎の世界』（成均館大学校出版部・ぺりかん社、二〇〇六年）を参照していただきたい。

（2）「崎門三傑」については、阿部隆一「崎門学派諸家の略伝と学風」（日本思想大系三一『山崎闇斎学派』解説、岩波書店、一九八〇年）が簡潔に要点を尽くしている。

（3）『中庸章句』序の中で朱子は、『中庸』をめぐる程子の言葉を集めた石𡼖の『中庸集解』に触れて、さらに定論を得て「同志」と共にこの書の「其ノ繁乱ヲ删リ」、あらたに『中庸輯略』としたことを述べている。これについて絅斎は、「集解ハ日本へ伝ラヌ、山崎氏ノ随分求メラレタレドモ、ツイニナシ、輯略モ唐本ニハナシ、高麗本ニ伝ルゾ、高麗船ニアツラヘテ、ワザ〳〵取ヨセラレタゾ、山崎先生ノ点本デナシ、ソサウ（粗相）ナ輯略アリ、アレハ朝鮮本ヲジキニ板ニシタモノゾ」と伝えている。絅斎の門人である強斎は、その『中庸』講義である『中庸講義師説』において、「扨正面ヲトント説タ書ハ章句、其羽翼トナルハ輯略・或問、此三書デ此書（『中庸』）全体ガハラリトアイタゾ」と述べている。『大全』やその他の「末書」には関わるなという含みである。

（4）『中和旧説』は、『中和集説』に収められた「中和旧説序」（『朱子文集』巻七十五）によれば、「暇日料検故書、得当時往還書藁一編、輒序其所以而題之曰中和旧説、蓋所以深懲前日之病、亦使有志於学者読之、因予之可戒而知所戒也」とあるように、「未発」「已発」をめぐって定論を得る以前の自らの思索の跡を、後学の「戒」として残すべく朱子が編纂した書だという。

（5）平田は、江戸で小浜藩士である山口貞一郎（菅山）に就いて学んだという。菅山は、強斎門で小浜藩士であった山口春水の孫にあたる。

（6）闇斎の「大学垂加先生講義」においても、例えば「孟子ノ四端ヲ論ゼル所ガ、ベッタリト明徳也」というような口語の言い回しが見える。

（7）「抄物」とは、漢字・仮名混じりで口語を用いた仏教・儒教の教説記録の書の総称で、中世に盛んに著された。これとの関連については、今後の研究課題としたい。

（8）三十歳の闇斎が、朱子学に拠って立つ自らの思想的な立場を宣言した著、『闢異』が念頭にある。

（9）『中庸章句』、あるいは『中庸或問』においても、朱子は親子・君臣といった人倫の場に降りて「人心」「道心」を論じるという志向を見せていない。

（10）「博学・審問・慎思・明弁・篤行」（『中庸』第二十章）の「篤行」に寄せて、「異端ノハナシナレドモ、法然ニ、念仏シテネムケノ出ル時ハドウセフト問タレバ、ネムケノサメル迄念仏セヨト云タゾ、アレホド高祖ト呼ル、修行ノ実アルユヘゾ」と述べているのは興味深い。

（11）強斎『中庸講義師説』（無窮会図書館織田文庫所蔵）は、『中庸章句』の「序」の冒頭「中庸何為而作也、子思子憂道学之失其伝而作也」の「憂」に寄せて、「コ、ノ憂テトアルガ極テ切ナ極テ深イコトゾ、只文義バカリデスマシテヲイテハ何ノコトモナイコトジヤガ、此味ヲ体認シテミネバ此憂ガ扨モ〳〵ナ憂ヂヤトハ思ワレヌコトゾ」として、子思の「憂」を「体認」して自らの「憂」とすべきだと言っている。子思の「憂」を自らの「憂」とするから、崎門は、仁斎学・徂徠学といった朱子の知るはずもない新しい異端との対決に進んだのである。

（12）『中庸章句』には、この他に四箇所「自然」の用例がある。「人、指人身而言、具此生理、自然便有惻怛慈愛之理、深体味之可見」（第二十章）「誠雖所以成己、然既有以自成、則自然及物、而道亦行於彼矣」（第二十五章）「律天時者、法其自然之運」（第三十章）「此皆至誠無妄、自然之功用」（第三十二章）

（13）闇斎の学脈は、朱子学を学ぶ流れと神道にゆく流れとに分かれると述べたが、強斎だけはこの二つの流れを兼ねている。朱子学の古典についての解説をしながら、神道についても高い見識をもって臨んでいた。その強斎は、絅斎の議論にはなかった次のような論点、「名ニアラハレタハ伏犧ヂヤガ、伏犧カラ初マツタ道統デモナイ、道ハ天地自然ノ道、学ハ天地自然ノ身ニナリヤウノ法ナレバ、……トント天地開クルト天地カラ臍ノ緒ノツヾヒタ聖神ガ御坐ナサル、ハヅデ、ソコカラ語ルコト故ニ上古ノ聖神トアルゾ」を『中庸』から引き出している。そこでは、朱子の「蓋上古聖神、継天立極、……」が、「天地カラ臍ノ緒ノツヾヒタ聖神ガ御坐ナサル、ハヅデ」ということになってくる。強斎は、「天地開闢ノ初」という表現も用いているが、「自然」が、時間軸の始源にスライドしているのである。

(14)「文盲ナ神道者」「人ヲ惑ハス山伏陰陽師」への軽蔑という点では、強斎も同じである。

(15)絅斎は、「儒者ガ神道者ヲシカリザマニ、鬼神ハナイト云様ニ云ハ甚アヤマリゾ」として、そういう「神道者」への反発が、無鬼論にいってしまうことにも警戒する。

〔付記〕引用文においては、合字・略字などは通行の表記に改め、適宜ルビを付けた。引用文中の括弧は、引用者が補ったものである。

山鹿素行の中庸注釈

前田　勉

一　『中庸』と「一介の士」

江戸前期、山鹿素行（元和八年―貞享二年、一六二二―八五）は「周公・孔子の書」[1]（『配所残筆』）に回帰することによって朱子学を批判した、いわゆる古学派の儒者の一人として知られている。彼の朱子学批判については、これまでも多くの研究がある。(2) そこでは、『中庸』に出典のある「天命の性」「誠」「鬼神」の諸概念について、朱子学との差違が注目されてきたが、いまだ『中庸』全体を射程にいれた考察はなされてはいない。本稿では素行の『中庸』注釈書である『中庸句読大全』を取り上げ、そこから見える彼の朱子学批判を検討してみたい。(3)

もともと『中庸』は、素行も認めるように、古の諸聖人から孔子までの「道統」を受け継いだ規模雄大な経書である。

> 此の書は、始め其の伝える所の源流功化を述べ、中に大舜・文王・武王・周公の大徳を以てし、之れを承くるに夫子の道を修むるの教を以てし、終えるに至誠より天地に至り、天下に王たるの極を述べ、又た之れを承くるに仲尼の道を以てす。是れ聖人の道統の明、天地に通じ、往聖人を一し、来聖を惑わさざるなり。
>
> 此書始述其所伝之源流功化、中以大舜文王武王周公之大徳、承之以夫子修道之教、終自至誠至天地、述王天下之極、又承之以仲尼之道、是聖人道統之明、通天地、一往聖不惑来聖也、（三—四頁）

しかし、それゆえ自分には、こうした「天下に王たるの極」を述べる『中庸』を論ずる資格がないのではないかという躊躇いがあった。「致二中和一、天地位焉、万物育焉」という『中庸』首章の一節にたいして、素行は自ら問いかける。

> 或ひと問う、天地位し、万物育すは、此れ一介の士の如きは、如何にして此の如きを得んや、と。曰く、（中略）愚謂えらく、諸家の天地万物を解すに、皆其の理を以てするは、是れ一介の士の如きは、此の如きを得難きなり。朱子は、其の事を以て之れを論じ、竟に「本と吾と一体」を以てす。窃かに按ずるに、聖賢の教を立つるや、皆その極を指す。道を論ずるに天を以て之れを証し、人を謂えば、則ち堯舜を期す。道を行うの極功を論ずれば、則ち在位の君子を以てす。此の章は、中庸の極功を言えば、直ちに天下の人君を指す。故に天地位し、万物育す

を以てす。（中略）豈に一介の士を期して之れを論ぜんやと。

或問、天地位、万物育、此如一介之士、如何得如此、曰、（中略）愚謂、諸家解天地万物、皆以其理、是如一介之士、難得如此也、朱子以其事論之、竟以本吾一体、窃按、聖賢立教、皆指其極、論道以天証之、謂人則期堯舜、論行道之極功、則以在位之君子、此章言中庸之極功、直指天下之人君、故以天地位、万物育、（中略）豈期一介之士論之乎、（五八頁）

朱子は「天地万物、本と吾と一体なり」（『中庸章句』）と注釈して、大宇宙―小宇宙の「汎神論的な感情[4]」をもとに、天下国家を担う主体の気宇壮大さを説いているが、「天地位し、万物育す」る「中庸の極功」は、「一介の士」ではなく、どこまでも「天下の人君」を想定したものである。とすれば、『中庸』は「一介の士」にとっては、余りに高遠すぎるのではないか。素行は、「一介の士」たる自分自身の卑小さを意識せざるをえないのである（後に述べるが、この問答の典拠は『朱子語類』にある）。しかし、そうはいっても、「一介の士」が「治国平天下の功業」を学ぶことを否定したわけではない。

問　学者の志気　治国平天下の功業にありと云はんは、分を踰えたるに似たり。

答　当時の学者は名利を捨つるを要として、一点の利害なからんことを欲す。故に治国平天下の事に及んでは、さらにこれを沙汰せず。是れ学の実を不㆑尽がゆゑ也。学は何の為ぞ。天下に立ちて政を正し、人の朝廷に立ちて人民をすくはんが為也。されば博施済㆑衆を以て、何事㆓於仁㆒、必也聖乎との玉ふ。博施済㆑衆こと、治国平天下の極にいたらずしては不㆑可㆑得。是れ学者の極功也。大学の道は明徳を天下に明にして平㆓天下㆒也と云ふにきはまり、中庸の極功は天地を位し万物を育するに至れり。何ぞ分を踰えたりとせんや。[5]（『謫居童問』巻二）

素行においても、「学者の極功」として「治国平天下の功業」を志すことは、決して「分を踰」えてはいない。ただ、「分を踰えたるに似たり」という質問があること自体、「人君」でもない「一介の士」が「天地を位し万物を育す」る『中庸』を学ぶことに、ある種の躊躇いがあったことを示唆している。ここには、科挙を通して「治国平天下の功業」を挙げる機会のある中国の士大夫＝読書人官僚とは異なる、江戸時代の武士にとって、とくに「我等今日、武士之門に出生せり」(6)（『配所残筆』）という強烈な自負をもつ武士にとって、儒学がどのような意味をもっていたのかという根源的な問題が潜んでいる。

もちろん、修己・治人が儒学の目標であるかぎり、こうした躊躇いは何も『中庸』注釈に限ったことではない。しかし、『中庸』が治人の究極目標とも言うべき「天地位し、万物育す」ことを掲げているだけに、お上の政治を語ること自体が僭上の振舞だとみなされかねない時代状況のなかで、山鹿素行がこれをいかに読んだのかという問題は、充分検討に値するのではないかと思われる。

二　朱子学からの三つの転換

（1）『中庸句読大全』と「聖学」との関係

素行の『中庸』注釈書は『中庸句読大全』（以下、『句読大全』と略称する）である。寛文七年（一六六七）、『聖教要録』の筆禍によって赤穂に配流されている時期、『四書句読大全』（寛文七年自序）全二十冊の一部として執筆された。素行によれば、「文義」は「義理の害」にはならないという立場から、『中庸』本文の分章（全三十三章）や語句の「訓解」は朱子の『中庸章句』に従うが、朱子の解説には、「大義」に誤差があるので、批判するという（三―四頁）。この点、「字義」の探求から朱子学を批判しようとした、同時代の伊藤仁斎の古義学とは大きく異なっていることはいうまでもない。

『句読大全』の「大義」とは、すでに『聖教要録』『山鹿語類』において確立していた「聖学」である。換言すれば、「聖学」がまず先にあって、四書注釈はその後に書かれた。素行の注釈においては、仁斎の『論語古義』『孟子古義』のように何度も書き直しをしながら、思想が深められてゆくのではなく、初めに確立した思想が存在していたわけである。その意味で、『句読大全』は「聖学」の立場から四書本文を読み直すことによって、朱子学の人間観や政治観を否定するのみならず、四書という朱子学の経書の根底を覆す試みだったといえるだろう。その際、批判の対象となるのは、朱子の『中庸章句』『中庸或問』のほかに、『四書句読大全』という題名からも察せられるように、明・胡広等『四書大全』三十八巻（慶安四年〈一六五一〉に鵜飼信之の訓点で和刻されていた）である。ほかにも陽明学系統の注釈書として、明・鄭維岳（申甫）『四書知新日録』六巻、明・高中玄（拱）『四書問弁録』十巻（万治三年〈一六五八〉和刻）の所説が批判的に引用されている。

（2）性・静・内から教・動・外へ

さて『句読大全』には、朱子学からの三つの転換が認められる。第一は性から教への転換、第二は静から動への転換、そして第三は内から外への転換である。この三つは相互に関わりあっているが、一応、分けて考えられる。

第一の転換は、端的には『中庸』冒頭の「天命之謂レ性、率レ性之謂レ道、修レ道之謂レ教」における性・道・教のとらえ方に示されている。素行によれば、性・道・教の三つの基礎概念のうち、「修道の教」がもっとも重要であるという。

此の一節は三者【性・道・教】を論じて、其の重きは道を修むるの教に在り。故に下節は、道を修むるを詳らかにす。

此一節論三者【性道教】、而其重在修道之教、故下節詳修道、（九頁）

このとらえ方は朱子学と大きく異なっているだろう。というのは、朱子学では、人間観の基礎である性善説と結びついた「天命の性」が、もっとも重要だったからである。ところが、素行はこの「天」に根拠づけられた朱子学の「性即理」説を否定してしまう。

朱子の所謂る理とは、直に天地の理を指し来る。是れ一個の不善無き底、乃ち衆理を具するの語なり。聖教の所謂る理とは、人物の已むことを得ざるの条理にして、格物致知し来たりて、皆当然の理有り。所謂る物有れば、則有るなり。

朱子所謂理者、直指天地之理来、是無一個不善底、乃具衆理之語也、聖教所謂理者、人物不得已之条理、而格物致知来、皆有当然之理、所謂有物有則也、（一一頁）

素行の理は事物の「条理」であって、「感通知識」（八頁）する認識・実践能力たる性にかかわるものではない（この点は、「中」の外在化で後に述べる）。素行によれば、朱子学では、「理」が内在する「性」はそれ自体で充足できる完全無欠な本体であるとされるが、それは教を蔑にしているものだという。

朱子の所謂る性とは、一理の是ならざること無きなり。故に所謂る道とは、外求を待たずして、備わざる所無し。所謂る性とは、一物の得ざること無きなり。故に道は人為を仮らずして、周からざる所無きなり。先輩の是等の論説は、皆な教を以てせずと雖も、道に加損無し。

朱子所謂性者、無一理之不是、故所謂道者、不待外求、而無所不備、所謂性者、無一物之不得、故道者不仮人為、而無所不周、先輩是等論説、皆雖不以教、道無加損、（三〇頁）

しかし、もし朱子の言う通りであれば、仏教の「直指見性」と等しいものだ、と素行は非難する。

師曰く、人は教えを待たずして、性是れ善ならば、乃ち『中庸』に道と教とを説くべからず。已に「性に率う之れを道と謂い、道を修むる之れを教と謂う」、是れ教に因つて道を修め、道を修めて性に率うなり。教に因らず道を修めずして、只だ性の本然を以て言を為すときは、便ち釈氏が直指見性なり。

師曰、人不待教性是善、乃中庸不可説道与教、已率性之謂道、修道之謂教、是因教而修道、修道率性也、不因教不修道、只以性本然為言、便釈氏直指見性也、

（『山鹿語類』巻四十一、全集十、二〇七頁）

素行によれば、「修道の教」が「天命の性」「率性の道」よりも根本に位置する。後に見るように、聖人が「率性の道」を「品節修為」（八頁）し、具体的に制度化した教によってはじめて、個別・多様な性はそれぞれの「処」を得るのであって、「修道の教」抜きに、性それ自体を論ずることはできないからである。この意味で性・道・教の軽重関係は朱子学と逆転し、さらに「道は即ち性、即ち命なり。本と是れ完完全全にして、増減し得ず。修飾を仮らざる的なり。何ぞ聖人の品節を須要せん。却つて是れ完全ならざる物件ならん」（『伝習録』巻上、『句読大全』一一八頁所引）と説いて、「道」「教」を「性」に収斂させてしまう王陽明とは、まさに対極的であった。

第二の特徴は静から動への転換である。これは未発・已発概念をめぐって展開される。もともと朱子学の「心法」理解の中核となった「未発の中」への批判は、すでに『山鹿語類』の「中」の項目に説かれていた。

師曰く、先儒、喜怒哀楽の未発を以て、情の未発と為す。愚謂えらく、情の已に発して未だ喜怒哀楽に渉らざるなり。人の情は少くも発せざることなきは、是れ天道の流行して、生々息むこと無きの謂なり。語黙・動静・行住・坐臥・寤寐の際も、其の情は遷転流行し来る。只だ喜怒哀楽の四者は、情の事物に及びて其の形跡有るなり。

師曰、先儒、以喜怒哀楽未発、為情之未発、愚謂、情已発而未渉喜怒哀楽也、人之情少無不発、是天道流行、生々

無息之謂也、語黙動静行住坐臥寤寐之際、其情遷転流行来、唯喜怒哀楽之四者、情及事物有其形迹也、

（『山鹿語類』巻三十六、全集九、三四二頁）

素行によれば、『中庸』本文の「喜怒哀楽の未発」は、情が「形跡」として、はっきり外に現出していないだけであって、情が発動していないわけではない。朱子学のように、情の萌す前の静態ではない。この「未発の中」解釈は、そのまま『句読大全』にも引き継がれている。『句読大全』では、「章句は未発を以て性と為す。今四者（喜怒哀楽）を以て情の跡有りと為せば、則ち情の已に発して未だ四者に渉らざるを謂ふ。然らば乃ち已発を以てすべく、未発を以てすべからざるなり」と、朱子学の立場から素行説を批判する問いにたいして、素行は次のように答えている。

本文は既に喜怒哀楽の未発・已発と曰い、情の未発・已発と曰わず。喜怒哀楽とは、情の事物に及び、尤も形跡有るなり。故に七情と称す。人の情は、喜怒に渉らずと雖も、未だ嘗て発せずんばあらず。先輩は四者の未発を以て、都て情の未発と為し、以て性と為す。人の情は少も留らず、発せざること無し。夢寐の間も、息を閉むるが如し。是れ情の必ず流行して止まず。是れ乃ち性の虚霊にして、感通せざること無きなり。若し切に情意の未だ萌さざる前を索め、工夫を下さんと欲せば、則ち異端に落在す。豈に聖人の教ならんや。

本文既曰喜怒哀楽之未発已発、不曰情之未発已発、喜怒哀楽者、情之及事物、尤有形跡也、故称七情、人之情、雖不渉喜怒、未嘗不発、先輩以四者之未発、都為情之未発、以為性、人情少不留、無不発、夢寐之間、如閉息、是情必流行不止、是乃性之虚霊無不感通也、若切索情意未萌之前、欲下工夫、則落在異端、豈聖人之教乎、

（四五―四六頁）

素行によれば、未発とは、情が未だ喜怒哀楽に渉っていない前の状態、已発とは、情が喜怒哀楽に及んだ後の状態を指すのであって、情自体はいつも「流行」して息むことはないという。「人情は遷転流行して更に息まず、何れの

時を以て未発と為すや」（『山鹿語類』巻三十六、全集九、三四三頁）。こうした未発・已発理解は、情の活動性を強調するものであるとともに、朱子学の体用概念を否定することを意味していた。この点、素行は次のように説いている。

或ひと問う、然らば則ち中和を以て体用と為すの説は非か、と。師曰く、未発・已発を以て之れを論ずれば、体用と為る。然れども体を以て道の全体と為すは、乃ち未だ可ならざるなり。道の全体と為し来る、故に中を以て性と為し天命と為し、専ら手を下して其の淡静を味うは、太だ差謬せり。凡そ道の全体は、天地を以て的と為し、学問思弁して而る後に初めて得るなり。是れ『大学』の八条目より「明徳を明らかにする」に到るなり。宋儒は直に性心を指して道の全体の具わる所と為し、切に工夫を加え性善を味い、竟には中を以て道の体段と為し、情の未発に於て、其の中を推し求むるは、皆な性善に泥むの誤なり。

或問、然則以中和為体用之説非乎、師曰、以未発已発論之、則為体用、然以体為道之全体、乃未可也、為道之全体来、故以中為性為天命、専下手味其淡静、太差謬矣、凡道之全体者、以天地為的、学問思弁而後初得、是大学自八条目到明明徳也、宋儒直性指性心為道之全体所具、切加工夫味性善、竟以中為道之体段、於情之未発、推求其中、皆泥性善之誤也、

（『山鹿語類』巻三十六、全集九、三六八―三六九頁）

素行は、朱子の体用概念が「未発」＝「性」＝「体」とすることによって、「未発」を求める「淡静」の工夫論につながることを批判する。彼は形而上の静的な本体を認めずに、どこまでも動的な作用の次元を問題にするのである。

さらに、第三の特徴は内から外への転換である。これは、「中」概念をめぐって展開されている。「未発の中」＝「本体」を否定した素行は、「中」は事物の中であると、中を内在的なものから外在的なものに転換する。

中とは、倚らずして節に中るの名【中立して倚らず、発して皆な節に中る】、大本なり。達道なり【未発・已発を包みて言う】。庸とは日用平生なり【庸言・庸徳の如く、皆な平生底なり】。中庸とは、中を平日の間に用いて、事物各々

其の所を得るの称なり。

中者、不倚而中節之名【中立而不倚、発而皆中節】、大本也、達道也【包未発已発而言】、庸者日用平生【如庸言庸徳、皆平生底也】、中庸者、用中於平日之間、而事物各得其所之称、（一頁）

「中」は先に述べた事物の条理であり、格物致知によって認識・実践できる客観的な筋道である。それ故、理の内在を説く朱子学流の立場から、次のような疑問が起こるかもしれない。

或ひと問う、子の説に因れば、則ち中は外より執り来るに似る。中は豈に外に在らんや、と。曰く、人の性は本と霊にして、能く感通す。故に其の中を得る底の根、這の裏に在り。格知すれば則ち這の中を得、然らざれば、乃ち其の全を得べからず。是れ内外相因り、性・道・教相通じ、集大成なり。若し中を以て性の裏に在りと為し、内に向かい求め尋ね来れば、則ち是れ異端の直心是仏に似るなり。

或問、因子之説、則中似自外執来、中豈在外乎、曰、人性本霊、能感通、故其得中底之根在這裏、格致則得這中、不然、乃不可得其全、是内外相因、性道教相通、集大成也、若以中為在性裏、向内求尋来、則是似異端直心是仏也、（五六頁）

素行によれば、事物の条理は自己の内に備わっていないので、ありもしない自己の内なる「理」を尋ね求めれば、仏教の「異端」説に陥ってしまうという。次にあげる対話は、「中」が「今日日用の間」に、客観的な事物に求められるものであることを端的に示している。少し長いが、素行の考え方が具体的に示されているので、引用してみよう。

横山曰ふ、「近比弘文院学士、大守の招請によつて中庸を講ず。在宿してこれを見るに大数合点ある如くにして、今日又師の言に就いて案ずれば、一つも得心せざることは不審なり」と。

予云はく、その道理明かなり。その故は見て合点の行くといふは、書物の文字よみ故、その形の定まれることは心得。かく書は心を尽さざるものなれば、これを今日日用の間へ引き移して見る時は、一つとして得心するところあらず。皆外になりて、今日の用事とは別になるなり。例へば前にある明り障子を指して、これをば何れの処が障子の中ぞと尋ねば、過不及なき不偏不倚なると云ふ事も、（考へ）合せて云ふべき様なくしてはじめて惑ふ。又足下大守に奉公するに依怙贔屓なることをせず、過不及なきを中と云ふべきとならば、毎日依怙贔屓することもなく、又公用に携はらざれば、これを利するに便あることもなく、出過ぎて奉公する者もなく、引込みすぎる者も稀なり。然らば中は平生の人も皆これありやと見れば、中は聖門伝授の心法なり（『中庸章句』）と云へば、凡人の及ぶべきところにあらざると省みて考ふれば、中の一字今日の上聊か相通ぜざるなり。又中の字を説かんとならば、不偏不倚過不及なし（『中庸章句』）と云ふより外はいはれまじきなり。これ書は言ひ尽さざるの所以なり。されば障子にて云はば、中はよく明りを取りて能く風を防ぎ、その座敷の恰好に相応してその宜しき、これ中なり。若し障子は結構にして紙の見事なるにて張り、骨は杉を用ひてと云はば、早や偏なり倚なり、過なり不及なり。学はかくの如く致すべきと礼を極めば、偏なり倚なり、過なり不及なり。その源は唯だ天地の命ずる性に従ふ、これを今日の上に修め道とするもの、これを中とするなり。天地の命に相従はざる時は、何を以て中とせんや。万般かくの如しと心得べきなり。

（『山鹿随筆』巻五、全集十一、五一三―五一四頁）

素行にとって「中」は、書物のうえの抽象的な閑談議ではなく、たとえば、眼前の「明り障子」における「中」のように、「今日の用事」の一つ一つの事物に求めていかなくてはならないものであったのである。

三　学問の標的としての「聖人」と「道統」

（1）天地と人間の媒介者としての「聖人」

素行の『中庸』注釈の特徴を朱子のそれと比較して、性から教へ、静から動へ、内から外への三つの転換を指摘した。このことが、「天下の人君」でもない「一介の士」が、「治国平天下の功業」を志すという壮大な目標といかに関っているのだろうか。もともと、冒頭に掲げた「一介の士」の問答は、『四書大全』に引用されている『朱子語類』をもとにしていた。そこでは、「天地位し、万物育す」ような功業は、位ある者にかかわることであって、「一介の士」は如何にしてそのようなことができようかという質問にたいして、朱子が次のように答えていた。

問う、中和を致して、天地位し、万物育すとは、此れ位有る者を以て言う。一介の士の如き、如何にして此の如きを得んや、と。曰く、若し一身の中和を致し得れば、便ち一身に充塞す。一家の中和を致し得れば、便ち一家に充塞し、若し天下の中和を致し得れば、便ち天下に充塞す。此の理有れば便ち此の事有り。此の事有れば便ち此の理有り。「一日、己に克ちて礼に復れば、天下仁に帰す」（『論語』顔淵篇）の如き、如何にして一日、己を家に克ちて、便ち天下、仁を以て之れに帰することを得ん。此の理有るが為の故なり。

問、致中和、天地位、万物育、此以有位者言、如一介之士、如何得如此、曰、若致得一身中和、便充塞一身、致得一家中和、便充塞一家、若致得天下中和、便充塞天下、有此理便有此事、有此事便有此事、如一日克己復礼、天下帰仁帰、如何一日克己於家、便得天下以仁帰之、為有此理故也、（『朱子語類』巻六十二、第一五四条）

朱子においては、かりに「一介の士」であっても、『大学』八条目の修身→斉家→天下の「理」があり、自己一身の克己復礼によって、天下を仁に復帰させることができるのだから、「一介の士」であっても、「天地位し、万物育す」ことを目指さなくてはならないとされる。ここに、われわれは、「天地の為に心を立て、生民の為に道を立て、去聖の為に絶学を継ぎ、万世の為に太平を開く」（『近思録』巻二）という張横渠の言葉に示されているような、宇宙や天下国家を担う中国の士大夫＝読書人官僚の規模雄大な精神を見ることができるだろう。

ところが、素行は『大学』注釈において、「身修まる時は天下の治平 忽ちこれありとしること、是れ又宋儒の諸儒の異見ゆゑ也。身修まる一事を以て天下の事を論ぜんには事たるべからず。大学に身修而后家斉、家斉而后国治、国治而后天下平也といへり」（『謫居童問』巻五、全集十二、二九八―二九九頁）とあるように、修身・斉家と天下国家の治平との連続性を断ち切っていた。そのため、自己一身の修養がそのまま「天地位し、万物育す」ことにはつながらない。もちろん、だからといって、「一介の士」は、何もなさなくてよいわけではない。先に見たように、一方で素行は、「学者の極功」として「治国平天下の功業」を目指すべきことを説いていたからである。それでは、「一介の士」は、どのように生きてゆくべきなのだろうか。

そもそも、朱子学の「性即理」を批判して、自己の本来性の実現という実践目標を否定し去り性から教に重点を移したとき、「一介の士」が学問に向かう意志は、どこにあるのだろうか。

或ひと問う、性の本然を以て標的と為さざれば、便ち学者は只だ外に向かつて標的を尋ねて、人々這の天地明白の性を具うるを知らず、と。師曰く、学の標的は意見を以て準拠とすべからず。道統・聖人を以て標的と為す。

或問、以性之本然不為標的、便学者只向外尋標的、不可知人々具這天地明白性、師曰、学之標的以意見不可準拠、以道統聖人為標的、

（『山鹿語類』巻四十一、全集十、二〇四頁）

素行によれば、学問者は自己の内なる「性の本然」ではなく、外側の「道統・聖人」を「標的」とせねばならない

という。この道統と聖人は、主著『聖教要録』にも項目立てられる重要概念である。まず、聖人について見てみよう。素行の『中庸』注釈において、聖人の役割はきわめて重い。その理由の一つは、性が個別・多様であったからである。「性即理」説を否定して、性の普遍性・同一性を認めなかった素行によれば、性はどこまでも個別・多様であって、自己と他者との間には大きな乖離が存在する。「人皆な欲有るも、己は猶お欲無し。人皆な思有るも、己は独り思い無し。是れ等の事、己の気稟に因りて、偶たま此の無欲無思有り。此れを以て人に準ずれば、則ち悉く人の性に戻るなり」（一九頁）。そのため、個別的な自己を基準にして、人を治めることはできない。「気稟、異なれば、則ち性心は一ならず。各々過不及の異有り。故に我を以て人を治め難し」（一〇三頁）。また、あるはずもない他者と同等の自己の「本然の性」の涵養につとめたとしても、それは何の役にも立たないという。

愚謂えらく、併に是れ等の数説を案ずるに、性の自然に循ふ、五字更に明かならず。仁義礼智相具すの性、私欲未だ萌さざるの性の如きは、是れ学問思弁の極功、格物致知の分上なり。人悉く豈に是の功有らんや。況んや万物に於けるをや。是れ皆な本然の性を味い、其の発見する所を尋ね、許多の道理は、此れ性の固有し来ると為す。故に朱子の所謂る外求を待たずして、備はらざる所無きなり。此の説の如きは、則ち教え無く学無く、唯だ内に向かう工夫にして、以て自証自悟を待つの謂いなり。是れ某の、宋儒の陽には儒にして陰には異端を闢く所なり。

愚謂、併案是等数説、循性之自然、五字更不明、如仁義礼智相具之性、私欲未萌之性、是学問思弁之極功、格物致知之分上也、人悉豈有是功乎、況於万物乎、是皆味本然之性、尋其所発見、許多道理、此性為固有来、故朱子所謂不待外求、而無所不備也、如此説、則無教無学、唯向内工夫、以待自証自悟之謂也、是某所闢宋儒陽儒陰異端也、（一五頁）

ここには、未発・已発概念において、静から動へ転換したこと、また「中」を外在化したことが関っている。素行によれば、「未発の中」を自己の心の内に求めて沈潜しても、何の役にも立たないどころか、「異端」に陥るだけである。「若し切に情意の未萌の前を索め、工夫を下さんと欲せば、則ち異端に落在す。豈に聖人の教ならんや」（四六頁）。素行において大事なのは、このような個別・多様な性を外から制度的に統合して、「能く其の性を尽」くし、「人の性を尽」くし、「物の性を尽」した「天下の至誠」（『中庸』二十二章）としての聖人であった。

　愚謂えらく、能く其の性を尽くさば、則ち人物の性、斯れ尽すと為すとは、異端の教にして、竟に人物を除き了るに到ると為す。唯だ自己の見性を欲す。故に自証自悟を証し、人物に亙らず。己は安んずと為すも、人は安んぜず、物所を得ず。聖人の教は之れに反し、天下の人物の其の処を得、其の道に安んずるを以て大本達道と為す。己れ甚だ其の性を尽くさんことを思うも、亦た人物未だ尽さざれば、則ち意見臆説と為す。故に其の極処を論ずれば、則ち天地万物を以て之れを証し、位育を以て至ると為すなり。此の章は、子思、聖学の伝を承けて、次序し来り、以て天地と参たるを言う、尤も聖人の極致なり。

　愚謂、能尽其性、則人物之性為斯尽者、異端之教、而竟到除了人物、唯欲自己之見性、故証自証自悟、不亙人物、己為安、人不安、物不得所、聖人之教反之、以天下之人物得其処安、其道為大本達道、己思甚尽其性、亦人物未尽、則為意見臆説、故論其極処、則以天地万物証之、以位育為至也、此章、子思承聖学之伝、次序来、以言與天地参、尤聖人之極致也、　（二〇七頁）

聖人は個別・多様な性をそれぞれの処に安んずる教を立てて、天地の化育をたすける偉大な存在である。『中庸』首章の「修道の教」とは、この聖人が天地の化育をたすける目的のために、「品節修為」した「礼楽」を意味していた。先に見たように、性・道・教のうち、教が第一義とされる理由も、それが個別・多様な性に処を得させる聖人の教だったからである。

ここで一言注意しておけば、『聖教要録』のなかで、素行は「道の大原は天地に出づ」（巻下）と説いているが、これは、聖人が「天地」と人々を媒介することを意味するのであって、直接に人々が「天地」に相対峙していたわけではなかった。

天地は天地の気質あつて天地たり、人は人の気質あつて人たり。聖人といへども人の気質を受くるがゆゑに、人類を不レ可レ離也。已に人類たる時は天地と一体とは云ふべからざる也。唯だ与二天地一参たるの理也。後世に至つて天地一枚の説を立て、我則天地、天地則我と云へるに至れるは、皆其の詞の過ぎて空虚をゑるに至る也。されば聖人は則レ天対レ天なるべし。是れ則ち道源を天地に準則して不レ以レ私の云と可レ知レ之。

（『謫居童問』巻三、全集十二、一七六頁）

その意味で、聖人を媒介にせずに、「天地」と「我」が一体となる、大宇宙―小宇宙の「汎神論的な感情」は異端の説として斥けられるのである。

（2）「道統」と「異端」

ところで、こうした聖人の教に従う根拠となるのが、学問の「標的」として聖人とともに掲げられていた「道統」概念であった。周知のように、道統概念は朱子の『中庸章句』序に説かれ、『中庸』は「孔門伝授の心法」（『中庸章句』）の書として位置づけられたが、素行はそれを「心法」に偏したものだと批判する。

師曰く、中庸を以て孔門伝授の心法と為し、堯舜禹受授の十六字を以て、万世心学の源と為す。心法心学の説、後儒　因循して之れを論ず。此に於て聖人の学、其の機已に異端に入り、竟に心学の妙を味い、存心の用を成し、格物致知の功　初めに失却し来る。

師曰、以中庸為孔門伝授之心法、以堯舜禹受授之十六字、為万世心学之源、心法心学之説、後儒因循而論之、於此聖人之学、其機已入異端、竟味心学之妙、成存心之用、格物致知之功初失却来矣、

（『山鹿語類』巻四十二、全集十、二九二頁）

ただ、朱子学の道統における「孔門伝授の心法」は否定するものの、聖人が道統を伝えているという点は肯定していた。本稿冒頭に掲げた引用は、この「聖人の道統」を例示したものであった。

此の書は、始め其の伝える所の源流功化を述べ、中に大舜・文王・武王・周公の大徳を以てし、之れを承くるに夫子の道を修むるの教を以てし、終えるに至誠より天地に至り、天下に王たるの極を述べ、又た之れを承くるに仲尼の道を以てす。是れ聖人の道統の明、天地に通じ、往聖人を一し、来聖を惑わさざるなり。（前出）

ところが、素行によれば、朱子学は「陽には儒にして陰には異端」（一五頁）であって、この「聖人の道統」から逸れてしまっているという。『中庸章句』では、道統から逸脱した「理に近くして大いに真を乱」る異端とは老荘と仏教を指していたが、心性論を中核において、『中庸』を解釈する朱子学もまた「儒にして釈たる」異端に過ぎなかった。

愚謂えらく、学の敝は、唯だ性心の説を味うに在り。一たび性心の説を味うときは、其の陥溺すること猶お淫声美色のごとし。是れ浮屠老荘の異端、世に盛んなる所以なり。聖学再伝して子思に至り、以て天命の性を述べ、三伝して孟子に至りては、口を開けば性心の事を言う。聖学三伝して既に夫子の口伝面命に如かず。是れより千有余年を経て、宋に至りて専ら心学理学の説を立て、大学・論語の聖説を措いて、唯だ性善、未発已発の中を玩び、大学・論語の言を摘みて、性心の義に傅会す。故に宋明の儒は、儒にして釈たることを覚らず。中庸を読む者、深く味い遠く慮りて、而して後に此の理を知るべきなり。

愚謂、学之敝、唯在味性心之説、一味性心之説、則其陥溺猶淫声美色、是浮屠老荘之異端、所以盛於世也、聖学再伝至子思、以述天命性、三伝至孟子、開口言性心之事、聖学三伝、而既不如夫子之口伝面命、自是経千有余年、至宋専立心学理学之説、措大学論語之聖説、唯玩性善未発已発之中、摘大学論語之言、傅会性心之義、故宋明之儒、不覚儒而釈、読中庸者深味遠慮、而後可知此理也、（『山鹿語類』巻三十四、全集九、二二三頁）

素行によれば、「心学」陽明学は、このような「性善、未発已発の中」を弄する朱子学の悪弊から生まれた異端であった。素行は、「心学」陽明学を生みだす可能性をもっている思想として朱子学をとらえ、それとの対置のうえで自己の解釈の正当性を主張するのである（このような批判形式はほかに類例があるのだろうか、という問題がある）。ともかくも、素行においては、学問の「標的」としての聖人の道統自体は否定されていないことは確認しておこう。むしろ聖人の教はこの道統によって根拠づけられたことによって権威づけられ、個別・多様な性の人間が従わなくてはならない外的な規範となるのである。

四　「誠」と士道論

では、素行においては、個別・多様な性の人間は、聖人と道統の正統性のもとで、「天地の化育を参する所以」（九頁）である聖人の教に従うことで、「天地位し、万物育す」ことにつながる、というのであろうか。たしかに第一義的には、これまで述べてきたように聖人が「品節修為」した「礼」を認識・実践することが、結果的には「天地の化育を参する」ことになるわけだが、だからといって、聖人以外の「一介の士」は、既定の「礼」を認識・実践する他に何もできないのだろうか。

ここで、問題になってくるのが「誠」概念である。『中庸』はこの誠を一つの焦点としていることは言うまでもない。素行によれば、「所謂る誠は、実に此の編の枢紐」（二〇〇頁）であった。素行はこの誠について、朱子学の「真実無妄」説を批判して、「誠は已むことを得ざるの謂ひにして、純一にして雑ならざるなり」（二二五頁）と定義するのだが、これはいかなる意味をもっているのであろうか。

素行によれば、聖人は「天地」と個別・多様な人間の中間にいて、「公共」的な礼を制作した。それは個別・多様な性の全体を統合する制度で、ある部分のみに妥当するようなものでもなく、また、ある時代にしか適応できないようなものでもなく、空間的・時間的に人々全体に共通の「公共」なものであった。「至誠息む無く、古今に亙り、上下に通じて、竟に変易すべからず。是れ至公至共の底、其の性を尽くし、人物の性を尽くし、以て天地の化育を賛す。是れ倚らざるの中ならず」（二一三頁）。素行はこうした「公共」的な性格を「已むことを得ざる」「誠」と表現する。

> 誠は中庸に詳に論ぜり。先づ虚偽なく、篤実なるを誠と云ふ。是れ誠の一端也。至誠は不レ得レ已の道、天地の天地たるゆゑん、人物の為二人物一ゆゑん也。至誠相叶へる人は聖人也。聖人万物の道を立て、礼を定むること、是れ至誠より出でたり。
> （『謫居童問』巻三、全集十二、一八九頁）

たしかに素行においては、礼を定めて、個別・多様な人間のそれぞれの性を充全に発揮させて「天地の化育を賛」した聖人の役割は大きいが、また一方で、個別・多様な人間であっても、格物致知によって「中」を認識・実践できると考えられていたことは注意しなくてはならない。

> 或ひと節に中るを問う。曰く、節に中るとは、各々其の所を得るの名なり。事物応接の変は千差万別にして、一に之れを挙ぐべき無し。故に格物して以て其の知を致して、節に中るの実、以て得べきなり。
> 或問中節、曰中節者、各得其所之名也、事物応接之変、千差万別、無可一挙之、故格物以致其知、而中節之実、

可以得也、（三頁）

「中」の外在化において見た例証のように、眼前の「明り障子」における「中」を認識することは、聖人以外の人でも可能なのである。この意味で、聖人作為説をとり、「それ聖人の聡明睿智の徳は、これを天に受く。あに学んで至るべけんや」(7)（『弁名』）と説いて、「道」の「作者」としての聖人と人間との間に断絶のある荻生徂徠と異なっていた。素行にとっては、「知ること至りて心正し、天地の間通ぜずということなき」(8)（『聖教要録』巻上）聖人は、「天地」と人間を媒介するとともに、学問者の目標とすべき「標的」でもあったのである。

この点、「誠者天之道也、誠レ之者人之道也」という『中庸』本文（二十章）からいえば、前者が「誠を形容するは、総て聖人を以て天の道と為す」（一九三頁）聖人のことであるのにたいして、後者は「学者の力は、唯だ之れを誠にするの字に在り来る」（一九四頁）とあるように、学問者にあたる。「之を誠にする」「人道」とは、学問、より狭く言えば格物致知することを意味していた。また、「自レ誠明、謂二之性一、自レ明誠、謂二之教一」の『中庸』本文（二十一章）も、同趣旨のことを述べているとされる。

誠より明とは、性より道・教に至り、従容として道に中るの聖人、天の道なり。明より誠とは、教より道を修め性を尽くす、乃ち格致誠正、人の道なり。

自誠明者、自性至道教、従容中道之聖人、天之道也、自明誠者、自教修道尽性、乃格致誠正、人之道也、（二〇三頁）

もちろん、学問、格物致知においては、どこまでも「已むことを得ざ」る、共通の「公共」性に従わねばならないにしても、「一介の士」であっても、自己のみに閉塞せずに、いつも天下国家の全体を射程にいれながら、「公共」的な認識・行動することが求められている。その意味で、素行の「已むことを得ざ」る「誠」は、「一介の士」が学問者として天下国家の政治にこだわりつつ、日常生活を生きる、そのあるべき生き方を示している言葉であったといえるだろう。

この日常的な生き方とは、具体的にはどのようなものであったのだろうか。この問題は素行の思想、ことに武士の生き方を提示した士道論にかかわっている。[9]これは本稿の守備範囲を超えるが、結論的にいえば、素行の士道論が求めたものは、武士全体が三民の道徳的な模範となることであった。常に武士であることを意識して、直接に天下国家の政治にかかわることはないかもしれないが、「一介の士」であっても、武士としての自己の日常生活の行動が三民にたいして意味をもっていることを意識せよ、と説いているのである。仁斎のように卑近な日常道徳に限定せず、どこまでも天下国家を意識している点で、「我等今日、武士之門に出生せり」という為政者としての武士のプライドがあるのではないかと思われる。

註

（1）『山鹿素行』（日本思想大系32、岩波書店、一九七〇年）三三五頁。

（2）従来の素行研究の総括と筆者の素行理解は、拙著『近世日本の儒学と兵学』（ぺりかん社、一九九六年）参照。また素行の『大学』注釈については、拙稿「山鹿素行――治人の学の認識論――」（源了圓『江戸の儒学』（思文閣出版、一九八八年）参照。

（3）テキストは、山鹿素行先生全集刊行会編『四書句読大全』巻一（国民書院、一九一九年）を使用した。以下、引用は読み下し、頁数を略記した。

（4）島田虔次『朱子学と陽明学』（岩波新書、一九六七年）一三頁。

（5）『山鹿素行全集　思想篇』巻一二（岩波書店、一九四〇年）六三―六四頁。以下、全集からの引用については、巻数と頁数を略記した。

（6）註（1）前掲書、三三六頁。

（7）『荻生徂徠』（日本思想大系36、岩波書店、一九七三年）六八頁。

（8）註（1）前掲書、一一頁。

（9）拙稿「山鹿素行における士道論の展開」（『日本文化論叢』一八号、二〇一〇年）参照。

伊藤仁斎の中庸論

田尻祐一郎

はじめに

伊藤仁斎（寛永四年・一六二七—宝永二年・一七〇五）の『中庸発揮』は、嗣子である東涯によって、正徳四年（一七一四）に刊行された。その序文の冒頭で東涯は、

孔子が没してから微言が絶え、孔子の門人が亡くなって大義が分からなくなった。道術はバラバラになり、諸子百家がそれぞれ道や徳の議論をしたいようにして、学問に志す者は目がくらんで何に従うべきか明らかではない。そこで子思が『中庸』を著して聖人の道を指し示し大中至正の目当てとなし、『中庸』の始めに性・道・教の三つについての命題を掲げた。これが、六経の総括であり学問の要点である。

昔者夫子歿、微言絶、七十子喪、大義乖、道術為天下裂、諸子百家、各道其道、各徳其徳、思以易天下、学者貿貿焉、莫之能適従、於是子思子作為中庸之書、以證聖人之道、為大中至正之極、首掲三言、以託其始、乃六経之総括、学問之宏要也、

と述べて、「六経之総括、学問之宏要」という高い評価を『中庸』に与えている。しかしそれは、テキストとしての『中庸』を、そのまますべて受け容れるということではない。東涯は序文の末尾で、子思が著した本来の『中庸』は、秦火をくぐることでテキストとしての混乱を抱え込んでしまい、漢の時代に入って改めて『中庸』をまとめ直すことになったが、テキストとしての「錯雑」「混淆」を免れず、また「虚遠之理」に依拠して強いて体系だったものにしようという志向が強かったために、子思の意図から逸れることがあったという趣旨のことを述べている。そして東涯は、序文を「故先人（仁斎）既解語孟二書、復及斯書、以釐正甚多、名曰発揮、仍序而伝之云」と結んだ。漢代の儒

者の不十分さを克服して、どこまでが本来の『中庸』であり、何が不純な混淆物であるのかを明らかにしたのは、ひとえに父である仁斎の著した『中庸発揮』の功績だというのである。

では仁斎は、秦火をくぐって混乱した現行版『中庸』の、何をどのように「釐正」しようとしたのか、その根拠がどういうものだったのか、その内容を見ていこう。

一　「叙由」

『中庸発揮』は、最初に「叙由」二条を掲げて、現行版『中庸』の成立について論じている。まず、第一条である。思うに『史記』には、子思が『中庸』を書いたとある。……『礼記』の一篇としてあるのがそれである。朱子は『礼記』から『中庸』を抜き出し、『論語』『孟子』『大学』と合わせて「四書」とし、『中庸』を三十三章に章分けした。しかし『大学』は、孔子の門で書かれたものではなく、『詩経』『書経』に通じてはいるが孔子の教えを分かっていない者が著したものである。これについては、別に論じた。『孟子』は、まさに孔子の教えを明らかにするものである。『中庸』も孔子の言葉を演繹するものだとしてよい。子思の著作かどうかは断言できないが、『論語』に合致しているのだから、これを取っていこう。

維楨《これえだ》（仁斎の名）按、史記孔子世家曰、子思作中庸、……今此篇載在記之中、至於朱考亭氏、合論孟大学、列為四書、分為三十三章、然而大学本非孔門之書、蓋熟詩書二経而未知孔門之旨者所作、其説別論、若孟子、発明孔子之旨者也、中庸又演繹孔子之言、其書雖未的知子思之所作与否、然以其言合於論語、故取之、

ここで仁斎は、『中庸』の著者が誰であったのかという問題に深入りしようとしていない。その内容について、『論語』

に合致するから取るという、やや距離のある姿勢を示している。よく知られたように、『論語』こそは、仁斎が「最上至極宇宙第一」とまで讃えた書であった。朱子は『礼記』（戴記）から『大学』と『中庸』を選び出して、『論語』『孟子』と合わせて「四書」として顕彰したが、仁斎は「四書」という枠組みには従わない。仁斎によれば、『大学』は孔子の思想とは無縁の書である。(1) 仁斎にとっては、「孔子之旨」ないし『論語』が価値の普遍的な基準であって、それに適うものとして『孟子』があり、それに適う限りで『中庸』が認められる。

第二条は、現行版『中庸』の成立や構成について宋代に幾つかの議論があったことが紹介され、『中庸章句』でいうところの第二十章が、『孔子家語』で「哀公問政篇」としてそのまま収められていること、分量として『中庸』本文のほぼ五分の一を占めていて（四千二百余字のうち七百八十字）明らかにバランスを失していることを理由に、それとして独立していた文章が『中庸』に「誤入」してしまったものだろうと論じられる。そして、詳しい議論は後で行うとしながらも、

第十六章の鬼神論と第二十四章（『中庸章句』の分章、以下も同じ）の禎祥妖孽を論じた箇所は、孔子の言葉に反している。

第十六章論鬼神、及第二十四章論禎祥妖孽処、又非孔子之語、

とされ、『中庸』全体について次のような評価が下される。

『中庸』は、漢代の儒者によって誤ってまとめられた部分も多いが、鬼神や妖孽を論じた箇所を除けば、その言葉はみなすぐれており、『論語』『孟子』に沿うもので、孔子の残した言葉だとしてよい。『論語』『孟子』と並べられるもので、世教にも有益である。

中庸一書、為漢儒所誤者亦居多、然而除論鬼神妖孽外、其言皆鑿鑿、与論語孟子、実相表裏、蓋洙泗之遺言也、

列之於語孟、大有補于世教矣、

仁斎は、やや穿《うが》った見方をすれば、『論語』『孟子』を正しく読める者だけが『中庸』を読めるのだと言っているのであり、『中庸』に言われていることは、『論語』『孟子』を出るものではないとするわけである。

二　「綱領」

テキストの内容に踏み込んでの『中庸』への論評は、次の「綱領」六条でなされる。順次、見ていこう。

第一条の全文を引けば、こうである。

『中庸』は『論語』の衍義である。その言葉は『論語』に由来して、子思がそれらを敷衍して『中庸』を作った。過不及なく平常に行うべき徳を讃えて、そのまま書名としている。宋学者たちは、これを「堯舜以来伝授心法」を説いた「孔門蘊奥之書」だとして、高遠隠微の説をなして解釈しているが、孔子・孟子の教えは「仁義」に尽きていて、それと別に「中庸」という一段高い徳があるものではないということを知らない。彼らは、子思の意図から全く離れている。学問する者は、なぜこの書名になったのかを考えれば、すぐに分かるはずである。

中庸之書、論語之衍義也、其言肇出於論語、而子思衍之、以作中庸、蓋賛無過不及、而平常可行之徳、以名其書、先儒謬為堯舜以来伝授心法、孔門蘊奥之書、以高遠隠微之説解之、而不知孔孟之教、不出于仁義二字、而仁義之外、又無所謂中庸者也、失作者之意殊甚、学者苟以名篇之義求之、則思過半矣、

ここで仁斎は、「叙由」での保留を越えて、『中庸』を子思の著作だとしている。その上で仁斎は、『中庸章句』の序が説く、堯から舜に伝えられた「允執厥中」、舜から禹に伝えられた「人心惟危、道心惟微、惟精惟一、允執厥中」

に淵源する「心法」が、時代を降って孔子から顔子・曾子へ伝わり、「異端」の教えが起こってその「心法」が暗まされようとする状況の中で、子思があえて「蘊奥」を「開示」するものとして『中庸』を著したという朱子の説明を斥ける。仁斎によれば、朱子の議論は「仁義」と別のところに「蘊奥」を置こうとするものとなる。

第二条では、単に「中」とある場合と「中庸」と連言される時では、その意味が異なることが説かれる。「中庸」と連言される時は、「無過不及而平常可行之徳」のことであり、単に「中」と言えば、それは「徒以処事得当而言」、具体的な事象に対処して当を得た対応をすることである。敢えて言えば、「中」は、その場に相応しい対処が出来たことを結果として評する言葉である。第三条は、前条を受けてさらに「中」を論じる。朱子は「中者、不偏不倚、無過不及之名」（『中庸章句』）としたが、仁斎は、この定義は直ちに誤りというわけではないものの、「若執中無権、則有一定不変之弊、……故中必以権為要」と論じる。「権」と一体のものとして「中」を捉えなければ、「中」が固定的なものとして受け取られてしまうということである。そして第四条では、「唐虞之時」も「孔孟之書」でも、教えとして「中」を掲げることが少ないことが言われる。

孔子の教えでは、「礼」を言うが「中」は言わない。それは、「中」には漠然として拠り所がないという心配があるが、「礼」はしっかりとして乱れることがなく、「中」には、それだけが固定化して応用がきかないという弊害があるが、「礼」なら、状況に適応することも出来るからだ。

孔門曰礼、而不曰中、蓋以中有泛然無拠之患、而礼有秩然不紊之理、中有執一廃百之弊、而礼有遇事変化之妙也、

「一定不変之弊」や「執一廃百之弊」という言葉で、仁斎は何を問題にしているのだろうか。それが「権」や「泛然無據之患」との繋がりで言われていることを見れば、朱子のような「中」の理解からは、多様な事象に臨機応変に対応できる柔軟性が生まれず、観念的な「中」に逆に囚われて、ある閉鎖性、頑なさがもたらされることを言っている

ようである。

第五条で、仁斎は「首章自喜怒哀楽、至万物焉、四十七字」を取り上げて、これを「本非中庸本文、蓋古楽経之脱簡、誤攙入于中庸書中耳」と論じる。その根拠は、「十証」として列挙される。それはまず、六経や『論語』『孟子』に反するというのは、未発已発などという説は、聖人の書物どれを見ても、そこには見当たらないからだ。これが第一の根拠だ。

以其叛六経語孟者言之、如未発已発之説、六経以来、群聖人之書、皆無之、一也、

ついで

孟子は子思の門人から学んだから、子思の言葉を祖述しているはずだが、そこにも未発已発などは言われていない。これが第二の根拠だ。

孟子受業於子思門人、当祖述其言、而又不言、二也、

「中」は、舜から以後、もっぱら已発について言われるので、『中庸』でだけ未発の次元で言われるから、おかしい。これが第三の根拠だ。

如中字、虞廷及三代之書、皆以已発言之、而此処独以未発言之、三也、

というように続く。朱子は、この「四十七字」の前半「喜怒哀楽之未発、謂之中、発而皆中節、謂之和、中也者、天下之大本也、和也者、天下之達道也」の一節を、「性」と「情」、「体」と「用」、「静」と「動」といった枠組みを駆使しながら説き明かして、「此言性情之徳、以明道不可離之意」と論じ、後半、「致中和、天地位焉、万物育焉」の一節に、「蓋天地万物、本吾一体、吾之心正、則天地之心亦正矣、吾之気順、則天地之気亦順矣、故其効験至於如此、此学問之極功、聖人之能事、初非有待於外、而修道之教、亦在其中矣」（『中庸章句』第一章）という格調高い哲学的な

解説を与えた。しかし仁斎は、これを「喜怒哀楽四字、及以中和連言者、独見於楽記、蓋賛礼楽之徳云然」として「古楽経之脱簡」とするのである。

最後の第六条では、『中庸』本文から離れて、朱子の『中庸章句』序のうちの、舜から禹に授けられたとされる「人心惟危、道心惟微、惟精惟一、允執厥中」の語が取り上げられる。仁斎によれば、朱子が「人心道心危微精一」の語を引いた『尚書』の「大禹謨」は、「自漢已来、隠没不伝、而晩出于晉隋之間」、かなり疑わしいテキストである(2)。さらに内容的にも、

人心は確かに欲に流れやすいものだが、そこには必ず義理の心が備わっているもので、これを一方的に「危」とすることは出来ない。なぜなら、道心といわれるものも、仁義の良心そのものだからである。……こう見れば、「危」「微」の二字で心を捉えるのは、孔子・孟子の旨に合わないことは断じて明らかである。

人心雖固易流於欲、然人必有義理之心、不可専謂之危、何者、道心即仁義之良心也、……由此観之、則危微二字、不合孔孟之旨、断可見焉、

とされる。

三　『中庸』の解釈

（1）「上篇」と「下篇」

仁斎は、『中庸』を上下の二篇に分けて、『中庸章句』でいう第十五章までを「上篇」とした。「按説中庸之義者、止於此、蓋中庸本書也、以下或是他書之脱簡」とあるように、これが「中庸本書」であり、下篇には、雑多な文献の

混入があると仁斎は見ている（すぐ後に紹介するように、この「中庸本書」にも他のテキストからの混入がある）。しかしそれは、下篇が、内容として荒唐無稽で取るに足らないものだということではない。それは例えば「為天下国家有九経」（第二十章）について、

孟子が王道を論じるには、必ず仁義を土台とした。……『中庸』の「九経」の議論と同じ趣旨である。これは治国の基本であり、聖学の定法である。

孟子論王道、必以仁義為本、……亦与此章同意、蓋治国之大経、聖学之定法也、

と高く評価されていることからも明らかであろう。ただ仁斎は、それらは「中庸之義」についての議論ではないとするのである。「中庸之義」を論じたテキストとしての『中庸』は、上篇で閉じられるべきものなのである。

（2）「性」「道」「教」

『中庸』の冒頭の一節、「天命之謂性、率性之謂道、修道之謂教」について、朱子『中庸章句』が「性即理也」と規定した「性」を、仁斎は、

性とは、生の質をいう。人が生まれ持ったその性質のことである。ここで言わんとするのは、人が生まれれば、そこに惻隠羞悪辞譲是非の心が、外から借りる必要のない天から賦与されたものとしてそれぞれの性質の中にあるということである。だから「天命之謂性」というわけだ。

性者、生之質、人其所生、而無加損者也、言人有斯形焉、則惻隠羞悪辞譲是非之心、生来具足、不仮外求、乃天之所賦予於我、故曰天命之謂性、

「性」は、生まれながらに備わった各自の持ち前である。それは、個性や多様性と言い換えることも出来るだろう。

朱子が「性即理也」として、「天」から万人に寸分の違いもなく等しく賦与された理法とした「性」は、仁斎によって、とりあえずは人々の差異として捉えられた。では、単にバラバラだということなのか、そうではない。個性や多様性の中にも「惻隠羞悪辞譲是非之心」、つまり『孟子』に説かれた「四端」の心が同じように生まれながらに「性」として備わっている。差異を前提にして、その中に人々を繋げる「心」が内在していることに注意して、それが偶然のことではなく「天」から賦与されたものだから、「天命之謂性」なのである。

そして仁斎の議論は、「性」「道」「教」の関係をめぐって、次のように進む。

道は、究極的なもので何を加える必要もない。しかし道があるというだけで、人を聖賢の域に導き才徳を成させることは出来ない。聖賢の域に導き才徳を成させるのは、教えの功績である。だから道が上であり、教えがそれに次ぐ。しかし人の性が鶏犬のように無知なものであれば、善い道があり善い教えがあってもそれを受け取ることが出来ない。教えを受け取れるのは、性が善であるからである。孟子が言う性善とは、こういうことである。

夫道者、至矣、尽矣、蔑以加焉、然而不能使人為聖為賢、能成其材徳、其為聖為賢、能成其材徳者、教之功也、故道為上、教次之、然而使人之性、如鶏犬之無知、則雖有善道、雖有善教、莫能受之、其能尽道受教者、性之善故也、孟子所謂性善是也、

「道」が最高のものとしてある。その「道」を目標として人々が努力するように仕向けるのが「教」の意義である。「教」がなかったなら、人々はどのようにして「道」に接近すべきなのかが分らない。最高概念である「道」に次ぐのが「教」ということになる。しかし「教」が「教」として成立しうるのは、人々の中にその「教」を受け止める素地があってのことである。もし、人々が生まれながらに禽獣のようなものだったら、「教」そのものが成立しないことになる。『孟子』が説いた「性善」とは、そういう意味に限定されたものなのだと仁斎は主張する。ここで斥けら

れるものは、各自の「性善」が十全に発揮されれば、それが直ちに「道」の実現になるという朱子学の考え方である。仁斎は、こう言う。

これまでの解釈では、人・物がそれぞれの性の自然に従えば、日用事物の間に当に実践すべきところが明らかになる、それが道だということだった。私が思うに、天下に道より尊いものはない、道より大きなものもない、古今にわたって人倫を統べ、並ぶものもない。もし性に従って始めてそこに道があると言えば、性が先で道が後になる。性が重く道が軽くなる。先後軽重が逆ではないだろうか。それでどうして「天下之達道」と言えるだろうか。

旧解以為人物各循其性之自然、則其日用事物之間、莫不各有当行之路、是則道也、愚謂天下莫尊於道、亦莫大於道、以経古今、以統人倫、無上亦無対、若謂待循性而後道始有焉、則是性先而道後、性重而道軽、先後換位、軽重失序、豈所謂天下之達道者乎哉、

「旧解」として引かれたのは、朱子の『中庸章句』の解説そのままである(3)。朱子学の考え方では、どうしても「性」と名付けられた自分の心奥を見つめるという内省的な志向が強調される。しかし仁斎は、「道」を道徳的なもの、「人倫」を統べるものと捉えながら、同時にまたこうして「道」を何より「大」なるものと理解している。そして、こう述べる。

そもそも性は己の所有するところで、道は天下の通じるところである。言葉には、それがカバーする範囲というものがある。もし道が性から出てくると言えば、それは誤りである。

蓋性者己之所有、道者天下之所通、言各有攸当、若謂道自性出、則不可、

ここには、一人ひとりの人間は、「道」から見れば小さな存在だという感覚がある。これは、朱子学には見られない

感覚ではないだろうか。「教」に則って努力することで、誰もが「道」に近づくことは出来るし、現に聖賢とされる人物は、限りなく「道」と一体の境地にまで到達していたのだろう。しかし「道」そのものの「尊」や「大」は、どこまでも人間を超えたものであって、人間は「道」の前では、不完全で部分的なものでしかないと仁斎は言いたい。(4)

さらに議論は、「喜怒哀楽之未発」云々の「四十七字」が、「中庸本文」のものではなく「古楽経之脱簡」と見なされるべきことへ続き、

もしこの章を中庸の本文とすれば、喜怒哀楽未発の中だけが学問の根本ということになり、六経も『論語』『孟子』も「用」を言っただけで「体」には触れていない書物ということになってしまい、道を損うこと甚だしい。だから私はこの部分を古い楽経の脱簡だとするのである。

若以此章、為中庸本文、則唯喜怒哀楽未発之中、独為学問之根本、而六経語孟、悉為言用而遺体之書、害道特甚、故今断為古楽経脱簡、

と述べられる。

仁斎は、「喜怒哀楽之未発」云々の「四十七字」を除いて、この「性」「道」「教」の関係を定式化した『中庸』首章を、「中庸之小序」と呼んでもよいとする。

『中庸』は、もっぱら道を明らかにするために作られた。道とは、人倫日用にあって天下万世に達し、一刻もそこから離れられないものである。子思の時代は、諸子百家がめいめいに私説を吹聴し、虚無がもてはやされ、勝手な議論が横行していて、正しい教えで議論を統一することがなされなかった。……そこで子思が「性」「道」「教」の関連を説き明かして、この部分を『中庸』全体の「小序」としたのである。

此篇専為明道而作也、道也者、存於人倫日用、達於天下万世、而不可須臾離者也、当時諸子百家、各恣私説、虚

無是尚、横議是肆、莫能相統一、……故子思於是首発明性道教三者之義、以為中庸之小序云、

子思は、「諸子百家、各恣私説」というかつてない状況の中にあったから、『論語』にも『孟子』にも述べられていないような「性」「道」「教」の関係の定式化を敢えて試みたというのである。

仁斎は、次のように考えている。つまり、『孟子』は子思の後の時代の書物ではあるが、『論語』の思想の敷衍としては最も優れているから、『論語』の「道」や『孟子』の「性善」などの意味を正しく理解して、その上で子思の意図を推し量っていけば、それは、思想の定式化として積極的な価値を持っている。しかし、『論語』の「道」や『孟子』の「性善」などの意味を（朱子学のように）取り違えて、その延長で『中庸』を解釈しようとすれば、この「性」「道」「教」の関係は、その相互関係や先後軽重を取り違えた大変な誤りに行き着いてしまう危険な側面を持っている。

（3）「卑近」と「高遠」

朱子と同じく仁斎も、子思が「異端」との対決において『中庸』を説いたとする。朱子は、『中庸章句』序の冒頭に「中庸何為而作也、子思子憂道学之失其伝而作也」と説いたように、「道学」を脅かすものとして「異端」を捉えた。しかし仁斎は、「異端」とは何かという問題を、「卑近」と「高遠」という枠組みから論じようとする。[5]しばらく、「異端」を論じた仁斎の言葉を拾ってみよう。まず「天命之謂性」以下の一節について、こうある。

諸子百家は自分たちの道が正しいとしているが、道が天下に流行し、人々の同じく由るところであることを知らないから、性に合えば道で、そうでなければ道ではないとする。

蓋諸子百家、各以其道為是、而不知道者流行天下、人人之所同由、故合于人之性則為道、否則非道、

既に見たように、仁斎は人々の差異を前提にして、その上で人々が重なり合うところに着目する。その重なりが、

がない。また同じ一節で、

異端のように人倫・人情・人事を無視するようでは、性に従った道だとは言えない。「諸子百家」の説くところには、そういう広がりがない。また同じ一節で、

若異端之廃人倫、滅人情、蔑人事、豈可謂之循性之道哉、

と述べる。「廃人倫、滅人情、蔑人事」という言葉で、仁斎は何を言おうとしているのだろうか。「子曰、中庸其至矣、民鮮能久矣」（第三章）について、

さて唐虞三代の盛時には、民の風俗が淳朴で、無理に力を加えなくとも道に適っていた。……後世になると、教化が盛んにいわれ、不及でなければ過に失し、道をいよいよ遠くに求め、事をますます難しくしてしまうから、もっぱらこのために、民は中庸を実践できなくなってしまった。ただただ難しくしすぎなのではないだろうか。

蓋唐虞三代之盛、民朴俗醇、無所矯揉、而莫不自合于道、……及後世也、教化日渝、不失不及、則必失之過、求道於遠、求事於難、愈鶩愈遠、愈務愈難、民之鮮能、一坐於此、豈非難而又難乎、

と仁斎は述べている。後世の民が「中庸」から離れてしまったのは、「道」を、何か「遠」く「難」かしいものと考えた上で、民に「教化」を施そうとするから、「教化」が空回りをしてしまうのだと仁斎は言う。また「子曰、回之為人也、択乎中庸、得一善、則拳拳服膺、而弗失之矣」（第八章）では、

資質が聡敏な者は、必ず高遠に馳せ汗漫に流れて、結局は異端に陥る。

蓋資稟聡敏者、必鶩于高遠、流于汗漫、其卒也、必陥于異端、

とされる。「異端」に堕ちるのは、心根の曲がった者ではなく、「資稟聡敏」の者であって、それは彼らが「高遠」を好むからだというのである。さらに「子曰、素隠行怪、後世有述焉、吾弗為之矣」（第十一章）である。朱子は、「素」

を「索」の誤まりだと看做し、仁斎もこれに倣う。では「索隠行怪」とは何かといえば、朱子は「言深求隠僻之理、而過為詭異之行」（『中庸章句』）と解釈する。「理」の求め方を踏み外したために、その結果として誤った行為をなすことだというのである。これに対して仁斎は『中庸発揮』において、朱子のこの解釈を肯定的に引きながらも、こう付け加える。

常を厭い奇を悦ぶのは人の通病である。智者は人の知らないことを知りたがり、賢者は人のできないことをしたがる。それが道の究極だと思いこんで、世間もそれを讃えるが、すべて誤りである。

蓋厭常而悦奇、人之通病也、故智者求知人之所難知、而賢者好行人之所難行、自以為至道、而人亦必称述之、皆過之之事也、

「厭常而悦奇」は、誰でもが陥りやすい傾向であるが、「智者」や「賢者」は、能力が人よりも優れているからこそ、そこに嵌《は》まり込みやすいというわけである。そして、儒者であっても、禅や荘子に内心で惹かれている者や、『易』や『尚書』洪範のような抽象的な議論を好む者は、「異端」と変わらないと畳み掛ける。仁斎はそこまで言っていないが、聖人の道とは違ったものであることが明瞭な「異端」よりも、そういう「儒者」の方が、質《たち》が悪いという思いが込められているのかもしれない。

仁斎は、賢い者や能力の高い者が「日用」の世界を卑俗なものと考え、それを超えた世界を求めようとするところに「異端」、あるいは「異端」的なものの発生を見ようとしている。では、「日用」の世界は卑俗ではないのだろうか。「君子之道、辟如行遠必自邇、辟如登高必自卑」（第十五章、仁斎によれば「中庸本書」の最後をなす章）を見てみよう。仁斎は、こう述べている。

言わんとするのは、君子の道は優游として自得するもので、順序を追って進んで、無理に段階を飛び越えたりし

ない。高遠を道の極致とせず、卑近を高遠の踏み台ともしない。そもそも道は中庸においてこそ極まるもので、中庸を離れて別に高遠なるものがあるのではない。

言君子之道、優游自得、循序漸進、而不敢為躐等犯節、非以高遠為道之極致、卑近為造高遠之階梯、蓋道至於中庸而極矣、非外中庸、而別有所謂高遠者也、

仁斎が否定するのは、「高遠」と「卑近」を、昇るべき階段の上と下のように捉える発想である。そうした発想にあっては、「高遠」は「卑近」から離れることである。「卑近」の度合いが薄いほど、「高遠」に近づくことになるとされるだろう。しかし仁斎は、「中庸」すなわち「日用」の世界を離れた「高遠」なるものはないと言うのである。

では、仁斎はただ「日用」の世界において、何も考えずに為すべきことを為せと言うのだろうか。そういう意味での「中庸」の主張なのだろうか。『中庸』本文には、「君子之道、辟如行遠必自邇、辟如登高必自卑」とあって、その「遠」や「高」、つまり「高遠」は「邇」や「卑」の延長にあると説かれているし、仁斎もまた「循序漸進」と説いていた。では、「日用」の世界の中で何がどう深められ、高められることが求められているのだろうか。すぐ続く『中庸』本文の「詩曰、妻子好合、如鼓琴瑟、兄弟既翕、和楽且耽、宜爾室家、楽爾妻帑、子曰、父母其順矣乎」に寄せた仁斎の言葉は、こうである。

人が妻子や兄弟と和らいでいれば、父母の心も穏やかになる。家道が成り立つという意味で、これ以上のことはない。……さて家道が成り立てば、国や天下も自然と治まっていく。堯舜の政治も、これに外れるものではない。「高遠」とは、こういうことである。

人能和於妻子、宜於兄弟、則父母之心、亦能順而無相払者矣、家道之成、豈有過於此者乎、……蓋家道成、則国自治、天下自平、雖堯舜之治、亦不外此、所謂高遠者即此也、

黙々と「日用」の世界に務めるのが、直ちに仁斎の言う「中庸」なのではない。人倫の世界において自らが務めることで、「家道」が成り立つこと、しかも「家道」に関わる人々が、それぞれの立場において心から満たされて、とくに「父母之心」が何一つの不自由なく安らぐこと、そういう結果を実際にもたらすことが、仁斎の考える「高遠」である。(6) 「日用」の世界は、卑俗といえば卑俗であろう。しかし、そこで自らの努力で達成しようと思えば達成できる結果は、想像もできない程に「遠」く「高」いものであることを仁斎は言っている。

この章で言わんとするのは、聖人の道とは人倫日用の間にあって、仁が天下を覆うのもまた、そこから始まるということである。だから卑近に安んじるなら、あえて高遠を求めなくとも、高遠は自然にそこにあるということになる。卑近を厭って高遠を求める者は、本当には道というものが分かっていないのだ。

此章言聖人之道、不過人倫日用之間、而仁覆天下之盛、亦自是而馴致、故安卑近、則不期高遠、而高遠自在其中矣、若夫厭卑近、而求高遠者、実非知道者也、

「安卑近」とは、仁斎の多く用いる言い回しではないが、興味を惹く表現だと言えるかもしれない。これは、「日用」の狭い世界しか知らない者に向けられた表現ではない。内面的に一度は「日用」の世界から離れながら、ある自覚をもってそこに戻った者に対して与えられた言葉であろう。「日用」や「卑近」の意味を深め、周囲の人々に穏やかな満足を現実の結果としてもたらすこと、そしてその満足をさらに広い世界にまで押し及ぼすことを仁斎は真実の「高遠」と見たのである。

（4）「鬼神」「禎祥妖孽」

『中庸』第十六章は、「子曰、鬼神之為徳、其盛矣乎」という一節から始まって、「夫微之顕、誠之不可揜、如此夫」

で結ばれて、「鬼神」についてのまとまった叙述のある部分としてよく知られている。朱子は、程伊川から「鬼神、天地之功用、而造化之迹也」、張横渠から「鬼神者、二気之良能也」という言葉を引いた上で、「愚謂、以二気言、則鬼者陰之霊也、神者陽之霊也、以一気言、則至而伸者為神、反而帰者為鬼、其実一物而已」と論じている。しかし仁斎は、

『論語』には、「子ハ怪力乱神ヲ語ラズ」とも、「未ダ人ニ仕フルコト能ハズ、焉ンゾ能ク鬼ニ事ヘン」とある。鬼神については『詩経』『書経』以来、古の聖賢が畏敬奉承してきたわけで、聖賢の姿勢を孔子も「間然スルコト無シ」と讃えた。しかしその孔子が『論語』でこのように述べているのは、鬼神に溺れれば人道を疎かにしがちだし、鬼神についての議論にはその危険が強いからである。

論語曰、子不語怪力乱神、又曰、未能事人、焉能事鬼、夫鬼神之事、自詩書所載以来、古之聖賢、皆畏敬奉承之不暇、豈敢有所間然哉(7)、独至於吾夫子、其言之若此者、蓋以溺於鬼神、則必忽人道、而其説易惑人故也、

とする。『論語』の「子不語怪力乱神」（述而篇）と「季路問事鬼神、子曰、未能事人、焉能事鬼、曰敢問死、曰、未知生、焉知死」（先進篇）を仁斎は挙げて、こういう孔子の姿勢が、「古聖賢」と異なっていることをまず言う。「鬼神」に溺れて「人道」を忽せにすることを何より警戒するという孔子の姿勢が、また仁斎の姿勢でもあったわけで、鬼神の存在を否定したり、鬼神を排斥したりするということではない。ただここから、仁斎の捉えるところの「人道」が、祖先祭祀といった契機を含まないものであることが見て取れる(8)。それはともかく、優先順位として、まず「人道」に専念することを説く仁斎は、

鬼神を論じたこの章は、おそらく孔子の言葉ではないだろう。前後の章からも浮いているから、よその書物からの脱簡であることは間違いない。

此章恐非夫子之語、而此節上無所承、下無所起、則亦他書之脱簡不疑、

として、それが他の書物から紛れ込んでしまったものだと考えるのである。

次は、「至誠之道、可以前知、国家将興、必有禎祥、国家将亡、必有妖孽、……故至誠如神」（第二十四章）である。朱子は、「凡此皆理之先見者也、然唯誠之至極、而無一毫私偽留於心目之間者、乃能有以察其幾焉、神謂鬼神」として、「鬼神」と同じほどに「至誠」である者には、国家の興亡を「前知」することも可能だと解釈した。ここでも仁斎は、「禎祥者、福之兆、妖孽者、禍之萌」として、それらを筮卜することを否定するわけではない。ただ、禎祥妖孽の説は古からあるが、孔子・孟子になれば、決して口にしなかった。なぜなら、身を修めていれば、天変があっても自分が治める国に害はないし、そうでないなら、天変がなくても身は殺され国は滅びるからである。だから日食や地震といった事実は『春秋』には多く載せられるが、人を教えるということでは道徳仁義の議論だけで、世を惑わし民を誑かすような話は全く話題にされないのだ。それは、人が持っている怪異を好む心を開いてしまうことを深く恐れるからである。

禎祥妖孽之説、雖自古有之、然至於孔孟、則絶口不語、何者、恐懼修省、則雖有天変、無害於国、若否、則雖無天変、身弑国亡、故日食地震等変、存之春秋、而至於其教人、則専以道徳仁義為言、而一切惑世誣民之説、皆絶之於言議、蓋深恐啓人好異之心也、

とあるように、「教」の世界では何が重要なのかという観点からして、「道徳仁義」に専念すべきことが言われる。これが、「鬼神」への姿勢と同じものであることは言うまでもない。「禎祥妖孽」を論じたこの章も、孔子の言葉ではないと仁斎は判断する。

（5）「誠」

『中庸』第二十章は、「哀公問政」に始まる長い章である。既に「叙由」で紹介したように、仁斎はこれを本来は独立した文章であって、それが誤ってテキストとしての『中庸』に混入したのだろうと見ている。ただし、それは「平常可行之道」としての「中庸」についての議論ではないものの、直ちに内容的に孔子や孟子の思想から外れるものとされたわけではないことは、既に「九経」について見た通りである。

では、第二十章の中の「誠者、天之道也、誠之者、人之道也、誠者、不勉而中、不思而得、従容中道、聖人也、誠之者、択善而固執之者也」という一節、すなわち朱子が「誠者、真実無妄之謂、天理之本然也、誠之者、未能真実無妄、而欲其真実無妄之、謂人事之当然也、聖人之徳、渾然天理、真実無妄、不待思勉、而従容中道、則亦天之道也」（『中庸章句』）という周知の解釈を与えたところのこの一節をめぐって、仁斎はどう考えているのだろうか。まず「誠」を仁斎は「誠者、真実無偽之謂」とする。朱子が「天理本然」としての「真実無妄」を説くのに対して、仁斎は「聖人之行」としての「真実無偽」を置く。

「誠」とは、聖人の行為が、まるで天道が自然に流行するように真実無偽で作為がないことである。だから「天之道也」と言うのである。「誠之」とは、まだ真実無偽に至ってはいないがそれを求めることで、そこにおいて人道が成り立つ。そこで「人之道也」と言うのである。「不勉而中」は礼に、「不思而得」は智に、「従容中道」は仁に当たって、この三者を兼ねられるのは聖人の徳であり、「誠」によってもたらされる。「択善而固執之」とは、善悪の区別を詳らかにして善をしっかりと守ることであり、「誠之」の内容をなすものである。

誠者、謂聖人之行、真実無偽、自不用力、猶天道之自然流行也、故曰、天之道也、誠之者、雖未能真実無偽、而求至於真実無偽之謂、人道之所以立也、故曰、人之道也、不勉而中、礼也、不思而得、智也、従容中道、仁也、兼此三者、聖人之徳、誠之功也、択善而固執之、謂審善悪之分、以固守其善、誠之之事也、

意識的に朱子の注解に重ねるようにして、仁斎は議論を進めている。朱子が「天理之本然」の完璧な体現者として聖人を理解したとすれば、仁斎は、「無偽」つまり作為性を免れている点に聖人の本質を見る。「天理」という言葉で朱子が美しい秩序を表象しているなら、仁斎の「天道」は、自ずからの「流行」つまり運動としてイメージされている。

では、なぜ「誠」という範疇が立てられるのだろうか。仁斎の説明は、こうである。

或る人が質問する、『中庸』では「誠」が強調されているが『論語』では論じられていない、どうしてかと。私は答える。孔子の時には、周王朝が衰えたとはいえ、先王の遺化がまだ残っていた。「仁」と言い「礼」と言えば、「誠」を言わなくとも「誠」はその中に備わっていた。……時代が過ぎて聖人は遠く道は明らかではなく、「実」なるものは喪われ「偽」が横行する。そこで先に「誠」を立てなければ、「仁」も「仁」ではなく「義」も「義」ではないということになった。『中庸』後篇が頻繁に「誠」を語るのはこのためで、『孟子』もそうなのだが、時代の変化によっているので、けっして「道」に二つがあるのではない。

或曰、中庸専言誠、而論語不言誠者、何也、曰、夫子之時、周室雖衰、先王之遺化尚在、既謂之仁、謂之礼、則不言誠、而誠自在其中矣、……爾後聖遠道湮、実喪偽滋、故不先立之誠、則仁非其仁、義非其義、所以後篇屢言誠、孟子亦然、蓋因時致然、非道有二端也、

朱子の「真実無妄」としての「誠」が、時代や状況を超えた普遍的な価値を持つとすれば、仁斎の「真実無偽」としての「誠」は、「偽」に満ちた堕落した状況ゆえに説かれたものとして時代の刻印を帯びている。

おわりに

仁斎にとって、『中庸』という書物にはどのような意味があったのだろうか。

朱子は、堯舜から何人もの聖人を継いで孔子に伝えられた「道学」に対して、「異端」が勢力を得るという急迫した状況において、曾子を経てこの「道学」を伝えられた子思が、いよいよその「蘊奥」を開示するものとしてこの書を著し、それが孟子にまではかろうじて伝わったという歴史理解を提示した。その後は、いよいよ「異端」が盛んとなり、ついには「弥近理而大乱真」とされる最も厄介な異端としての「老仏」が精神世界を支配することになるのである（『中庸章句』序）。これに対して仁斎は、「綱領」を「中庸之書、論語之衍義也」として説き出した。これは、「蘊奥」などが実態として別にあるはずがないという宣言である。仁斎によれば、『論語』の価値は状況のいかんを超えて不動であり、『孟子』がその価値を十分に明らかにしている。『論語』と『孟子』によってその真実を体得した上で、漢代に編まれた『中庸』という玉石混交のテキストに望んで、子思の伝えようとした〈玉〉の部分を選び出さなければならない。つまりテキストとしての『中庸』は、ある意味で学者にとっての試金石である。

何が〈玉〉であり何が〈石〉であるかは、もはや繰り返さない。仁斎は、朱子の構築した「四書」という構図から『論語』と『孟子』を解き放った。そしてその『論語』と『孟子』を基準として、それに外れる一見「高遠」な議論こそが「異端」だと論じた。「道学」に対する「異端」との緊張において、朱子が「道学」の最高・最深のテキストとして位置付けた『中庸』を、仁斎は、既にその内部に『論語』と『孟子』から外れた「異端」を部分的に抱え込んだテキスト、『論語』と『孟子』の立場から再吟味されるべきテキストと評価するのである。

註

（1）仁斎は『語孟字義』に付載した「大学非孔氏之遺書弁」において、「苟読孔孟之書、而識孔孟之血脈、天下何書不可読、何理不可弁、試以異端之書雑諸聖人之書、……其見之如視黒白、分之如弁菽麦、……不差杪忽、夫然後謂之能識孔孟之血脈也」と述べた上で、こう論じた。まず『大学』が「学問之法」としての「八条目」をまるで「九層台」のように説くこと、さらに『大学』の捉える「心」が、例えば「発憤忘食」と伝えられるような孔子の「心」や孟子の主張する「養心」とは全く異質であること、それを仁斎は「大学以為人之制心、当若造器物、其形方正端直、一定不可変焉、此豈識心者乎哉」と言うのであるが、これらによって『大学』が「孔孟之血脈」に反したものであることは明らかだとする。

（2）島田虔次『中庸』（朝日古典選、一九六七年）にこうある。「特に後の四句（「人心惟危」以下の四句）……は、大昔の聖人以来伝えられた道の内容を明確に表現した言葉として、宋学では根本的な重要性をもつ聖句である。それ故、この言葉が載せられている『書経』大禹謨篇が、実は堯舜時代の記録でも何でもなくはるか後世の偽作であることを清朝の考証学者が証明した時、それが宋学にとって致命的な打撃であった、と言われたりするのである。」（一四五頁）

（3）「是則道也」とあるのは、正確には『中庸章句』では「是則所謂道也」となっている。

（4）「道」が「大」なるものだという点については、こうも言われる。「道之無窮、猶四旁上下之無際、故聖人有聖人之修、賢者有賢者之修、学者有学者之修、夫子之聖、而自謂学而不厭者、以此故也、其以聖人為生知安行者、蓋自学者而言之也、非聖人之意也」（『中庸発揮』第二十章）

（5）「子曰、道不遠人、人之為道而遠人、不可以為道」（第十三章）について、『中庸章句』に「若為道者、厭其卑近、以為不足為、而反務為高遠難行之事、則非所以為道矣」とあるように、朱子も「卑近」と「高遠」という関心から『中庸』を読んでいる。仁斎は、これを意識して、朱子こそが「卑近」を忽せにして「高遠」に馳せるものだと反転させるのである。

（6）『中庸』からは離れるが、「夫唐虞之盛、如天之高遠不可名状」（『論語古義』「舜有臣五人而天下治」章、泰伯篇）などと言われるから、「高遠」という形容は、「天」についてこそ言われるべきだと考えていたのかもしれない。

（7）「子曰、禹吾無間然矣、菲飲食而致孝乎鬼神、……」（『論語』泰伯篇）を踏まえる。

（8）仁斎の「人道」には、死に向き合った上での自分自身の生という問題の把握や、死者との繋がりにおける自己の在りかたという契機が含まれないということにもなるだろうか。

〔付記〕『中庸発揮』からの引用は、『日本名家四書註釈全書』所収本によった。引用文中の括弧は、引用者が補ったものである。

荻生徂徠『中庸解』

中村春作

一　荻生徂徠の思想と経書注釈

荻生徂徠（一六六六—一七二八）の思想がそれまでの儒学思想とはっきりと区別されるのは、儒学の「道」を人の内心と連続したものから、人の内心と直接かかわりのない〈外在〉する政治の「道」と規定した点にある。徂徠において、「道」とは「礼楽刑政」といった外在する事実の総称、「統名」であり、それ以外に「道」は有り得ない。徂徠が否定しようとしたのは、宋学風の本体論的な、内在する「道」のとらえ方であり、そうした考え方に基づく学問方法である。「礼楽刑政」たる「道」とは、そもそも天地自然に最初からあるのではなく、古代先王（堯・舜・禹・湯・文・武・周公）によって作りだされた政治の「道」であり、かつて歴史上に一回だけ存在した「先王の道」である、と徂徠は規定し直したのであった。そして徂徠において、「道」とは、宋学にいう「道」（「事物当然之理」「日用事物当行之理）と大きく異なり、いわば歴史的産物、文化的産物としてとらえ直されたのである。さらに、こうした文化的産物としての「道」とは、中国古代の六つの文献、「六経」に記載されている事実そのものである、と徂徠はした。「六経」とは『詩経』、『書経』、『儀礼』、『楽経』、『易経』、『春秋』の六種の古代文献で、それらに記載の「事実」の総体（「統名」）を、徂徠は「先王の道」と呼んだのである。

徂徠はこの「道」をまた独自の言い方で「物」とも呼んだ（「それ六経は物なり、道、つぶさにここに存す」『学則』3）。そして徂徠は「古ノ学問トハ、先聖孔子ノ道ヲ学フヲ云フナリ。先王ノ道ハ六経ニ載セテ伝ヘリ。六経ハ詩書礼楽ヲ説タルモノナレハ、古ノ学問ハ詩書礼楽ヲ学フヨリ外ノ事ハナシ」（『経子史要覧』）と述べ、先王の制作した「六経」こそが、人が学ぶべく、のっとるべき最重要の経典であるとしたのである。他方、「宋ノ諸老先生ハ、古ノ事ヲ知ラスシテ、今ノ学問ト同事ニヲモフテ、学之為言效也ト朱子モ論シテ、只聖人ノ真似ヲスルヲ学問ト心得タリ。笑フヘキコトナラスヤ。且又大切ナル要領タル六経ヲ打ステヽ、別ニ四書ト云モノヲ立テヽ、コレヲノミ誦記サセ、其業終レハ、又小学近思録ナト云フヨウナ、無益ノ書ヲコシラヘテ、六経ヲ蔑ニシ」（同前）と述べ、朱熹によって公定化された四書の「聖典」性を、明快に否定したのであった。

かくして、徂徠において明らかにされるべき「道」或いは「先王の道」とは、結局、古代の文献「六経」にゆきつくわけであるが、ここで私たちが当惑させられるのは、徂徠の手による「六経」の注釈が現存しないという事実である。そして、徂徠にとって本来二次的な書物であったはずの、『大学』、『中庸』、『論語』、『孟子』にその注釈書、『大学解』、『中庸解』、『論語徴』、『孟子識』が残されている事実である。なかでも『論語徴』は自ら「論語徴は旋次修改したものであり、きっと一生の力を費やすであろう」（「与藪震庵」第六書『徂徠集』巻二十三）と述べたように、死ぬまで草稿の改修を重ね、没後に刊行された彼の主著なのである。

ところで、これら諸注釈が成立した時期は、平石直昭の考証によれば、ほぼ享保四、五年（一七一九、二〇年）ごろと想定される。その根拠とされるある書簡（建中寺宛書簡）のなかで、徂徠が次のように述べているからである。(1)

……論語注解最早出来候、全部十巻有之候、経書之内字義之誤正之物、弁道弁名と申書二部是も出来候、大学中庸孟子之解是も大形出来候、六経は心懸候へ共最早心力衰候間、生前出来申間敷候間、出来候分何とぞ存生之内印行申度候へ共、孟子以来之差謬を正し候間、世上やかましく候て可有之候、

ここから推察されるのは、まず、『弁道』『弁名』等、徂徠学の骨格ともいうべき著述群と「論語注解」「大学中庸孟子之解」がほぼ同時に成立していること（つまり、彼がその経典性を批判する四書への注釈内容が、徂徠学定立後の思想内容に相応しているということ）、それと、徂徠が一方で「六経」の注解を志しつつその実現不可能を予感していたことである。ただ、この記述から、「六経」の注解が為されなかった原因を「最早心力衰」えたからだとのみ断定するのは早計に過ぎるであろう。そもそも「六経」そのものが、徂徠にとって「注解」「注釈」を超えたものと認識されていたことを、私たちは思い起こさなければならないからである。

徂徠において「先王の道」が「物」であるとは、「先王」の世のさまざまな文化的、政治的事実が古人の言葉と不可分に密着して（「六経」）、我々の前に置かれているということであった。(3) そしてそうした事態を認識する「方法」が独自の方法、「古文辞」学へと彼を向かわせたのであった。それゆえ、「古文辞」としての「道」＝「六経」は、従来のような注釈作業を通じて明らかにし、体得し得るものではないと彼は考えていた。少なくとも従来の訓詁的注釈、

あるいは朱熹の行った注釈の方法、すなわち、抽象的言辞を駆使して論理構築する方法では、古代先王の「道」の事実は明らかにならないと彼は考えていた(4)。それが「六経」に、従来の形での注釈の無い根源的な理由だったのではないか。「最早心力衰」というのは、いわば事後的な説明として読み取るべきであろう。

徂徠において「物」たる六経は、普通の注釈行為の彼方にあるものである。しかしそうでありつつ、当代の士君子の課題は、いかにして「先王」の建てた「道」を学び取り、我がものにするかということにある。ここにこそ、徂徠の手によって『論語徴』や四書の注釈が書かれた理由が存するのではないだろうか。

六経はその物なり。礼記、論語はその義なり。義は必ず物に属《つ》き、しかして後、道定まる。乃《すなわ》ちその物を舍《す》てて、ひとりその義を取らば、その泛濫自肆《はんらんじし》せざるものは幾希《すくな》し。

六経其物也。礼記論語其義也。義必属物、而後道定焉。乃舍其物、独取其義、其不泛濫自肆者幾希。

（『弁道』1）

と徂徠はいう。「六経」の先王の「物」の世界に至る経路＝「義」として、『論語』『礼記』は重要であるとされるのである。

彼は『論語』について次のように語る。

学者『論語』ニ云フ所ノ言語ヲ以テ、六経中ニイヘル言ニ引アテテ、此彼ヲ徴映シテ見ルトキハ、注解ヲ待ズシテ、其本旨ヲ領得スベシ。

（『経子史要覧』上）

故ニ六経ハ道ノ名ニテ、六芸トモ云ナリ。六経ハ物ナリ。『論語』ハ義ナリ。六経アレバ『論語』アリ。六経廃スレバ、『論語』ハブラリトシタル議論ノ空言トナル。

（同前）

『論語』は、「六経」が存して初めて私たちにとって意味のある書物となる。しかしながら逆に、『論語』という「義」があるからこそ、私たちは「物」たる「六経」の「本旨」を「領得」することができる。そうした構図の中で、『論語』に「注釈」を施すことが、徂徠にとって最重要の課題となったのである。徂徠にとって肝要なのは、『論語』における孔子の思想それ自体ではなかった。彼にとって肝要だったのは、『論語』における孔子の言行のあれこれを通して見えてくる「先王の道」、「先王の世」のあり方であった。彼は『論語徴』「題言」中で、人は孔子が学ぼうとしたこと、孔子の学び方を学ばずに、直接孔子そのものを学ぼうとしていると批判する。彼にとって『論語』を読むことの目的は、孔子の「学び方」そのものを知ることであり、どのような「学び方」（工具―「規矩準縄」）によって「先王の道」の世界が見えてくるかを明らかにする点にあったのである。当時においてすでに失われた古典であった『楽経』も含む「六経」の世界＝「物」の世界に接近する上で、『論語』に注釈することは、彼にとって不可欠の思想的営為だったのであり、だからこそ自らの一生の力を費やすにふさわしい作業だったのである。

では、そもそも徂徠において、宋学以降の、より二次的経典とされた『大学』『中庸』の場合はどうだったのか。これらもまた、「物」の世界＝「六経」へと到る経路＝「義」として（特に両者は元来、上古の文献『礼記』に由来するがゆえに価値あるものとして）、読み解かれるべきだとされたのである。『大学』は、歴史上の事実（学校）の記録として、また「物」の理論化の根拠として、(2)『中庸』は、後世の論争の産物であるとはいえ、何よりも孔子の直系、子思の手による、古代先王の世界に直に接続した書物として、徂徠による注釈が加えられたのである。

二　荻生徂徠の『中庸』観とその注釈の意義

前に、徂徠にとって『論語』『大学』『中庸』『孟子』が、「六経」からは一段下るものの、「物」の世界＝「先王の道」の世界に至る手段としての書物であったことを述べた。『論語』は、その中でも一番重要な書物であった。では、徂徠において、後三者間の序列はどうだったのだろうか。徂徠自身そのことについて明言はしていないが、その注釈の分量、他書での言及のされ方から考えるとき、なかでも『中庸』が徂徠にとって気になる経典ではなかったか。その主著『弁道』には以下のようにいう。

道は知り難く、また言い難し。その大なるがための故なり。後世の学者は、各々見る所を道とす。みな一端なり。それ道は先王の道なり。思孟（子思・孟子）よりして後、くだりて儒家者流となり、すなわち始めて百家と衡を争う。自ら小にすというべきのみ。かの子思、中庸を作るを観るに、老氏と抗するものなり。老氏は聖人の道を偽という。ゆえに性に率《したが》うをこれ道といい、もって吾が道の偽に非ざるを明かす。ここをもってその言、ついに誠に帰す。中庸とは徳行の名なり。ゆえに「択ぶ」という。子思借りてもって道を明かし、老氏の中庸に非ざるをしりぞく。後世、ついに「中庸の道」をもってするものは誤れり。（『弁道』1）

道難知亦難言。為其大故也。後世儒者、各道所見。皆一端也。夫道、先王之道也。思孟而後、降為儒家者流、乃始与百家争衡。可謂自小已。観夫子思作中庸、与老氏抗者也。老氏謂聖人之道偽矣。故率性之謂道、以明吾道之非偽。是以其言終帰於誠焉。中庸者徳行之名也。故曰択。子思借以明道、而斥老氏之非中庸。後世遂以中庸之道者誤矣。

徂徠学の綱領たる『弁道』冒頭に、こうした『中庸』への言及がわざわざなされること自体、示唆的である。徂徠はつねに、上古の道が、諸子百家の時代を経て論争のための論争の具と化し、とめどなく分裂していったという。その起点に位置するのが孔子の孫、子思の著した『中庸』であり、それゆえ『中庸』は、後世、誤まった学説が簇生した端緒であると同時に、それ以前の上古の道がそこからどう変わっていったか、さかのぼるかたちでその元をたどり直す入り口としても重要であるとする徂徠の認識を、この箇所は示すであろう。『弁道』一書中に頻出する固有名詞はもちろん孔子であるが、同書中もっとも多く言及される経典は『中庸』『孟子』であり、なかでも『中庸』なのである。徂徠が自学説を敷衍するにあたって『中庸』への言及、参照を必要としたことが、ここからはうかがわれる。「六経」「先王の道」に到る路経＝「義」として、『中庸』『孟子』も位置づけられたのである。

『中庸』本文の構成に関して、徂徠は朱熹同様、『中庸』全巻を一貫した体系のものととらえ、「章句」が構成した順序に従っている（分章の仕方に「章句」と若干の異同は認められるが）。この点、本文批判をその『中庸』論の起点とする、江戸期のいくつかの『中庸』注釈と異なる。徂徠は、いわば朱熹と同じ土俵の上に立って、朱子学とは異なる『中庸』解釈を展開しようとしたのである（ただその故か、徂徠『中庸解』は、『論語徴』が醸し出す自由闊達で伸びやかな議論の空気をいくぶん失っているともいえよう）。徂徠は、『弁道』において、『中庸』の「性に率うをこれ道という」という箇所が老氏への抗争の弁であることを述べ、また、「気質を変化するとは宋儒の造る所にして、中庸に淵源す」等々と述べる。『中庸解』においては、『中庸』（『中庸章句』）を批判する形式において、徂徠学の根幹が開示されるかたちをとっているからである。『中庸』や『孟子』は、徂徠にとって「先王の道」に接近する経路＝「義」であると同時に、その立論の構造に批判的に言及することによって（「先王の道は然らず……」といった常套句をもってして）、自己の議論を開示する契機だったのであり、その意味で『孟子』『中庸』は、彼にとって注釈されるべき経典だったのである。それゆえ、『中庸解』を読む者は、朱子学批判を経て構成される徂徠学の骨格に、いわば裏側から触れることになるのである。

三　「中庸」とは徳行の名

徂徠は『中庸解』を、「中庸とは徳行の名なり」とする序章から始める。これは「大学とは天子諸侯の都、人を教うるの宮」とする『大学解』冒頭と同様、きわめて明快な徂徠らしい書き方である。「中庸は何の為に作れるや。子思子、道学の其の伝を失わんことを憂えて作れるなり」に始まる朱熹『中庸章句』「序」について、島田虔次は「『論語集注』『孟子集注』の序文が単なる解説、それも先学の説の羅列に終始しているのとはちがって、朱子の思想的立場を真正面から押し出した堂堂たる文章になっている。この二篇（『大学章句』『中庸章句』のこと＝筆者注）の文章は、とりわけこの「中庸章句序」は、いわば朱子学概論のうちの一章という意味をも持っている」と評しているが(5)、徂徠のこの冒頭句もまた、明確な学説の主張となっている。そして徂徠は「中庸とは、徳のはなはだ高からずして行い易きものをいう。孝弟忠信の類なり」と言葉を継いだ上で、以下のように、『中庸』一書成立の由来を説明するのである。

七十子すでに歿し、鄒魯の学（孔子・孟子の学＝儒教）稍々《しょうしょう》その真を失するもの有り。しかして老氏の徒。その間に萠蘖《ほうげつ》し、すなわち天を語り性を語り、先王の道をもって偽となす。学者惑う。これ子思、中庸を作る所以なり。その書専ら学んでもって徳を成すことを言い、しかして中庸をもって遠きに行き高きに登るの基となす。すなわち孔子の家法なり。ただ天に本づけ性に本づく。中庸の徳の人情に遠からざるを言いて、もってその偽に非ざるを明かし、徳を成すものの能く誠なるを言いて、もって礼楽もまた偽に非ざるを明かすなり。また孔子の徳、その至を極むるを賛す。みな老氏に抗する所以なり。その言を味うに、争う所有りといえども、然れどももまた、雍容《ようよう》揖譲《ゆうじょう》、君子の態を失せず。これそれ聖人の孫たる所以か。その孔子に異なる所以は、すなわち礼楽を離れてその義をいい、必ずやその言わんと欲するところを尽くして後已む。

七十子既歿、鄒魯之学稍稍有失其真者。而老氏之徒萠蘖於其間、廼語天語性、以先王之道為偽。学者惑焉。是子思所以作中庸也。其書専言学以成徳、而以中庸為行遠登高之基。則孔子之家法也。祇本天本性。言中庸之徳不遠人情、以明其非偽。言成徳者之能誠、以明礼楽亦非偽。又賛孔子之徳極其至。皆所以抗老氏也。味其言、雖有所争乎、然亦不失雍容揖譲、君子之態。是其所以為聖人之孫歟。其所以異乎孔子者、廼離礼楽而言其義、必尽其所欲言而後已。

『中庸』が、「天を語り性を語り、先王の道を以て偽と為す」老氏の徒への対抗として子思が作為した書であることが説かれ、「中庸」とは、宋学にいう高遠な真理などではなく、人情から遠くない「徳」であること、それが基盤にあってこそ礼楽もあることがここに説かれる。徂徠は「中」について「甚だしくは高からず、誰もがそれを標準とできるようなもの」と説く（『弁名』「中」）。彼は後章でも「宋儒多く「中」をもって精微の極となす。理はすなわち然らん。然れどもいたずらに精微の極をもって「中」となさば、すなわちこれを民に用うといえども、民、なんぞこれを能くせんや」（『中庸解』第五章・注）といい「中庸とは徳行の名、その過不及無きをもってこれを「中」という。其の平常、民に行うべきをもってこれを「庸」という」（『中庸解』第六章・注）とする。徂徠において「中」「中庸」が、現実世界で、より具体的に、かつ政治的に想定されるものであったことが了解される。そしてそのような解釈を支える基盤としてあったのが、彼が自負する「古言」への洞察力であった。徂徠は以下のようなことばをもって『中庸解』「序」を締めくくる。

たいてい後世は古言明らかならず、文その義を失す。加うるに、仏老の説、耳目に浸淫するをもってす。その解を得ざる所以なり。茂卿（荻生徂徠）すでに論語徴を為す。よりてその書を脩むるに、一に古言に拠《よ》り、釐《おさ》むるに古義をもってす。子思のこれを言う所以、ちかきことそれ知るべし。論語を読む者をして、併せてこれをこの書に考えしむれば、またもって世を観るに足らん。

大氏後世古言不明、文失其義。加以仏老之説、浸淫耳目。所以益不得其解也。茂卿既為論語徴。因脩其書、一拠古言、釐以古義。子思之所以言之、庶其可知已。俾読論語者併考諸此書、亦足以観乎世云。

徂徠において、『論語』に併せて読まれるべき書として『中庸』があることがここに明言され、『論語徴』と『中庸解』との連続も明らかにされるのである。『中庸』は「六経」に比して二次的な書物であることは確かだが、それが老氏の徒への抗弁、聖人への侮りを禦ぐための書であったがゆえに、逆に「先王の道」と人人とのつながりを、歴史世界の中で、現実に生のまま示すものである、と徂徠においてとらえられたのであった。

こうして『中庸』一書を論争の書と定義した徂徠は、一貫して論争的契機を文脈のなかに読み込むかたちで、『中庸』を解釈していこうとする。その手法は『中庸』を代表する有名な綱領「性―道―教」においても示される。

四　「性―道―教」の解釈

「天の命ずるをこれ性といい、性に率うをこれ道といい、道を脩むるをこれ教という」とするこの有名な箇所に関して徂徠は、これもまた先王の道が見失われた戦国時代以降の状況下に、老氏の徒への抗弁として書かれたとする。

老氏の徒、ややもすれば天を言い性を言う。しかして聖人の道を譏りて偽と為す。ゆえに子思、性に本づけ天に本づけ、もって聖人の道の偽に非ざることを明かすなり。性とは性質なり。人の性質は、上天のたまう所、ゆえに「天命之謂性」という。聖人、人性の宜しき所に順いてもって道を建て、天下後世をしてこれに由りてもって行わしむ。六経に載する所の礼楽刑政の類、みなこれなり。（『大学解』第一章・注）

老氏之徒、動言天言性。而譏聖人之道為偽也。故子思本性本天、以明聖人之道非偽也。性者、性質也。人之性質、上天所畀、故曰天命之謂性。聖人順人性之所宜以建道、使天下後世由是以行焉。六経所載礼楽刑政之類、皆是也。

徂徠は「人性論」自体を、老荘によって議論されだした論題であるとし、「性善」「性悪」がそもそも論争のための「一偏の言」であるとする。そしてそれをさらに「内外・精粗」に細分化して議論構築していったのが、朱子学に他ならないと難じる。彼によれば、人の「性」とは「生の質」に他ならず、朱子学のことばを用いるならば「気質の性」をおいて人の「性」はないとする。そして、そうした多様多端な人の「性」を統合するものとして「先王の道」を想定するのである。徂徠が人の「性」を論じるにあたって「世界の為にも、米は米にて用に立ち、豆は豆にて用に立申候。米は豆にはならぬ物に候。豆は米にはならぬ物に候」（『徂徠先答問書』中）という卓抜な比喩で、気質不変化を説いたことはよく知られている。そうした徂徠の「人性」論は『中庸解』でもくりかえされる。「性は人人殊《ことな》って」いる、それゆえ喜怒哀楽の発現の仕方もみな各々同じではない、それが「情」である。喜怒哀楽の「未発」というのは「人性の初」の際のことだが、大事なのは、それぞれ異なる「性」をもって生まれついた人人が、「習もって性を成し」、全体としてこの世界を構成していくことであるという（第二章注）。

では、そうした徂徠にとって、この『中庸』冒頭の「綱領」はどのように読み解かれるのか。

人みな中和の気を稟《う》けて生ずるを言うなり。分かちてこれを言えば、「中」とは、これを物の中央に在りて頗る移動すべきにたとう。鳥は能く飛ぶも潜ること能わず。魚は能く潜るも飛ぶこと能わず。みな殊異の性を稟くるものなり。人はすなわち然らず。異稟有りといえども、然れどもすでに甚だしきこと能わずして、相い親み相い愛し相い助け相い養うの性、人人相い若《し》く。これ中の気のせしむる所にして、すでにこれを嬰孩《えいがい》の際に見る。聖人、性の同じきに睹《み》て、中庸の徳を立て、天下の人をして、みな務めてもってその基と為さしむ。故に曰く天下の大本、と。（第二章・注）

言人皆稟中和気以生也。分而言之、中、譬諸物之在中央、頗可移動。鳥能飛而不能潜。魚能潜而不能飛。皆稟殊異之性者也。人則不然。雖有異稟、然不能已甚焉者。而相親相愛相助相養之性、人人相若。是中気之所使、既見之於嬰孩之際。聖人有睹乎性之同、而立中庸之徳、俾天下之人皆務以為基焉。故曰天下之大本也。

すなわち、元々、人人が「相い親しみ相い愛し相い助け相い養うの性」を共有し、「異稟有りといえども、然れどもすでに甚だしきこと能わ」ざる、世界の原初的様態の根拠を語るものとして「天の命ずる……」以下の章が解釈され、その担保として存するのが「中の気」を稟けた「人の性」であり、「徳行」の「名」たる「中庸」なのである。それを徂徠は、「ゆえに此の章の解、みなこれを一人の心に求め、精微の理を窮めてもってこれをいう。加うるに古言に昧《くら》きをもってす。愈々益々、その解を得ず。その説にいわゆる未発なるもの、一念未発の際にして、喜怒哀楽をいう。なんぞ古の疎なるや。功を一念未発の際に用いてもって応接の本となす。心は死物に非ず。なんぞもって善くなさんや。わずかにもって応接の本となさば、聖人の術無きなり。我が一念の発して、過不及無きの節に中れば、なにをもって天下の達道となさんや。すでに一念の未発に戒懼して、またこれを念念の発に察す、なんぞその迫切緊急なるや。吾いまだ宋儒の能くこれをなすを知らず。おのれいまだ能わずして口にこれを言い、もってこれを人に強いしか。未発の中、已発の中、なんぞ古人の言の人を惑わさんや」（已発・未発論をめぐる箇所）と、朱子注に批判を加えつつ語り出すのである。

五　「鬼神」をめぐって

徂徠『中庸解』の解釈が最もその独自性を見せるのは、『中庸』「鬼神」の章においてである。まずは朱熹の説を確認しておこう。「誠は天の道なり。これを誠にするは人の道なり（誠者天之道也。誠之者人之道也）」章の注釈において、朱熹は次のように注する（『中庸章句』第二十章）。

「誠」とは真実で無妄なありさまをいい、これが天理の本然なのである。「誠にする」とは、いまだ真実無妄でない状態から、天理の本然たる状態になろうとつとめることであり、人がまさにそうすべきことがらである。

誠者真実無妄之謂、天理之本然也。誠之者、未能真実無妄而欲其真実無妄之謂、人事之当然也。

「真実無妄」な「天理の本然」である「誠」…「誠は天の道なり」、それに対する「人事の当然」…「これを誠にするは人の道なり」という対応関係、天人相関の構図の下に、天道の本来のあり方を示す「誠」を介して、人と天とがつながる。そして、この「誠」を体現するのが「鬼神」に他ならないとされる。「鬼神」は、祭祀における「感格」によって、端的に人と天とをつながりを見せると同時に、あらゆる自然現象の説明原理＝「実理」の側面において、その本質が「誠」であると定義されたのである。

それに対し、朱熹同様、『中庸』の「鬼神」に関わる記述を、そのままのかたちで受容する徂徠は、どのような解釈を下そうとするのか。

まず外面上大きく異なるのが、章の区分である。「子曰く、鬼神の徳為るそれ盛んなるかな、……」の前に在る「詩に曰く、妻子好合し、琴瑟鼓するが如し、……」の箇所を、徂徠『中庸解』では、章をまとめて「鬼神」章に合体する。では、この妻子・兄弟・父母が調和することの形容を、後の「鬼神」章に合体する所以は何か。徂徠は次のように注する。

鬼神は天地の心。天地の心は得て見るべからず。ゆえにこれを徳と謂う。「鬼神の徳為る」とは、猶お中庸の徳為るがごとし。人の徳を知るもの鮮《すくな》し。また、古文辞を知らず。ゆえに妄意に鬼神をもって一物と為し、鬼神有無の説起こる。「鬼」とは人鬼なり。「神」とは天神なり。先王、祖考を祭り、これを天に配す。ゆえに曰く「鬼神は天人を合するの名なり」と。後儒、これを知らず。迺《すなわ》ちもって陰陽の気の霊と為す。悲しいかな。「それ盛んなるかな」とは、これを賛嘆するなり。「物に体す」とは、「仁を体す」の「体」のごとし。「物」とは礼の物なり。たとえば「祭りは在すが如くす」の「祭」は礼なり。しかして「在すが如」きものはその物なり。「仁に体す」とはこれを躬《みずか》らして離さざるなり。『左伝』に子貢、玉を就《と》るの高卑を論じて曰く、嘉事体せず、何をもってか能く久しからん、とするがごとし。「体」字の義、もって見るべきなり。祭りて在すが如くす、如在の道なり。いずくんぞ能く鬼神を離れて它《た》にこれ求めんや。これ鬼神を遺《わす》るるときは、すなわち礼の物無し。「斉」、斎同じ。明潔なり。斎してこれを潔くす。神明に交る所以なり。祭は、鬼神を尊ぶ所以、ゆえに必ず盛服す。「承」とは奉承なり。「洋洋」とは流動充満の意。「視れども見えず、聴けども聞こえず」を言う。鬼神無きがごとく然り、然して鬼神を離れて所謂礼の物無し。すなわち、鬼神ついに遺すべからざるなり。またよく天下の人をしてその精微を極めてもってこれに事えしむ。人、精誠を極めてもって事うれば、すなわち、その僾然《あいぜん》として左右上下に在すが如きを覚ゆ。これ盛たる所以なり。「格」は来るなり。感意有り、人その誠をもって感ぜしめ、もってこれを来すを謂うなり。……（朱熹は）また、誠をもって真実無妄の理と為し、鬼神をもって陰陽の合散と為す、みな、その家言。

（第十五章・注）

鬼神者、天地之心也。天地之心、不可得而見矣。故謂之徳。鬼神之為徳、猶如中庸之為徳。人知徳者鮮矣。又不知古文辞。故妄意以鬼神為一物、而鬼神有無之説起焉。鬼者、人鬼也。神者、天神也。先王祭祖考而配諸天。故曰鬼神者、合天人之名也。後儒不知之。廼以為陰陽気之霊。悲夫。其盛矣乎、賛嘆之也。体物、如体仁之体。物者、礼之物也。仮如祭如在、祭者礼。而如在者其物也。体仁者、躬之而不離也。如左伝子貢論執玉之高卑而曰、嘉事不体、何以能久。体字之義可以見已。祭而如在、如在之道。烏能離鬼神而它之求哉。是遺鬼神則無礼之物也。斉、斎同。明潔也。斎而潔之。所以交神明也。祭者所以尊鬼神也。故必盛服。承者、奉承也。洋洋者、流動充満之意、言視而不見、聴而不聞。若無鬼神然。然離鬼神而無所謂礼之物。則鬼神卒不可遺也。又能使天下之人極其精誠以事焉。人極精誠以事焉。則覚其僾然如在乎左右上下焉。此所以為盛。格来也。有感意、謂人以其誠感以来之也。……又以誠為真実無妄之理、以鬼神為陰陽合散、皆其家言。

ここに示されるのは、朱子学にいう「陰陽」のごとき、世界の諸事象の説明概念としての「鬼神」ではなくして、あくまでも現実の祭祀の対象としての「鬼神」である。そして『中庸』の表現は、そうした実体としての「鬼神」への言及であるとするがゆえに、「妻子好合」から「父母はそれ順なるかな」にいたる家庭道徳を語る前章と一体化して読まれるべきだ、と徂徠はするのである。

ただし、徂徠がこうした現実の祭祀の現場における「鬼神」を、個々人の個別的、具体的場面から生々しく論じたわけではなかったことも、確認しておかなければならない。ここにおいても徂徠学の「大なるもの」から世界を観る視点、全体として世界を俯瞰する視点が一貫する。徂徠は、先王の「教えの術」として「鬼神」が存することの意味を、『弁名』で以下のように述べる。

天か鬼か、一か二か、これいまだ知るべからざるなり。ゆえに聖人、礼を制するに、これを天に帰すというと雖も、またいまだ敢えてこれを一にせず。敬の至りなり。教えの術なり。

（『弁名』「天命帝鬼神」）

天邪鬼邪、一邪二邪、是未可知也。故聖人制礼、雖曰帰諸天、亦未敢一之。敬之至矣。教之術也。

鬼神なるものは、先王これを立つ。先王の道は、これを天に本づけ、天道を奉じてもってこれを行い、その祖考を祀り、これを天に合す。道のよりて出づるところなればなり。ゆえに曰く「鬼と神と合するは、教えの至りなり」と。

（同前）

鬼神者先王立焉。先王之道、本諸天、奉天道以行之、祀其祖考、合諸天。道之所由出也。故曰、合鬼与神、教之至也。

ところで『中庸』における「鬼神」諸章の難題は、それが「誠」「誠心」と一連の問題として語り出されるところにある。朱熹の場合は前に述べたとおりであるが、徂徠はこの問題をどうあつかったのか。朱注の場合、「天道」における「誠」と人人がつとめるべき「誠」、という「誠」の双方向的性格において、「天人」相関がとらえられ、その「誠」を体現するものとして「鬼神」が再確認されたわけだが、徂徠においてはどうだったのか。

彼は『中庸解』において、以下のようにいう。

鬼神の徳たる、誠なり。ゆえに得てこれを見聞すべからずと雖も、然れども人能く鬼神有るを知る。しかしてこれに事めて怠らず。これまた「微の顕《あきら》かなる、誠の掩《おお》うべからざる」なり。ゆえに人、中庸を務めてもってその徳を成せば、すなわち、広大精微高明なるもの、みな至る。

（『中庸解』第十五章・注）

鬼神之為徳誠也。故雖不可得而見聞之、然人能知有鬼神。而事之不怠。是亦微之顕、誠之不可掩也。故人務中庸以成其徳、則広大精微高明者皆至焉。

また、『弁名』においても同様にいう。

鬼神の徳は、中庸は誠をもってこれを言い、左伝は聡明正直をもってこれを言う。その言は殊《こと》なりと雖も、その義は一なり。みなその思慮勉強の心無きを謂うなり。（『弁名』「天命帝鬼神」）

鬼神之徳、中庸以誠言之。左伝以聡明正直言之。其言雖殊、其義一矣。皆謂其無思慮勉強之心也。

すなわち、徂徠において、「鬼神の徳」が「誠」であるとは、「見聞」することなくとも私たちがその実在を知る、その実在のあり方を指して言われ、また「思慮勉強の心無く」ものごとが実現する、そのあり方を指していわれるのである。

徂徠はまた、「誠」とは何らかの「理」ではなく、「誠心」という心の様態としてとらえられるべきことを、次のようにいう。

（朱熹の）誠をもって実理と為すに至りては、もっとも謬の甚だしきものなり。およそ古書の誠を言う、みな誠心をもってこれを言う。初めより実理の説無し。従うべからず。（『中庸解』第十九章・注）

至於以誠為実理。最謬之甚者也。凡古書之言誠、皆以誠心言之。初無実理之説。不可従矣。

そして徂徠はこの「誠心」を以下のような場面において語り出す。

性なるものは誠なり。誠なればすなわち内外一なり。ゆえに思わずして得るをもってこれを知ると為し、勉めずして中《あた》るをもってこれを能くすと為す。学の得る所、性に非ずと雖も、学んでこれを習い、習いてもって性を成せば、すなわちみな誠なり。性に異なること無し。これ子思立言の意、它書の言わざる所なり。朱熹、古文辞に昧《くら》し。ゆえにその古書を解するに、その辞に順いてもって作者の心を究むること能わず。妄にその自ら創《つく》る所の性理の説をもって、強いてこれが解を為す。これその作為する所の費隠の説、精妙に似たりと雖も、ついに荘子仏氏の説に陥る所以なり。（『中庸解』第十一章・注）

性者、誠也。誠則内外一矣。故以不思而得為知之、以不勉而中為能之。学之所得雖非性乎、学而習之、習以成性、則皆誠矣。無異於性焉。是子思立言之意、它書所不言也。朱熹昧乎古文辞、故其解古書、不能順其辞以究作者之心。妄以其所自創性理之説、強為之解。是其所作為費隠之説、所以雖似精妙、卒陥於荘氏仏氏之説也。

徂徠はそもそも、「先王の物」としての「鬼神」の社会的実在を確信していた。また「鬼神」祭祀の社会的意義を深く認識していた。そのことは『中庸解』における以下の記述からも明らかである。

古人一事を興し一謀を出さんと欲せば、必ず卜筮してもってこれを鬼神に問い、その疑を質す。天道を奉じて、敢えて違悖せざる所以なり。鬼神は天地の心なり。ゆえに鬼神に質して疑い無きものは、すなわち必ずこれを天地に建てて悖《もと》らず。先聖後聖、その揆、一なり。（二十八章・注）

古人欲興一事出一謀、必卜筮以問諸鬼神而質其疑。所以奉天道而不敢違悖也。鬼神者天地之心也。故質鬼神而無疑者、則必建諸天地而不悖。先聖後聖其揆一也。

こうした祭祀の社会的意義の確認において、「鬼神は天地の心」、すなわち「鬼神」は「先王の道」の背景にある「天道」の発現なのである。そしてそれはさらに、『中庸』の字句をたよりに、人人と「先王の道」との関わり方へと、徂徠において類推される。「鬼神の徳」たる「誠」は、人人がその「性」を成就して「先王の道」の一端に与ることの可能性へと敷衍されるのである。祭祀の場における「鬼神」「誠心」は、その「思慮勉強の心無く」実現する、そのあり方を介して、人人と「道」との関わりに連想、類推されるのである。

けだし、およそ人の先王の道を行いて、能く誠心ある者は、これを天性に得。ゆえに曰く「誠は天の道なり」と。力行の久しくして、習いてもって性と成れば、すなわちその初め誠心無き者、今みな誠心有り。これ人力の為す所、教えの至る所なり。ゆえに曰く「これを誠にするは人の道なり」と。（『中庸解』第二十章・注）

蓋凡人行先王之道、而能有誠心者、得之天性。故曰誠者天之道也。力行之久、習以成性、則其初無誠心者、今皆有誠心。是人力之所為、教之所至也。故曰誠之者人之道也。

すなわち、徂徠における「誠心」とは、個別に人に与えられてある「性」＝「気質の性」が、或いは初めから「天性」として、或いは「力行の久しく、習いて」、それぞれのあるべき姿に成就し、それを通して「道」に参与する、その過程において言われるのである。徂徠学の人間論は、見事に『中庸解』の「誠」「鬼神」条文の解釈にも一貫しているのである。

おわりに

荻生徂徠において「物」たる「六経」は、普通の注釈行為の彼方にあるものである。しかしそうでありつつ、当代の士君子にとっての課題は、いかにして「先王」の建てた「道」を学び取り我がものにするかということにある。ここにこそ、徂徠の手によって『論語徴』や四書の注釈書が書かれた理由が存するのではないか。そう本章の最初に記した。『論語徴』がその伸びやかな筆致で、人人の「学び」の姿を描き出したとするならば、『中庸解』は、朱子注に駁するかたちで、また元来論争の為の書である『中庸』の性格を逆手に取るかたちで、人人と先王の道との関わりの実際を証するものとして在ったと言えるのではないだろうか。注釈書を読む興趣という点からいえば、『中庸解』におけるそれは『論語徴』が読者にもたらすそれにはるかに及ばないが、徂徠学の根幹たる『弁道』『弁名』の条々が構成される背景を考える上で、『中庸解』から得られるものは大きい。また、徂徠学の社会性を論じるときに避けて通れない「鬼神」の問題も、徂徠がいかにして朱熹による原理化を排除しようとしたかという点から見るうえで、この注釈書には重要な論点が提示されているといえよう。

註

（1）平石直昭『荻生徂徠年譜考』平凡社、一九八四年、一二五頁、及び一二七頁。
（2）前田勉「荻生徂徠――古文辞学の認識論」（源了圓編『江戸の儒学――『大学』受容の歴史』思文閣出版、一九八八年）、参照。
（3）中村春作「徂徠における「物」について」『大阪大学待兼山論叢』第十五号、一九八一年、参照。
（4）中村春作「荻生徂徠の方法」『大阪大学日本学報』第五号、一九八六年、参照。
（5）島田虔次『中国古典選7　大学・中庸（下）』朝日新聞社（朝日文庫版）、一九七八年、七頁。

懐徳堂学派の中庸論

中村春作

はじめに

懐徳堂とは、享保九年（一七二四）、町人たち自身の手により大坂に創立された学問所の名である。「懐徳」という名称は、『論語』「里仁」編の「君子懐徳」に由来する。創設の中心にあったのは、五同志、五人衆と呼ばれた、三星《みつぼし》屋武右衛門《やぶえもん》（中村睦峰《むつみね》）、道明寺屋吉左右衛門《どうみょうじやきちざえもん》（富永芳春《ほうしゅん》）、舟橋屋四郎右衛門《ふなばしやしろえもん》（長崎克之）、備前屋吉兵衛《びぜんやきちべえ》（吉田盈枝《みつえ》）、鴻池又四郎《こうのいけまたしろう》（山中宗古《そうこ》）ら、裕福で好学の町人たちである。三星屋は貸家業、道明寺屋は醸造業、舟橋屋と備前屋は問屋、鴻池（又四郎）は豪商鴻池の分家で蔵元、といったように、民間の有力商家が主体となり設立された、日本史上稀有なこの学問所は、享保十一年（一七二六）には官許を得て、初代学主に三宅石庵《みやけせきあん》、預人《あずかりにん》（校務責任者）に中井甃庵《なかいしゅうあん》が就任し、江戸の昌平黌《しょうへいこう》に対して大坂学問所とも呼ばれるようになった。学校は代々、基本的にこれら同志による出資金およびその利子で運営された。そして、明治二年にその門を閉じるまで、学舎の焼失等幾多の試練を経つつ、江戸期儒学史に大きな足跡を残したのである。(1)

この間、五井蘭洲《ごいらんしゅう》（一六九七―一七六二）、富永仲基《とみながなかもと》（一七一五―四六）、中井竹山《ちくざん》（一七三〇―一八〇四）、中井履軒《りけん》（一七三二―一八一七）兄弟、山片蟠桃《やまがたばんとう》（一七四八―一八二一）ら、江戸後期を代表する多くの儒者を輩出し、懐徳堂は日本における朱子学展開の大きな原動力となった。明治になって一度閉ざされた学問所であるが、ほどなくして顕彰運動が起こり、大正期には学舎が再建されて（重建懐徳堂）、学問・教育活動が再開されるに至った。当時復興運動の中心にいた西村天囚（時彦）による『懐徳堂考』は、今も懐徳堂の歴史を知る上での基本文献である。以後、戦災による学舎の焼失も乗り越えて、学問・教育活動は今日まで精力的に続いている。その意味で、懐徳堂は、近世後期から近代にかけて、一つの学派として、たしかに実態を有した思想運動であったと言えよう。

懐徳堂の学風を端的に示すものとして世に知られるのは、享保十一年、学舎の玄関に掲げられた「定書」、いわゆる「壁書《へきしょ》」である。

一　学問は忠孝を尽し職業を勧むる等之上に有之事にて候、講釈も唯右之趣を説すゝむる義に候へば、書物不持人も聴聞くるしかるまじく候事。
　但不叶用事出来候はゞ、講釈半にも退出可有之候。

一　武家方は可為上座事。
　但講釈始り候後出席候はゞ、其の差別有之まじく候。

一　始て出席の方は、中井忠蔵迄其断可有之候事。
　　但し忠蔵他行之節者、支配人道明寺新助迄案内可有之候。

この「壁書」は、懐徳堂の学問所としての性格を余すところ無く示している。懐徳堂はそもそもの出発から、身分に関わりなく自らのために学問すること、それ自体が目的だったのである。そして、そこで学ばれたのはもっぱら四書であり、朱子学であった。享保十一年、官許を得るに際して、第一代学主三宅石庵は『論語』と『孟子』の各冒頭章を講義したが（『万年先生論孟首章講義』）、五井蘭洲の父、五井持軒《じけん》（加助）が別名「四書屋加助」と称されたごとく、元来、懐徳堂の学問は朱子学であり、四書の学習を中心とするものであった。

　初代学主、三宅石庵は元々、山崎闇斎門下の浅見絅斎に学んだ人物であるが、破門され陽明学に接近した履歴を有しており、「世、石菴（庵）を呼んで鵺《ぬえ》学問と為す。此れ其の首は朱子、尾は陽明、而して声は仁斎に似たるを謂うなり」（『先哲叢談』）とも称された。石庵の学問は朱子学、陽明学、伊藤仁斎の古義学を折衷した、どちらへ向いているのか分からない学問（鵺学問）と当時批判されたが、彼自身、「天下の学」は「天下の公」であるべきであり、朱熹に荷担するのも王陽明に荷担するのも「私」に過ぎないと述べたとされるように（『藤樹先生書簡雑著』）、「学派」的解釈の外側に自らの儒学を置こうとする人物であった。まさしく、現実社会に有用の「実学」として儒学を学ぼうとした町人の学問であり、経典（テキスト）への対処においては、人脈的・学問的に繋がりのあった、伊藤仁斎、東涯の考証学的経学の姿勢を受け継ぐ学問であった。

　その後、懐徳堂の学問は、崎門派を「刻薄寡恩」、徂徠派を「放蕩浮躁」、伊藤仁斎を「義気を蔑《なみ》して心性を疎んず」と批判して、篤実な朱子学を説いた五井蘭洲によって、その基盤が構築されるに至る。西村天囚『懐徳堂考』は五井蘭洲について「是れ実に懐徳堂学風の一変と謂ふべく、異日竹山履軒等の経術文章並に其の盛を致して、海内の欽仰する所と為りしは、由来する所あるを知るべし、且石菴の学は鵺を以て称せられしも、蘭洲は程朱を宗として、操守甚だ堅し」と記し、その学風を「其の説中正を尚びて、務めて偏固支離の弊を去れり」と評している。こうして、五井蘭州『非物篇』、中井竹山『非徴』に代表される厳しい徂徠学批判をてこにして、また、老中松平定信来坂時に中井竹山への直々の諮問、それに対する政論『草茅危言《そうぼうきげん》』の献呈等を経て、さらには、「寛政異学の禁」の立役者であった尾藤二洲や広島藩の朱子学者、頼春水ら、著名な儒者たちとの交流を介して、懐徳堂は、近世後期における朱子学の一大拠点として認知されるに至ったのである。

ところで、こうした懐徳堂の儒学が、明治以降再評価される契機となったのは、富永仲基「加上説」（『出定後語《しゅつじょうこうご》』）、山片蟠桃「無鬼」論（『夢ノ代』）の思考の独自性、近代性への着目であった。富永仲基「加上説」とは、仏典を素材に、思想言説は常にその言説の出自を（他の言説より）過去に遡源させることで、正統性を競うものであるとしたもので、内藤湖南によってその視点の近代性が高く評価された（『先哲の学問』一九四六年）。それは、いわば神学としてではなく、思想の歴史として、テキストの歴史として、儒教の経典を批評する視点の誕生であったと言えよう。また山片蟠桃「無鬼論」とは「スベテ正道ノ外ハ、鬼神・怪異ノ変ニヲヒテハ、ナキモノトシルベキコトヲ弁」じようとしたものであり、祭祀における祖考の来格もふくめて、それらが実体の無いものであることを明らかにしようとしたものであり、これまたその視線の近代性が高く評価されたのであった。その後、懐徳堂儒学研究は、テツオ・ナジタによる研究が出現し、新たな展開を見せた[2]。テツオ・ナジタは、十八世紀に大坂という商人の町に成立した、学問所を中継点とする「知」の交流の様式そのものが、新たな「知」の特質を構成したと指摘し、近世日本における公共的な「知」の出現を、そこに読み取ろうとしたのである。そしてそうした議論の蓄積の中で、従来、江戸期思想史上、孤立した思想と見なされてきた、富永仲基や山片蟠桃の議論も、懐徳堂儒学の共通する〈思想の場〉に生じた出来事として、読み直され始めた。富永仲基や山片蟠桃の著作を、孤立した「独創」として「時代から切り離して論じるのではなく、むしろそれを生み出した共通の知的基盤を問うことが重要」（宮川康子[3]）である、と研究者に認識されるようになったのである。

以上述べたように、懐徳堂儒学を、新たな「知」の視線を生み出した一つの思想圏としてとらえるとき、彼らにおける〈共通の知的基盤〉の一つに、経典＝テキストへの独自の姿勢があったことが重要となる。懐徳堂の儒者たちは、朱子学者として経書に対しつつ、同時に、経書を歴史世界の中に置いて見ることで、彼らが現実に生きる世界の課題として儒学をとらえ直し、それをもって江戸思想界に新たな視界を開いたのである。そして、その頂点に存するのが、『中庸』のテキスト論（「中庸錯簡説」）であること、また、文献批判の下になされた『中庸』解釈が、懐徳堂儒学の本質と深く関わっていたことは疑いない。懐徳堂を代表する儒者の一人、山片蟠桃の「無鬼」論も、そうした懐徳堂における『中庸』テキスト論の蓄積の上に生じた出来事だったのである。

では、懐徳堂儒者による『中庸』のテキスト批判とはいかなるものだったのか、そして、その上でなされた注釈がどのようなものだったのか。まずは、蟠桃「無鬼」論を手がかりにして、この問題に分け入って行こう。

一　懐徳堂の『中庸』理解――山片蟠桃「無鬼」論をてがかりに――

山片蟠桃は、播磨国印南郡神爪《かづめ》村に生まれ、米仲買、両替商を営む升屋に奉公し、升屋本家の支配番頭にまで至り、その経営手腕を買われて仙台伊達家ほか諸藩の財政再建にも与ったことで知られる、まさしく、懐徳堂的世界を代表する儒者である。その彼が晩年に完成させた『夢ノ代』は、元々の題名を『宰我《さいが》の償《つぐない》』といい、「徒に稲をくらひ布帛を衣て、枕にのみなづむは、口おしきことに非ずや」と、『論語』中の昼寝をとがめられた弟子になぞらえたものであったが、中井履軒の意見により題を改めたとされる著書である（「自叙」）。彼は「竹山先生ハ、我ガ常ノ師ナリ。ユヘニ、我論ズル処、ミナ先生ニ聞トコロノモノナレバ、別ニ師名ヲ顕スコトナシ。ソノ後、履軒先生［ノ］校正ヲ請テ、ソノ論ヲキヽ、書中ニ加ヘタルモノユヘニ、別ニ「履軒先生曰」ヲ加ヘテ、コレヲ分ツモノナリ」（「凡例」）と、中井竹山、履軒両先生の忠実な祖述者であると自ら述べており、『夢ノ代』は、懐徳堂儒学の「実学」的側面、合理主義的側面の集大成とも言い得る大著となっている。その内容は、「天文」「地理」から「経論」「異端」「無鬼」に至る、いわば百科全書的性格のものであるが、本書を最も有名にするのが、霊魂や不可思議な現象一切を存在しないものと断じた、「無鬼」（上・下）の章であることは疑いない。蟠桃自身「（本書の記述は）スベテ中井両夫子ニ聞クコトアルニ与ルモノノミ。余ガ発明ニモアラザルナリ。シカレドモ、太陽明界ノ説、及ビ無鬼ノ論ニ至リテハ、余ガ発明ナキニシモアラズ」（「凡例」）と、地動説に基く「太陽明界説」と「無鬼」論とを、自らの「発明」と特記している。

その蟠桃「無鬼」論は、冒頭、「鬼神」を議論でやり込めたところ、逆に形相を変じた「鬼神」にとりつかれて頓死したとする『晉書』阮瞻《げんせん》伝の記述を、「コノ鬼形トハ何ナル形ゾヤ。角ハヘテ、三指ニテ、虎ノ皮［ノ］フンドシ［ヲ］シタルヤ。但シハ幽厲カ、シルベカラズ」」と揶揄する文章から始まる。この「上・下」に分けられた章において、蟠桃は、中国古典籍にとどまらず我が国の『古事記』や神道に説く幽冥、仏教の教説（「コノ書、仏法ヲ排スルコト讐敵ノゴトシ」と彼自身述べる）を、文献を博捜して、すべて根拠・実体のないことである、と難じていく。蟠桃は「天ト云、鬼神ト云ヘドモ、ミナコレヲ人ニ試ムル也。シカレバ天モ鬼神モ、ミナ人上ニアルヲ見ルベシ」と言う。「天」も「鬼神」もすべて、「人上」の事柄、あるいはその反映でしかないとするのである。彼においては、天の応報もまた「善悪ノ報ミナ天ニアラズシテ人ニアルナリ。……コレヲ以テ、天モナク、鬼神モナキヲ知ベシ」とされる。「元ヨリ天即チ人ニシテ、聖人ノ徳モ人事ヲ以テスルコトナレドモ、……但今日ノ人事ニテミル」べきことなのである。そして、そうした「妖説」に溺れない理由を、彼は「実学ノ効験」とするのである。こうした彼の「無鬼」論は、まさしく、現実の「人事」上において経典を読み解く、懐徳堂実学の極北に位置すると言っていいだろう。

ではなぜ、そのようなことさら言うまでもないような「事実」を、彼はなぜ大量の言葉を費やして語る必要があったのか。それは儒教が元々、祖先祭祀をその基盤においていたこと、そして特に、朱子学以降、経書としての位置を高められた四書の一つ『中庸』が、「鬼神」の章をその重要部分として有していたからに他ならない。彼は、本書中、一世代前の朱子学者、新井白石（一六五七—一七二五）の著『鬼神論』を、以下のように酷評している。

吾新井氏ノ鬼神論ヲミテ巻ヲ掩フテ嘆息ス。唯コノ人ノ学術博キヲ勉ムルノミ。ユヘニ鬼神ノ朦朧タル、其約スル処ヲシラズ。唯渉猟スルノ書ニヲヒテハ一モ取捨スル見ナクシテ、唯信ジニ信ズルノミ。シカルニ新井氏ニヲヒテカクノゴトシ。況ヤ亦新井氏ナラザルモノヲヤ。ア、世人ノ鬼神ニ溺ル、、イカントモスベカラズ。

新井白石『鬼神論』の混迷する議論の中身についてはここで触れないが、(4) 白石の議論もまた、朱子学者としての「合理主義」的思考、主知主義の結果であったことは明らかである。白石は「能《よ》く信じて後によく聞《きく》とし、よく知りて後によく信《しんず》とす」（『鬼神論』）と述べた上で、霊魂や怪異現象も「合理」的に解明し得るものだと考えたのである。そしてそのような試行に白石を駆り立てたのは、儒教の出発点に祖先祭祀があったからであり、経典に「鬼神」への言及があったからであり、さらには朱子学において「鬼神」が新たな自然概念（陰陽二気の働き）に読み替えられ、議論の主題となったからであった。

そもそも「鬼神」を論じることは決して特殊なことではなく、儒者にとって共通のテーマの一つであった。儒教で言う「鬼神」とは、日本語で言う「オニ」のことではなく、それをも含んで、（「天」以外の）超越的存在一般を指し、狭義には「祖霊」を意味した。『周礼』に言う「天神（天帝、星神など）」、「地祇《ちぎ》（土地、山川、穀物などの神）」、「人鬼（祖霊など）」のうち、「天」を除いたものがそうである。伊藤仁斎（一六二七―一七〇五）の定義に従えば「凡そ天地・山川・宗廟・五祀の神、及び一切神霊有って能く人の禍福をなす者、みなこれを鬼神と謂う」（『語孟字義』）のである。このように経験的知識の外部に大きく広がる内容を有するものであるだけに、孔子もそれに直接言及することを避けたのである。

しかしながらこの「鬼神」は、儒教において大きな柱であり現実の事柄である祭祀（山川天地から宗廟における祖霊まで）に密着するものであったため、また絶えず課題としなければならない事柄でもあった。さらに宋学が起こって、四書の一つとして『中庸』を特別視して以来、「鬼神」は議論の対象としてより重要となった。「天」―「性」―「道」の連関を説く『中庸』一書の内に、「鬼神」が「誠」という「徳」を賦与されて組み込まれていたからである。「鬼神」を論じることは、祭祀における「感格」を、「天」―「人」の相関を論じることであり、そのうえ四書の一たる『中庸』中の「誠」の意味を語ることとなったのである。「鬼神」を陰陽二気の働きによって置き換え説明した朱熹は、『中庸章句』第十六章「子曰鬼神之為徳、其盛矣乎」において、以下のように注する。

程子（程伊川）の曰うには、鬼神は天地の効用であって造化の迹である、と。張子（張横渠）の曰うには、鬼神は二気の良能である、と。小生が思うに、二気をもって言うならば、鬼は陰の霊であり、神は陽の霊である。一気をもって言うならば、伸張するものを神とし、屈まり帰着するものを鬼とするが、その実体は、一つの物である。

程子曰、鬼神、天地之効用、而造化之迹也。張子曰、鬼神者、二気之良能也。愚謂以二気言、則鬼者陰之霊也、神者陽之霊也。以一気言、則至而伸者為神、反而帰者為鬼。其実一物而已。

朱熹は鬼神＝陰陽二気の働きとする説によって、自然界の事象から人の霊魂や不可思議な事柄までを一挙に「合理」

的に説明しようとしたのである。新井白石が、この視線の延長線上に『鬼神論』を著したことはいうまでもない。

朱熹はさらに『中庸』に記される「鬼神」と「誠」との関わりについても、「鬼神」の「徳」が「誠」であるとは、「実理」＝天道における「真実無妄」な在り方、そのものを指すとし、「誠者天之道也、誠之者人之道也」（『章句』第二十章）の箇所と連関させて、「誠」という「実理」を介して「天」と「人」とが相関するという構図を描こうとした。こうした、「陰陽二気」の働きで一貫させ、論理化しようとする朱熹の議論は、一方、その論理性ゆえのジレンマにも陥ることとなった。それは、祭祀における祖霊の「来格」という事態の説明においてであり、本来「天地公共之気」であるはずのものが、なぜ、特定の祭祀において個別の祖霊が「来格」するのか、という説明においてであった。この問題は、江戸期日本の朱子学者においても難題となり、崎門派の佐藤直方もその説明に苦しんだところであった（「……理デ云テユカヌトキニハ気デサバクコレデツカヘナシ」「中庸鬼神大意」）。であるにも関わらず、朱熹がこのように「鬼神」＝「陰陽」の「合理」的解釈にこだわったのは、現実に在る重大事としての祭祀の習俗をいかに説明するかが、彼において一大事だったからであり、「ある現実をあるべき理念へいかに昇華させるか」という朱熹の「生涯にわたる思想的腐心」（三浦國雄[5]）が、その根本にあったからである。

では、このように朱熹がその論理的説明の貫徹に苦渋し、江戸期の儒者がその解釈に苦しんだ『中庸』「鬼神」の章の難題を、山片蟠桃はなぜ易易と超え出たのだろう。なぜ易易と議論の外側に出てしまったのだろう。そこに存したのが、三宅石庵以来、懐徳堂儒学に蓄積された経書のテキスト論の視点であり、「中庸錯簡説」であった。山片蟠桃は『夢ノ代』で以下のように述べる。

> 鬼神ノ章、十六章ニアルハ錯簡〈マチガイ〉ナリ。コノ書首尾連続スルコト至リテ正シ。然ルニコノ章上下ニツラナラズ。ユヘニ朱子、費隠ヨリシテサマ〴〵ニ説ナストイヘドモ穏ナラズ。仁斎先生コノ章ヲ以テ、「上受ル所ナ

ク、下起ス処ナシ」ト、始テ疑ヲ入《いる》トイヘドモ、其説ヲ得ズ。万年三宅先生ノ卓見ニテ、コノ章ヲ二十四章トスレバ、前後ヨク連続ストアリシヨリ、五井・中井ノ二先生コレヲトナヘテ、今ノ竹山・履軒両先生ニ至リテソノ説備ハル。右鬼神ノ章ヲノゾケバ、十五章ノ「父母ハ其順也乎」ヨリ十七章ノ「舜其大孝也与」ヘウケテ、ダンダン武王・周公ノ孝ニウツル。コレヨリヲイグリテ二十四章ハ〔二十三章ト〕ナル。「至誠如神」ヨリ十六章ヲコノ処ニ入テ「鬼神之為徳、其盛乎」ヘウツリ、末ノ「誠之不可揜、如此夫」ヨリ二十五章ノ「誠自成也、道自道也」トウクレバ、始終本末カネソナハリテ又遺憾ナシ。ソノウヘコノ書、前ニ論ズルゴトク、天命ヨリ中庸ヨリツイニ誠ニ成就ス。誠ハ此ノ書ノ総紐ナリ。シカルニ十六章ニ誠ノ字出テ、二十五章マデ出ザルユヘニコノ一篇穏ナラズ。今カクノゴトク入《いれ》カヘルトキハ、誠ノ字初テ二十四章ニ出テ、ソレヨリ誠ヲクリカヘシ〳〵テツイニ「無声無臭」〔ニ〕至ルモノ、中庸ノ本意、脈絡貫通ス。千載ノ一快ト云ベシ。ソノ余ハ竹山先生ノ定本ニ詳シケレバ、コニ、略ス。（「経論第七」）

山片蟠桃「無鬼」論は、たしかに彼の独創であり、思想的突破であったが、それを準備したのは、それまでの懐徳堂儒者のテキスト論であり、「誠ハ此ノ書ノ総紐」とする『中庸』理解であり、また彼らの内に蓄積された「鬼神」への視線であった。

二　「中庸錯簡説」とは何か

懐徳堂文庫に収められる『中庸錯簡説』と題された一巻の文書がある。(6) 三宅石庵において唱えられ、中井竹山が補完・作成したこの文書の説くところは、前引の山片蟠桃の簡明な説明に尽きるが、「鬼神」の章（『章句』第十六章）が本来あるべき箇所を、『章句』第二十四章「至誠之道、可前知、……」の後とするものである。

『中庸』「鬼神」章への懐疑は、つとに伊藤仁斎が説き出したところであり、仁斎は、『中庸』本文を二つに区分して、「上篇」（第一章～第十五章）のみを孔子本来の教えとし、「下篇」（第十六章～第三十三章）を『中庸』本来の文章ではないとした。そしてそう断ずる根拠を、仁斎は、「鬼神」の章が『論語』中の孔子の言と相応しないことに求めた（「鬼神・妖孽《ようげつ》を論ずるを除く外、之れを語孟に列すれば、大いに世教に補い有らん」（『中庸発揮』）。こうして仁斎は、『中庸』「鬼神」の章が『論・孟』の旨に合致しないとして、『中庸』本文の外側に、つまり議論の視野外に置いたのだが、それを踏まえて、「鬼神」章を文脈上、本来置かれるべき位置を再提示し、その上で、朱熹『章句』とはまた別に、『中庸』一書を一貫する書物ととらえ直そうとしたのが、この「中庸錯簡説」である。

「錯簡」とは木簡、竹簡の巻物の紐が切れて簡の順序が乱れてしまうこと。『中庸』本文が、まさにそのようになっているとするものである。この文書では、朱熹と張南軒の往復書簡から説き起こしてその応答内容を紹介したあと、「積善（竹山の名）謹んで按ずるに」と説き始める。そして「蓋し、朱子此の数章に次序無きことを病《うれ》い」と、元々「鬼神」の章が不安定な位置にあったとした上で、「吾が万年《まんねん》先生（三宅石庵）」が「錯簡の説を創り、第十六章を移して二十四章の後に置」いたが、その説が口授であって文章化されなかった弊が出てきたので、ここに「定本」を作成し石庵の意を書き記すとする。

> 其（石庵）の意、蓋し誠は中庸の枢紐なるを謂う。故に第二十章に両たび「行う所以の者は一なり」と言い、又、「上に獲らるるの道」自《よ》り、漸次推究して后《のち》、一「誠」字に帰宿すること見つべし。子思、是《ここ》（第二十章）において始めて誠を言う。開鑿すること尤も重し。先に此の章（十六章）に在るは宜しからず。鶻突《こつとつ》として誠を説く、甚だしくは関係無きなり。

其意、蓋謂誠者中庸枢紐。故第二十章両言所以行者一也、又自獲乎上之道、漸次推究而后帰宿於一誠字可見。子思於是始言誠、開鑿尤重矣。不宜先在此章。鶻突説誠無甚関係也。

三宅石庵は、「誠」こそが『中庸』の「枢紐」であり、その上で議論のつながりを考える際、「誠」が最初に登場するのは第二十章である以上、ここ（第十六章）に「誠」が置かれるのは、文意があいまいで連繋がおかしくなるとしたのである。そしてこの「鬼神」章を『章句』第二十四章の後に置けば、「文意甚だ順」となり「毫も齟齬無し」と断じたのである。この石庵「中庸錯簡説」を校訂して書き残した中井竹山には、他に『中庸断』という著作も残されている。これは竹山が『四書集注』に書き込みをしたものを、曾孫中井木菟麻呂《つぐまろ》が編したものであり、そこでも竹山は「錯簡説」の正しさを強調している。

こうした経緯を経て、懐徳堂において『中庸』本文の再編が継続的に試みられ、何種かの「定本」が策定された。その代表が学校内でテキストとして使用された『中庸懐徳堂定本』であり、またそれをさらに改定した中井履軒『中庸天楽楼定本』である。(7) その他、履軒『中庸雕題』、同『中庸雕題略』、同『中庸逢原』、五井蘭州『蘭州先生中庸講義』、同『蘭州先生中庸輯略講義』等々、『中庸』注釈本は多く残されており、懐徳堂において『中庸』が重要な書で有り続けたことが了解される。そしてそこで注目される議論は、先述の「鬼神」であり、『中庸』の「枢紐」とされた「誠」であった。では、それがどのような注釈の営み（注釈の方法）においてなされたか、中井履軒『中庸逢原』を具体的に見てみよう。

三　中井履軒『中庸逢原』

中井履軒『中庸逢原』は全二十八章で構成されている。朱熹『章句』が全三十三章なので、数的にはほぼ大差ない章立てであるが、その編成は大きく異なっている。まず第一に、前述の「中庸錯簡説」に基づく、「鬼神」章の移動があることはいうまでもない（「此れ以下の数節、旧、錯簡して前に在り。今試みに徙《うつ》す」）。それ以外にも、『章句』第二十章「凡為天下国家有九経」の「九経」の説明部分、「斉明盛服、非礼不動、所以修身也」以下の部分を「之れを削りても、上下の文、損する所無し」として、大胆に本文から削除する。あるいは多くの章を内容上つながっているとして一つにまとめる。こうして章編成の再構築にとどまらず、履軒は多くの箇所で文字を入れ替え、また改作する。一例を挙げれば、「子曰、道之不行也、我知之矣。……道之不明也、我知之矣」（『章句』第四章）を、履軒は「道之不明也、我知之矣。……道之不行也、我知之矣」（第二章）と改作し、「旧、錯文。明を行に作り、行を明に作る。今、試みに改正す」と記す。

こうした改作は、『中庸逢原』中、随所に見出すことができるが、履軒はその際常に「今試みに改正す」あるいは「今試みに之れを補う」「今試みに削る」等と記し、その根拠は「蓋し錯文」とされるのみにとどまって、文献学的、考証学的にその根拠が示されることはほとんど無い。履軒のこうした改訂作業に共通するのは、「文義」「経文の口気」を重視する姿勢であり、〈文意の流れ〉を第一条件とする姿勢である。経書を理解する際も、その意味を個々の文脈の流れの中で把握しよう、解釈しようとする姿勢である。その意味で、たしかに懐徳堂儒者において、経書（四書）のテキストとしての「聖典」性は明らかに低減している。一字一句に「真理」が一貫して提示されている「四書」という視線とは異なる、新たな経典への視線が生じているのである(8)。

こうした観点から再整序される『中庸逢原』は、その解釈においても、全編にわたって、朱熹注を前提にそれに訂正・反駁するかたちで自らの解釈を施していく。そしてその際の議論もまた、履軒が自らする「文意、甚だ順」、あるいは「文意、斯の如きのみ」とする判断が最大の基準となる。朱注は、多く「皆、文外に義を生ず」「文外に義を生じて、妄りに強義を付益す」「迫りて義を失う」「一偏に倚る」といった言葉とともに批判の対象となり、そこでは、宋学に特有の抽象概念の操作が批判される。ちなみに朱熹『章句』においてきわめて重要な位置を占める「章句序」は、履軒の場合、そもそも「道統の説」は「究竟後世人の言語。徒に自ら窄小せるのみ」であり、「曾て心法無し」、「人心道心は孔孟の言と合わず、……以て其の理気の説を定む、惜しむべし」と、その議論の作為性の指摘がなされ批判の対象となる。(9) 彼にとって『中庸』は、まず理屈＝原理があってそれを演繹する書ではなかったのである。そして批判は常に、『集注』における操作的な注釈手法へと焦点化される。

履軒は、経書本文中の字句を細かに微分し、一字一句を、「体」「用」「道体」「本然」「気質」「未然」「已然」等々、朱子学の基本原則に当てはめ、全体を論理的に整合させていく朱熹の注釈技法を、「註、分合して、皆当を失う」「註、分属す、非なり」「有対の言」「耦対《ぐうたい》の祟」「剰語」「文字の遊戯」「浮虚妄謬」と批判し、『中庸』本文の意味もまた本来平易なものであるはずだとする（「意、元《も》と平易」）。高妙の理解は「竅《かん》に失する」（うつろな穴に落ちた）ものでしかない、と履軒はいうのである。一例を提示しよう（「首章」「喜怒哀楽之未発、謂之中、発而皆中節、謂之和」箇所）。

此の「未発」は、以て性を語るに非ざるなり。「節に中る」も亦た、以て情の正を語るに非ざるなり。唯だ是れ文義のみ。「之謂」と「謂之」も亦た弁有り。凡そ此の名目有りて、今之れを実にするものを「之謂」と曰うなり。「天命之れを性と謂う」の如き是れなり。此の事有りて、今是れに名目を擬するものを「謂之」と曰うなり。「未だ発せざる、之れを中と謂う」の如き、是れなり。先儒、赤子の心を以て未発に喩う。竅に失す。赤子も亦た已発の時有り、亦た未発の時有り。凡そ未発已発を掲げて話柄を為すもの、皆、中庸の旨を失う。君子の中は能くし難きなり。「喜怒哀楽未だ発せざるの中」の若きは、通人、皆、時時之れ有り。能くし難きに非ず。此れ通人、皆有するの中を挙げて、以て文義を暁すなり。「節に中るの和」も亦た、通人時時之れ有るもの、亦た以て文義を暁すのみ。唯だ是れ人をして先ず中和の面目を識らしむと爾《しか》云う。

此未発、非以語性也。中節、亦非以語情之正也。唯是文義而已。之謂、与謂之、亦有弁。凡有此名目、而今実之者、曰之謂也。如天命之謂性是也。有此事、而今擬之名目者、曰謂之也。如未発謂之中、是也。先儒以赤子之心喩未発、失竅。赤子亦有已発之時、亦有未発之時。凡掲未発已発、為話柄者、皆失中庸之旨。君子之中、難能也。若喜怒哀楽未発之中、通人皆時時有之。非難能焉。此挙通人皆有之中、以暁文義也。中節之和、亦通人時時有之者、亦以暁文義耳。唯是使人先識中和面目云爾。

あくまでも文脈上の意味、語法上の意味、〈文意の流れ〉の中で解釈を通そうとする姿勢が、ここから鮮明にうかがわれる。履軒の注釈において、朱熹がしたような「未発已発」の本体論的議論はすっかり姿を消し、代わりに提示されるのは、引用文中にある「通人」という言葉をもってなされる、眼前の「平易」な人間世界の姿なのである。

ちなみに、ここに繰り返される「通人」という語は、履軒の経書注釈に特有の用語であり、「大多数の人一般」という感覚に近いものである。問題は、「大多数の人一般」とはどのようなものか、どのような視線の内に見いだされるものかということである。履軒は『論語逢原』において（「子曰、唯上知与下愚不移」陽貨篇）「今、通人に向いて之れに問いて曰く、汝は上知かと。必ず曰く、否と。汝は下愚かと、必ず曰く、否と。然らば則ち、移るべきの人に非ずして何ぞや」と注している。(10)ここからは、履軒がどのような人間観を抱いていたかが知られる。履軒の視界に在るのは、ごく少数の例外者を除く、自ら「上知」とも「下愚」とも自覚しない「通人」＝良識ある普通の人なのである。そして、事細かに理論を以て世界全体を、実見し得ない領域まで説明し尽くすことよりも、そうした人間世界における「道」の実現にこそ、学者は関心を注ぐべきなのである。懐徳堂儒者の経学は、常に「行事上」「接物上」において経書の意味を読み出していくものであったが、その解釈の基盤に存したのは、眼前のこうした「通人」への視線、それへの信頼であったと言えよう。そして、懐徳堂における「誠」の議論も、そうした議論の延長線上にあるものとしてとらえることができるのではないか。

『中庸』に「誠」を説く章における履軒の注は、以下のようである（「誠者天之道也、誠之者人之道也。誠者不勉而中、不思而得。従容中道、聖人也。誠之者、択善而固執之者也」『中庸逢原』第十七章）。

此れ特に「誠なるもの」を借りて、以て「之れを誠にするもの」を引起し、重きを「善を択んで固く執る」に帰するなり。下二段、平らかならず。「聖人」を説く処、正に「之れを誠にするもの」の為に準則を立つるなり。重くする所、人道に在り。

此特借誠者、以引起誠之者、帰重于択善固執也。下二段不平。説聖人処、正為誠之者立準則也。所重在人道。

ここに示される履軒の議論の性格は、「誠」を「真実無妄のありさまであり、天理の本然」とする、同箇所の朱熹注（『章句』第二十章）に対比すると、その違いがより明瞭になる。履軒の解釈の重点が、「誠之者人之道」「択善而固執之者」に在ることは明らかである。まさしく、「人道」を説くが為の「誠」の言挙げであることが、ここでは示されているのである。履軒はこのあと「古昔、誠の字を用いる、至って軽く、以て道理を論ずるもの無し」だったのが「子思、中庸を著すに至りて、乃ち甚だ重く、精微上無」きものとなり、子思以前、ほぼ「中庸誠字の義」を備えるものとして重んじられていた「忠信」に替わって「誠」のみがもっぱら言われるようになった、と歴史的に総括してみせる。履軒の言わんとするところは、「誠」の概念的詮索ではなく、「誠」が何を代弁する言葉となってこのように強調されるに至ったのかということ、そして、重要なのは「之れを誠にする」という「人道」の在り方なのだということになるだろう。

彼はまた、以下のようにも述べる（『中庸逢原』第十八章）。

則ち、夫《か》の「誠なるもの」と「之れを誠にするもの」と、其の帰は一なり。勉力の功、廃すべからざること此の如し。子思の意、毎に人を策して其の勉力せしむるに在り。徒に道理を論ずるのみに非ず。

則夫誠者与誠之者、其帰一也。勉力之功、不可廃也如此。子思之意、毎在策人使其勉力也。非徒論道理。

履軒において、『中庸』における「誠」の重要性が、「之れを誠にす」る「人道」の問題として在ったことが、ここからもうかがえる。すなわち、「誠は中庸の枢紐」（『中庸錯簡説』）とは、朱注におけるような思弁的対象としての「誠」概念の省察において言われるのではなく（「道理を論ずるに非ず」）、前述した、「通人」＝「大多数の人一般」における当為の問題として、もっぱら言われるのである。

そして、こうした視線の所在は、懐徳堂「定本」で「誠」章の後に再置された、「鬼神」章の注釈場面からも明らかになる。

「旧、錯簡して前に在り、今、試みに徙す」と、『中庸』「誠」章の後に懐徳堂儒者によって再置された「鬼神」章であるが、その意味は、あくまでもその前に置かれた「誠」章の「至誠如神」を承けるものとしてあった。履軒は「鬼神」章の注釈において、「至誠は是れ主、鬼神は是れ客」という発言を繰り返しする。朱注の「鬼神」は「陰陽」とする解釈にも言及しているが、「陰陽は即ち鬼神。古、陰陽の語無し。陰陽の運用も亦た之れを鬼神と謂うのみ」とする注を見れば、それが、朱熹のするような全てを包括する自然概念としての「鬼神」の解釈でなかったことは明らかである。「鬼神」章「斉明盛服、以承祭祀。洋洋乎如在其上、如在其左右」において、履軒は以下のように注している。

「在すが如し」とは、その実、在らざるなり。設令《もし》、其の実、在らば、何ぞ如の字を用いることを為さん。「洋洋乎」とは、唯是れ想像の光景。其の実、之れを視れども見えざるなり。何ぞ発見《はつげん》の昭著なるもの之れ有らん。註、大いに謬れり。「物に体する」も亦た験《しるし》し無し。当に援くべからず。「昭明焄蒿悽愴」の若きは、是れ愚昧妄誕の甚だしきもの。当に釆入すべからず。人、能く「如在」の両字を誦し得て、然る後、始めて与に鬼神を語るべし。多言を労せず。

如在者、其実不在也。設令其実在焉、何用如字為。洋洋乎、唯是想像之光景矣。其実、視之而弗見也。何発見昭著之有。註大謬。体物亦無験。不当援。若昭明焄蒿悽愴、是愚昧妄誕之甚者、不当釆入。人能誦得如在両字、然後始可与語鬼神矣。不労多言。

祖霊の祭祀における「如在」も「洋洋乎」も、ともに「実在」ではなく「想像の光景」に過ぎない、そこをしっかりと読み込んでこそ、始めて「鬼神」は語り得るというのである。彼は「此の数節、通じて鬼神を借りて、誠の妙を証するなり。鬼神の誠為るを賛するに非ず」ともいう。履軒『中庸逢原』における「鬼神」の意味はここに明らかであろう。それは祭祀における畏敬の対象としてではなく、また陰陽という自然概念としてでもなく、まさに「人事」上の営みを形容する言葉としてのみ意味あるものなのである。彼は別の著書でも次のように語っている（履軒『幣帚続編』「原祭」）。

祭祀の理、古人も言い難きところ。故に其の之れを言う、明晰ならず。唯『論語』の「祭るに在すが如くす」の一語、包括して余無し。設令鬼神実に来たりて在せば、復た何ぞ「如」を用いることを為さん。彼、実は来たらず、在さず。而して我之れに在り、故に「如し」と曰う。不在にして之れに在り。愛敬の道尽くせり。

祭祀之理、古人所難言。故其言之不明晰。唯論語祭如在一語、包括無余矣。設令鬼神実来而在焉、復何用如為。彼実不来焉、不在焉。而我在之、故曰如也。不在而在之。愛敬之道尽矣。

「愛敬の道」という言い方が正確に何を指すかは不明だが、「鬼神」が、また「如在」が履軒において意味を持つとしたら、それは、ひたすら「人事」上においてであり、「愛敬（いつくしみうやまう）」の人情の次元においてであることが、ここからは明らかになる。

履軒『中庸逢原』における注釈は、以上述べてきたように、経書を一つの歴史的なテキストとして、文脈整合的に読み解くものであり、その際の基準はテキストに内在する〈文意の流れ〉にこそ存するのであった。そして、テキストに内在する〈文意の流れ〉から導き出された「鬼神」章は、あくまでも「之れを誠にす」る人一般（＝通人）の日々の営みに関わって、その意義が見いだされるものとしてあったと言えるだろう。

おわりに

最後に、懐徳堂儒学をめぐるもう一つの評価について附言しておきたい。「はじめに」で明治期以降の懐徳堂儒学再評価が、その近代性、独創性をめぐってなされたことを記した。そして近年、「知」の公共性という観点からなされる新たな研究の意味について触れた。ここでさらに附言しておく必要があるのは、かつてなされた中国学者、武内義雄（一八八六—一九六六）による評価である。京都帝国大学卒業後、大阪府立図書館勤務時代に懐徳堂儒学に接し、懐徳堂講師となった経験を有する武内は、愛着を込めて懐徳堂儒学にたびたび言及している。その一つ、重建懐徳堂二十五周年記念式典（昭和十六年、一九四一年）で、彼は「懐徳堂の経学」という講演を行っている[11]。そこで彼は、日本における経学受容史を鳥瞰した上で、「朱子学は一般に四書中心の経学であり、仁斎学は四書の中から学庸を除き去つて、孟子を通じて論語を見る経学であり、徂徠学は五経を通じて論語に入ろうとする経学でありますが、懐徳堂の経学は中庸を通じて論語を見ようとする経学であります。論語を重んずることは皆共通して居りますが、中庸を重んずるところに懐徳堂経学の特徴があるのであります」と述べ、その代表例として中井履軒『中庸逢原』を挙げている。そしてその『中庸』称揚の基盤に、彼独自の「誠」の理解があったとする（「従つて中庸といふ書物の精神は誠の一つに外ならないのであります」）。武内はこの議論をたびたび披瀝し、『中庸』中心の懐徳堂儒学が、「誠」に主軸を置く「日本的」儒学の基盤となったことを説く。彼において、「日本的」儒学とは「誠によって忠孝の二倫を行う」こととされ、その起点に、履軒『中庸逢原』における「誠」解釈が位置づけられたのである。本稿にも引用した、『中庸逢原』中の「忠信」と「誠」をめぐる歴史的経緯説明の箇所を、彼は「仁斎の忠信主義が懐徳堂の誠主義に換るに及んで実践原理から哲学原理に進んだもの」とし、「之を要するに日本儒教の精神は、中庸に本づくもので、誠の一字に帰するのである。しかしこの誠は中庸によつて輸入された外来思想ではなく、誠が日本固有の道徳思想であつたため、数ある儒教の経典の中から特に誠を力説する中庸が尊重されるに至つたもの」であり、それが、「君臣道徳の忠と父子道徳の孝」が「吾が誠を尽す所以に至つては則ち一也」（藤田東湖『弘道館記述義』）とする水戸学の理念に連続すると結論づけている。(12)

しかしながら、以上具体的に見てきた『中庸逢原』の中身、また懐徳堂儒学における「誠は中庸の枢紐」の意味を検討する限り、この武内の理解は、あまりに昭和十年代日本の、特定の時代精神（「国民道徳」論）に規定された理解、飛躍した精神主義的理解という他ないだろう。(13) 懐徳堂の儒者は、伊藤仁斎がいったん分断した『中庸』本文を、仁斎の視点を基盤に、再度一貫したテキストとして再生させ「誠」の重要性を語ったが、それは決して、朱子『章句』に本来内在した（そして仁斎によって消しされられた）「哲学原理」や「日本に固有の誠」の伝統を再生させたわけではなかったからである。

懐徳堂学派における『中庸』理解の基底に流れるのは、経書を一つの「文献」として読み解く、いわばどこか醒めた視線であり、平易で身近な「通人」の生活に即した生き方そのものへの関心に即して、そこに新たな意味を読み取ろうとする姿勢であった。そしてむしろ、こうした「儒教」が、すなわち「鬼神」や「天人相関」を即物的に読み解き（解体し）、経書を町人の日々の営みに即して解釈し直そうとする儒教が、『中庸』理解の一つの到達として生じたことの意味を考えることこそが重要なのではないだろうか。吉田公平は『中庸章句』を「注釈という形を借りた哲学書」であるとし、それ故「後に（中国における）訓詁的考証学者から「本義から遊離している」と非難されたのは十分に理由があってのこと」だとする。その上で吉田は言う。(14)

しかし、問題はそのことにはない。そうではなくして、『礼記』所収の「中庸」が『中庸章句』に変身して『四書章句集注』に組み込まれた。朱子のこの営みがなかったならば、「中庸」は東アジア文化圏の中で広い地域の人々に長期に亙って読まれることはなかったであろう。この意味に於いても朱子の功績は偉大であったといわざるをえない。

たしかに吉田の指摘するように、『中庸章句』の（過剰な？）哲学性が、五山禅僧の関心を引き寄せ、また江戸期日本の儒者たちに、「朱子学とは何か」を語り出す触媒としての機能を与えたと言えるであろう。そしてもっぱら経典（テキスト）の世界内で儒学を受容した江戸期知識人において、いわばテキスト論の極致として出現したのが「中庸錯簡説」であったと言えよう。そこから再度、生きた現実社会に即して読み直されたのが、仁斎における『論語』であり、懐徳堂儒者における『中庸』であったと言えるのではないか。では、「無鬼」を説き、「天人相関」をすべて「人事」上の問題として説く儒教が、どのような儒教なのかといった問題は、ここから先の課題である。

註

(1) 懐徳堂の歴史に関しては、小堀一正、山中浩之ほか『中井竹山・中井履軒』明徳出版社、一九八〇年、脇田修・岸田知子『懐徳堂とその人々』大阪大学出版会、一九九七年、湯浅邦弘編著『懐徳堂事典』大阪大学出版会、二〇〇一年、等参照。
(2) テツオ・ナジタ（子安宣邦訳）『懐徳堂——18世紀日本の「徳」の諸相』岩波書店、一九九二年。
(3) 宮川康子『自由学問都市　大坂——懐徳堂と日本的理性の誕生』講談社、二〇〇二年、一七九頁。
(4) 中村春作「新井白石の『鬼神論』」『ユリイカ』一九八四年八月、参照。
(5) 三浦國雄「朱子鬼神論の輪郭」（東北大学文学部日本文化研究所編）『神観念の比較文化論的研究』講談社、一九八一年、七六三頁。
(6) 大阪大学懐徳堂文庫復刻刊行会監修『懐徳堂文庫復刻叢書七　中庸雕題　并中庸関係諸本』懐徳堂・友の会、一九九四年、所収。
(7) 懐徳堂における『中庸』再編作業の詳細については、前掲『懐徳堂文庫復刻叢書七　中庸雕題　并中庸関係諸本』「解説」、南昌宏「中井履軒『中庸』関連諸本の考察」『懐徳』六二号、一九九四年、等参照。
(8) 藤本雅彦「中井履軒の中庸解釈の特質」『日本思想史学』第十七号、一九八五年、参照。
(9) 吉田公平は、「子思と『中庸』を結びつけるものは『中庸』そのものにはない」にもかかわらず「堯・舜・禹・孔子・曾子・子思という道統をうたい、『中庸』を子思の述作」とする朱熹「中庸章句序」を、「これは朱子の創作（フィクション）である。「中庸章句序」は朱子の哲学概論としては「大学章句序」と並んで出色の出来映えである。その迫力に推されてか、この朱子のフィクションが朱子以後の新儒教の世界ではまかり通った」と評する（「朱子の『中庸章句』について」『中国古典研究』第四八号、二〇〇三年）。
(10) 中村春作「反徂徠としての懐徳堂知識人」懐徳堂記念会編『懐徳堂知識人の学問と生——生きることと知ること』和泉書院、二〇〇四年、参照。また、中井履軒における「通人」に着目した研究、野村真紀「「通人」からのユートピア——「華胥国王」・中井履軒の思想——」『国家学会雑誌』第一〇七巻、第七・八号、一九九四年、も参照されたい。
(11) 武内義雄「懐徳堂の経学」『懐徳』第二十号、一九四二年。

（12）武内義雄『易と中庸の研究』岩波書店、一九四三年、三二二～三二八頁。
（13）子安宣邦「「誠」と近世的知の位相――武内義雄「日本の儒教」の批判」『伊藤仁斎の世界』ぺりかん社、二〇〇四年、がこの問題を明快に剔抉している。
（14）前掲、吉田公平「朱子の『中庸章句』について」。

大田錦城の中庸論

市來津由彦

はじめに

本章は、朱子学、徂徠学が相対化されている寛政以降の江戸期の儒学状況のものとして、大田錦城（元貞。加賀大聖寺の人。一七六五—一八二五）の中庸論を検討する。

大田錦城と言えば考証学の書としての『九経談』が著名であるので、はじめに錦城の考証学技法の特質とその中庸論の展開について確認する。次いで中庸に対する中年の彼の評価がうかがえる『九経談』巻四の中庸談をうかがう。しかし『九経談』には中庸論で通常論議される未発已発とか誠の論はほとんどみえず、それらは晩年の『中庸原解』

にみえる。そこでその『中庸原解』の未発、誠論に関する錦城の所論について最後にふれることとする。
ただし本稿者は、中国朱子学を主なる研究対象とする者であり、江戸思想文化史研究の専家ではなく、遺憾ながら江戸の学術ネットワークを一次資料から検討する準備と能力を持たない。この問題については、先学の近年の成果に依拠した記述になることをお断りしておきたい。(1)

一　大田錦城における中庸論の展開

(1)　中庸論の展開

大田錦城はその晩年の『中庸原解』の「序」（文政五・一八二二年、五十八歳）において、、三十年もの間疑問に思っていた「未発已発之中」の意味がようやくわかったという立場から、自身の中庸論の展開について回顧する。七歳のときに初めてこの書にふれ、寛政三年（一七九一）二十七歳のときに『中庸考』を作ったが、「未発已発之中」については朱子学に従うままで疑問であった。文政三年（一八二〇）の講義で水火の特性を譬えとした思いつきがあるもなおすっきりしない。ところが本年文政五年の病中に旧作の『中庸考』をみていて「未発已発之中」の新解釈にふと思い至り、その立場から「誠」や大学との連動も見通せることがわかり、病の治癒後に旧考を整理して『中庸原解』を作った、と。

中庸論に特化した回顧だが、錦城における中庸論が、『中庸考』と『中庸原解』との二つの層をなしていることがわかる。清水信子氏は、この二点だけではなく実は十二点もの中庸関係資料があることを、近年、その論考で紹介する。(2)詳細は清水論文を参照されたいが、その主なものは、『中庸説』（天明八・一七八八年頃）、『中庸考』（寛政三・一七九二年頃)、『九経談』(文化元・一八〇四年)、『中庸聞書』(門人伊藤忠岱《ちゅうたい》による文政四・一八二一年の講義の記録)、『中庸原解』(文政五・一八二二年)、である。以下、清水氏の論述をもとに述べると、『中庸説』は、吉田篁墩《よしだこうとん》(一七四五―九八。校勘学を飛躍的に発展させた)との、「中庸」「中和」などの名義をめぐる論争をまとめたもの。次の『中庸考』の源には、もと錦城所蔵の荻生徂徠『中庸解』への新旧二層にわたる書き入れがあり(加賀市歴史民俗資料館蔵)、そのうちの古い層を整理したものが『中庸考』とのこと。徂徠の中庸論を飛躍のバネとして錦城の中庸論が形成されていることがわかる。『九経談』十巻は、総論、孝経、大学、中庸、論語、孟子、尚書、詩、春秋左氏、周易各一巻から成り、総論は日中の学術状況論、以下の各巻は各書物の形成と字句の意味等について考証する箚記だが、その巻四「中庸」談は『中庸考』の説を多く踏襲するという。『中庸聞書』は、『中庸原解』とほぼ同時期の講義がうかがえる新資料。最後の『中庸原解』は中庸論の晩年の集成ともいうべきものである。これが成る直前に門人伊藤忠岱『中庸莚撞《えんしょう》』への「序」が書かれ、術語「中庸」を「誠」と通じるとする新解釈が説かれ、この「序」は『中庸原解』に吸収されている。こうみると、錦城の中庸論は、『中庸原解』作成の直前に「誠」の論と「未発已発」の論とが更新され、それ以外のそれ以前の説は『原解』に多く重なり、「未発已発」と「誠」の二つの論において、それ以前と段階的に区別されることがわかる。本稿では冒頭にも述べたように、『原解』以前の中庸論の基本を『九経談』「中庸」からうかがい、「未発已発」と「誠」の論を『原解』においてうかがうこととする。

(2)「考証学」という技法

大田錦城は確かに「考証学」ということで著名であるが、注意しておきたいのは、その考証が考証のための考証ではないことを標榜し、「義理は本なり、考拠は末なり」と宣言することである。(3)『九経談』の論述からすると、考証とは儒学古典の文字、語句の意味や成立について、他文献の語句、文章と比較し、証拠にもとづき実証的に検討することを指す。考証の風気は、医家考証学派と徂徠学以後の儒学における折衷学との交渉ネットワークの形成という江戸儒学の展開のいわば爛熟から出てきているものである(4)。

もとより、やや先行する中国同時代の清代考証学の書物も日本に到来し、それを錦城らは貴重なものとしてみていた(5)。だがそれらは清朝考証学の勃興期のものであり、全盛期の戴（震）・段（玉裁）・二王（王念孫・引之）らのものではない。いま戴段二王の学を基準に清朝考証学の特質を言えば、それは、小学と呼ばれる文字学、音韻学の研究を古文献に適用して戦国以前の古音の体系を復原し、そこから経書本文の文字や経義を分析するというものである。古音学は明末に萌芽があり、顧炎武『音学五書』で成立するとされる(6)。この特質を知悉する先学の比較によると、『九経談』にはこうした体系的古音学の視点はないと言う(7)。また、清朝考証学者も考証は考証のための考証ではなく「義理」に連続すると自らを考えているが、しかしそこに錦城のように考証を「末」とする発想はなく、さらに、考証学の隆盛の先で漢学と宋学とを「兼採」する学風も出るが、そのときに宋学を優先させることもないと論じている(8)。

清代中国では、儒教学術と文章文化を支える基礎に官僚人材再生産システムとしての科挙文化があり、経学は王朝官僚統治体制を精神的側面から支えるものであり、経学の政治性、社会性はそもそも経学内部にではなく外部から規定されている。考証ということも、経文に盛られた「聖人の真意（＝中国世界統治の原理、コツ）」を明らかにするという政治性、社会性をおびた目的を離れない。儒教学術はこの枠の中にある。しかし、科挙がない江戸の儒学には、儒学の位置を規定づけるそうした制度的文化システムはない(9)。そうした中、荻生徂徠は、朱子学の「修己治人」説を批判しながら、儒学は孔子が学んだ「先王の道」を学ぶもので、その「道」とは「六経」に記載される「礼楽刑政」の外在的な政治の「道」とした。ただしその言説は、制度的な裏づけを中国のようには持ち得ない中のものである。その範囲ながらここに外の政治と内なる心の問題とが分離させられる。これに対し、儒学を外なる政治学とすると内なる心の陶冶が儒学から欠落してしまうとみなす道徳論的徂徠学批判がおこったが、そうした批判は、徂徠学が設定した外の政治と内心の陶冶との分離を前提とする。[10] 大田錦城も段階的にはこの批判の場におり、そこからすると、彼が言う「義理」の学は、徂徠学批判の枠内での内なる心の陶冶に対応するものである。その「義理」と対に置かれる「考証」は、「聖人の真意」に向かうものではなく、「義理」の学を支える手段的技法と位置づけられることになる。

さらに錦城は、彼がみてとる「義理」と「考証」の真偽とがぶつかる場合、前者を優先させることをこう説く。

真偽の論と有用不用とは殊なる。（書経について）増多の諸篇はすばらしい言葉を多く載せ、政治の道理に補うものがあり、どうしてその偽作であることがわかるのかと言う者がいる。このことは思うにそうではない。「堯曰く、『咨《ああ》、爾《なんじ》舜、君為《た》りては則ち仁、臣為りては則ち敬、父為りては則ち慈、子為りては則ち孝』」と古「舜典」に言うのを（善語として）引く人がいるが、偽書であることを知らない者がおろうか。しかしこれらの数語は規範として用いれば、政治の道理に補いがあろう。だから真偽の区別と有用不用とは殊なるのだ。（書経の篇の）増多の偽作は見分けるべきだが、その書物の有用さは廃すべきでない。これは天下の永遠の公論である。

真偽之論与用不用殊。或曰増多諸篇、多載嘉言、有稗補於治理、何以知其偽乎。是蓋不然。有人引古舜典云、堯曰、咨、爾舜、為君則仁、為臣則敬、為父則慈、為子則孝、誰不知其偽乎。此数語用以為法、則豈不補於治理乎。故辨真偽与用不用殊。増多之偽可辨、而其書之用不可廢。是天下万歳之公論也。

（『九経談』巻七「尚書」第二十五条）

経文について「用不用」と「真偽」とを分離するのだが、それは、両者を分離できることを前提に経書を研究することを意味する。その上で「偽」でも有用な部分は「義理」とみなす。この言い方には、「真」でも「不用」な部分が出ることが予料されている。そうした部分を儒学の対象としてどうみるべきかという問題もそこに出来する。極端なことを言えば、「経」の文字を基準とせず、用不用を「経」文の聖性より優先させるなら、儒学の前提を結果的に解体させてしまう危機がそこには生じ得るのではないか。これは、中国儒学からするときわめてわかりにくい思考である。逆に言えば、「義理」を得るためのものと位置づけられているとはいえ、「考証」それ自体は、その実、「義理」の課題とは分離した、論拠の確度を高める〈技法〉として錦城に意識されていることが、本条には立ち現れている。

二　『九経談』における中庸論

（1）　中庸を論じる場

『九経談』巻四の「中庸」談には全八十二条の箚記がある。その内訳は、中庸という書物の成立と性格について八条、「中庸」の字義を「中庸二字詳説」として論じるもの二十条、本文首章（章句本）を論じるもの二十二条で、ここまでで半分以上の五十条となる。その首章内も、冒頭の「天・命・性・道・教」に関わるものが十五条で比率が高く、朱子学で重視される「未発」の問題に関してはわずか二条である。また、章句本二十章後半以下の「誠」の論を主題として論じる条は一条もなく、鬼神論にもふれない。このことは中庸談の大きな特色である。ただし先に述べたように、『中庸原解』ではこの「未発」、「誠」も論じており、これらについては次節でふれたい。

さて、前節でふれたように、江戸期の儒学が爛熟したところに錦城は位置する。そこで中庸論に関わる部分を中心にして、その議論の場について確認しておく。

中国朱子学において四書は、士人としての人の生き方、「修己治人」を学ぶ書であるとされ、その中で大学と中庸は、人にそなわる「理」という視座から連動的一体的に解釈された。大学はその四書の学の「綱領」、中庸は「蘊奥」と位置づけられた。

これに対し日本では、まず論語、孟子を基準とする伊藤仁斎（一六二七―一七〇五）が、四書から大学を切り離し、中庸は前半の「本書」部分と、後に雑多な混入が入った後半部分とで成るとしてその一体性を崩し（『中庸発揮』）、論語、孟子に適う限りの部分を中心にして新たに読み直した。

次いで荻生徂徠（一六六六―一七二八）は、先にふれたように、儒学は、四書の学により孔子をモデルとして内心を陶冶するというようなものではなく、孔子が学んだ「先王の道」、「六経」に記載される「礼楽刑政」の外在的な政治の「道」を学ぶものとした。大学、中庸はもとの『礼記』にもどされ、論語、孟子とともに「六経」に至る手がかりの書として読まれるべきとされ、その中で中庸は、異端との論争の中で「道」が相対化して論争的に語られるようになった戦国時代に、高遠を語る老氏を批判するために子思の手によって身近な徳行を説く論争の書として作られたものとされた（『中庸解』『弁道』）。

こうした徂徠学に対し、儒学を「礼楽刑政」の政治の学として規定することで、内心の陶冶が儒学から押し出されてしまう問題をみてとり、個人の倫理力向上を課題として徂徠学を批判する折衷学が登場する。ただしそこでの個人の倫理の向上は、朱子学的な「理」の内在への批判を前提とし、もはやもとの朱子学に回帰するものではなかった。また一方、以上の諸儒学により相対化された朱子学側からの儒学回復運動もおこった（寛政正学派）。

以上のような諸儒学が語られる場に対して、大田錦城『九経談』が刊行される（文化元・一八〇四年、四十歳）。その儒学を語る場について、『九経談』は、例えばこう語る。

六十年来、学ぶ者の誤りは、功利の心ばかりであって、根源は管仲の仁に発し、徂徠が悪い例をなして遺毒が固まりからまり、学ぶ者の肺腑に沈み、洗い流すことが困難になった。…宋学を用いるのでなければ、この病を対治できない。わたしはもとより宋学を信じないが、他の人が宋学をするのを喜ぶのは、このためである。だが、名は宋学を用いても実が利禄にあるというのは、やはり功利の下等な者である。そんなのであれば宋学はいったい何の役に立とうか。学ばないほうがましというものだ。

六十年来、学者之誤、唯是功利之心、発源於管仲之仁、徂徠為之俑、而遺毒結轖、沈于学者肺腑、難得而滌除焉。……非仮宋学、則不能対治此病。予故不信宋学、而喜人之為宋学、為此故也。雖然、名仮宋学而実在利禄、則亦功利之下者。果然則宋学亦何用乎。不如不学之愈也。（巻一「総論」第三十三条）

このように『九経談』の基調には徂徠学への対抗意識が横溢しており、徂徠学への対抗として錦城は「宋学」を位置づける。ただし世は徂徠学がおこなった宋学批判以後の場にあり、寛政正学派もこの相対化の中にいる。本条は、錦城の儒学表現が、大きくは朱子学とそれに対する徂徠学という構図に対して提起するものであることを語る(11)。そうした場に対する儒学言説を考証学技法によって確度を高めて表象するのが『九経談』である。

以下、『九経談』の中庸論をうかがう。

（2）『九経談』の中庸論

書物としての中庸

書物としての『中庸』について、錦城は、『史記』の記述により、『中庸』は子思の作とみなす（「中庸」第一条。以下、「（ ）」は同じく中庸談の条数）。それは『漢書』芸文志著録の「子思二十三篇」の一篇であり（第二条）、芸文志にまた「中庸説二篇」とあるのは、あるいは漢代に上下二篇となり子思子から別行した可能性もある（第五条）。しかし書物としては全体が一つのもので、「文意完全にして復た余蘊無」く（第三条）、「文理貫通、前後照応し」ている。中庸冒頭が後半部分と対応するその様子は、

開巻の「性・道・教」は、下篇でこれに対応して「誠なる自りして明かなる之を性と謂う、明かなる自りして誠なる之を教と謂う」（章句本二十章）と言う。（同じく冒頭の次の）「睹ざる聞かざる」と言うのは、結尾で対応して「君子の及ぶべからざる所の者は、唯だ人の見ざる所か」（同三十三章）と言う。「独りを慎む」と言うのは、下篇で誠を論じる伏線である。大学と荀子もどちらも誠を論じて「慎独」に及ぶのは、はっきりとしたしるしである。開巻性道教、下篇応之云、自誠明謂之性、自明誠謂之教。曰不睹不聞、結尾応之云、君子之所不可及者、唯人之所不見乎。曰慎独、為下篇論誠之張本。大学・荀子亦皆論誠而及慎独、是明徴也。……

というものであるとみなす（第八条）。また、「哀公問政」以下がしばらく『孔子家語』と重なり、そのあと「誠」を論じて論調が変わるとして、「哀公問政」以下は別書とする説があるが、『孔子家語』がそもそも魏の王粛の偽作なので、この書を根拠にしてはこの問題は語れない（第七条）とも言う。錦城はこのように説き、伊藤仁斎以来の諸家による中庸テキストの解体的分析に対し、テキスト本文の一貫性の回復をはかる。

なお、錦城のテキスト論では、『大学』も子思の作とする。そして同じ子思の作ということから、『九経談』大学談で大学本文を論じるときに、中庸の文章との連動を自説の根拠として語り、中庸を基礎において大学と中庸とを会通させる。(12) すなわち、伊藤仁斎以来の四書学のテキスト論的検討により、朱子学では強固だった大学と中庸の連動が一端切り離されたが、錦城は、子思の作という朱子学とは別の視点から両書の連動の再構築をはかり四書の連動の型に回帰し、大学、中庸を「義理」の学の基礎に据えるのである。

「中庸」名義論

錦城は「中庸」の名義について二十条に渡って考証する。「中庸」という言葉について、「中」は「過不及無きの徳」（第九条）、「庸」は「経久不易の徳」（第十条）であり、中庸は「徳」の名、「諸徳の矩矱」（第十七条）、「諸徳の則」（第十八、二十一条）とする。これは朱子学系の説を承けてその延長にあるものだが、その実、徂徠説を強く意識するものでもある。すなわち、中庸談の第十六条で錦城は、「中庸は道であり徳である。近ごろ中庸を道とみなすのをきらう者がいる。道と徳とをわけて、境界をつくるようなのは、きわめておかしなことだ。（中庸是道是徳。近世有悪以中庸為道者。判道与徳、如割鴻溝、可笑之甚）」と、「徳」と言ってもそれは「道」とわけられないと言う。これは、徂徠『弁道』の冒頭に、「道」は「先王の道」ながら、諸子との対抗言説を唱える中で子思、孟子以下、「道」の内容が限定されるようになり、子思の「中庸」は老氏説に対する議論であり、「中庸は徳行の名称であり、だから（中庸本文では）『（徳行としての中庸を）択ぶ』（章句本七章）と言う。子思は（対抗的に中庸という徳行を）借りて道を明らかにして、老氏が（偏って）中庸でないことを批判した。後世の人がその言葉を受けて「中庸の道」をかざすのは誤りである（中庸者徳行之名也、故曰択。子思借以明道、而斥老氏之非中庸。後世遂以中庸之道者誤矣）」と言うのを意識するものである。[13]

こうした名義論からしても、中庸談は単なる考証の論ではなく、同時代の学説言説との関係の中での主張の論であるのがうかがえる。

天、命、性、道、教

中庸冒頭の「天、命、性、道、教」に対する解説をみてみよう。錦城は定義的には、天とは、青々とした主宰であり、万事が自然なること（他に拠らずそうであること―市來）である。命とは、天が人に賦与した、稟受の分である。性とは、人が天から稟けた生まれながらの気質である。道とは、人が依拠する事物の則である。率とは、率土・率章というときの率（ソツ。すべて／したがう、の意）である。修とは、修身・修徳の修である。教と学は一つのことである。道を授けることを教えと謂い、道を受けることを学びと謂う。上からすれば教と謂い、下からすれば学と謂うのである。

天者、蒼蒼主宰也、万事自然也。命者、天之所賦于人、稟受之分也。性者、人之所稟于天、生之気質也。道者、人之所由、事物之則也。率者、率土率章之率也。修者、修身修徳之修也。教学一也。授道謂之教矣、受道謂之学矣。自上則謂之教矣、自下則謂之学矣。

と、これらの術語について語る（第二十九条）。

その「性」について、「仁義彝倫の性は、人が天から稟けたもので、自然にしてそうであるものである。（仁義彝倫之性、人之所稟于天、自然而然者）」（第三十六条）と言い、また、「天とは、蒼蒼の中に主宰するものがあってそうさせることであり、人事の自然であるものがこれである。父子が互いに親しみ、兄弟が互いに愛するのは、人の性の自然である。仁義彝倫は、人の性の固有である。人の性の自然であり固有であるのは、天がそうさせたことである。（天者、蒼蒼之中有主宰所使然、人事之自然者是也。父子相親、兄弟相愛、人性之自然。仁義彝倫、人性固有。人性之自然固有、是天之所使然也）」（第三十七条）と、人の「性」に倫理を実現する力がそなわることの「固有」性、「自然」性、すなわち人の側からは左右できないものとして具備することを強調する。その上で、「道」と「教」は、「聖人」がその「人の性の彝倫に率い、その道を明らかにしその教えを敷き、天下の人に天から稟けた性を完全に発揮可能にさせる（率人性之彝倫、明其道敷其教、使天下之人全其所禀于天之性焉）」（同）ようにと設定されたものであるとする。錦城にとっては、確かに「聖人」がいなければ「道」と「教え」は明らかにはならなかったが、さりとてそれは人の性として「自然」に具わることに沿って設定されたものであり、作為的に勝手に定められたものなのではない。このような立場から、錦城は老子と荀子について、

老聃が道を自然ということとするのは、天をつかんではいるのだが聖人がわからず、聖人の功績を奪って、天に帰着させ、「我が典を勅す、我が五礼を自《もち》う」（尚書皐陶謨）の意味に暗いのである。荀卿が道を制作とみなすのは、聖人をつかんではいるのだが天がわからず、天の功績を奪って、聖人に帰着させ、「天叙天秩」（同）の意味に暗いのである。近ごろまた荀卿の誤ちを踏襲して、道を聖人の制作とする者がいる。その学は性と天道とに暗くて、天叙天秩の意味がわかっていない、告子義外の流れである。

老聃以道任自然者、知天而不知聖人、奪聖人之功、帰之於天、暗於勅典自礼之義也。荀卿以道為制作者、知聖人而不知天。奪天功、帰之於聖人。暗於天叙天秩之義也。近世又有襲荀卿之誤、以道為聖人制作者。其学暗性与天道、而不知天叙天秩之義、告子義外之流也。（第三十八条）

と批判している。「近世又有襲荀卿之誤、以道為聖人制作者」という言葉からすると、これは「先王」による「道」の「制作」を唱える徂徠学に対する批判でもあろう(14)。

以上の「自然」の視点と荀子同調者への批判とを一つの条に合すると、

書経康誥篇は彝倫を「天顕」とする。泰誓篇は五常を「天の顕道」とする。春秋左氏伝は「礼以て天に順うは、天の道なり」（文公十五年伝―市來）、また「忠信篤敬は、天の道なり」と言う（襄公二十三年伝）。これらはみな人道を天道とするが、どういうことなのか。人道の自然（他に拠らずそうであること）がつまりは天である。彝倫、

五常、忠信篤敬は、人の性の自然である。人の性の自然は、つまりは青々とした主宰がそうさせているのである。であれば彝倫、五常は、天でなくて何なのか。近世の学ぶ者は天をわかっておらず、だから道がわからない。道を制度文為の中に求めて、形あるものに拘泥して神妙なる道理をさっさと忘れ去った。（春秋戦国の乱れて）とめどもない世界（『論語』微子篇）であったときの、荀卿の性悪、告子の義外説の輩である。わたしはだからはっきり辨別してその蔽いを解いたのである。

康誥以彝倫為天顕。泰誓以五常為天之顕道。左伝礼以順天、天之道也。又云忠信篤敬、天之道也、襄二十三年。是皆以人道為天道、何也。人道自然即天也。彝倫五常、忠信篤敬、人性之自然。人性之自然、即蒼蒼主宰所使然也。然則彝倫五常、非天而何。近世学者不知天、故不知道。求道於制度文為之中、拘泥形跡而忽遺神理。滔滔天下、荀卿性悪、告子義外之流也。予故明辨之以解其蔽耳。（第四十条）

ということになる。「近世の学者」は、もとよりここでも徂徠を指すものであろう。『九経談』の通常の語り方だが、「人道」を「天」とする根拠として、この条の冒頭で書経、左伝を挙げ、考証学技法を用いる。しかしその使用は単なる考証のためではなく、やはり説の主張のためであり、また、その説も同時代の儒学言説への対抗の説として語っているのがよくわかる。対抗的そのすりあわせを通して、「制度文為」の政治の学としてではない、人の性の自然としての、仁義彝倫の実現としての儒学を、錦城は開示しようとするのである。

三　『中庸原解』における「未発」と「誠」の会通

大田錦城晩年の『中庸原解』三巻は、関連する経書、諸子の言葉を多く引いて解釈が詳しいが、方向が異なるものも含めてそれ以前の解釈が複数並べられているものもあり、一貫したものとみなして読もうとすると統一性に欠けてやや読みにくい。本節の標題に掲げた「未発」と「誠」に関わる中庸本文の箇所も同様であり、ここでは第二節の冒頭で述べた、『中庸原解』を作成する頃に発明することがあったという、術語「中庸」と「誠」との関係、及び「未発」に関する新解釈の二点に絞ってみてみたい。

まず術語「中庸」と「誠」についてであるが、巻一の冒頭に「中庸」と題目を提示して術語「中庸」を論じる。そこに伊藤忠岱『中庸莛撞』への「序」を九条にわける形で引く。その一条で、

「中庸」とは、善を行うときにずっといつも変わらないことである。「誠」とは、善を行うときに純一でやまないことである。だとすると中庸という二字は、かえって誠という一字であり、誠という一字は、中庸の二字であるのだ。

中庸者、行善之恒一不易也。誠者、行善之純一不已也。然則中庸二字、乃誠之一字也、誠之一字、乃中庸二字也。

と言い、「恒一不易」「純一不已」において「中庸」と「誠」は一致するとする。だから、

『中庸』の書全体が、はじめに「慎独」〔誠になろうとする工夫―錦城〕を説き、最後に聖人が大至誠であることに行き着くのは、このためである。なのに従来の儒学者はこの意味に説きおよばない。どうして『中庸』を解読できたと言えようか。

中庸一書、首説慎独〔欲誠工夫〕、末至聖人之大至誠、以此故也。而従来儒家、不説到此義。豈謂能解中庸乎。

と、『中庸』の構成は首尾一貫するものだとする。これと同じ問題は、先に『九経談』巻四「中庸」第八条によりうかがったが〔二五七頁〕、そのことをより大きな視点から再度表明するのである。(15)

次に「未発」の新解釈だが、これには水火の喩えと、その後に思いついた射礼における弓射の喩えとの二つがあり、

「解」では両論がそのまま並記されている（章句本一章「喜怒哀楽」解）[16]。

水火の喩えとは、人の心の自然なる動き（「本性」）が、本来、悪をおこなうのを嫌がることを、水が潤し下り火が炎上する特質に喩えるものである[17]。しかしこの譬えは、已発において結果的に悪をいやがることから本性の「中」が本来具わって善に向かうのがわかるということを、水と火の下る上るという性質に喩えながらあまり根拠もなく断言するという言い方であり、心の動きをしくみとして解説し実践を促すというものではない。「吾が心に於いては則ち猶お未だ疑有るを免れざるなり」（中庸原解序）と言っていたのは、あるいはこういうためかと思われる。

これと比較すると、射礼の譬えは、より心の姿をつかまえ、道徳実践を促す理屈を備える。この射礼の喩えは、『孟子』の「仁とは射のようなものだ。射る者は己を正してその後に発する。発して中らずとも、己に勝つ者を怨まないで、原因を内心に反省し求めるだけである。（仁者如射。射者正己而後発。発而不中、不怨勝己者、反求諸己而已矣）」（公孫丑上篇）というのを始めとするいくつかの射礼のときの心の姿勢を譬えとして用いて拡大したものである。錦城は、矢を射るときの心を「未発」「已発」に引きあてて、

射る者のこころは、弓を引いてまだ放たなくとも、中《あた》る道理があって、その「中」を存する。未発の中はこのようなことだ。すでに放てば一発的中し、ねらいに違わない。已発の和はこのようなことだ。

射者之神也、引而未発、然有中之理、而存其中焉。未発之中似之。已発則一発的中、不違所期也。已発之和似之。

と分析する。そして、この「引而未発、然有中之理、而存其中焉」を鍛えることが、「誠」と結びつけられる。『原解』は、この射の喩えが「誠」の論につながることを、章句本一章の「解」の末尾の一条において説くが、「中庸原解序」が、それと同じ方向の内容でかつ『中庸』の構成と子思の意図をも含めて総合的に論じているので、以上の論述のまとめとして、最後にその「序」の論を引こう。やや長くなるので三段にわけることとする。

いったい矢を射る者が、放って中《あた》り、中ってから始めて中ったことがわかるのは、へたな弓射である。弓射が上手な者は、弓を引いてまだ放たなくともその中ることをつかんでから放つ。いわゆる羿が射るときに、まず中ってから放つとは、このことを言う。これは至誠の聖人の未発の中に喩えられよう。

夫射者之発而中、中而後始知所以中者、拙射也。若其巧者、引而未発、然能知其所以中而後発也。所謂羿之射也、先中而後発、是之謂也。是可以喩至誠聖人未発之中矣。

矢が中ることを矢を放つ前に感覚的にわかっていると言う。今日的に言えば、オリンピック級の選手が、例えば走り高跳び競技で、助走前に、バーを越えて成功した姿のイメージをつくった後に跳ぶということをしていると聞くが、そういうことにちょうどあたる。そして錦城は、そういうことがなぜおこるのかを次のように考える。

どういうわけでそうなのか。弓射を習う訓練は、長くやって熟してきて、熟してその妙を得る。未発の中もやはりそうだ。善を択んで固く執り、戒懼し独りを慎み、少しのあいだも道を離れない、充分にこうであれば長くやって熟してきて、熟してその誠なるを得る。誠であれば喜怒哀楽がうごめき、すでに発して道に中り、発しなくても道に中る。ちょうど弓射の上手なものが、放ちて中り、放たなくても中るようなことである。このために、「誠なる者は、勉めずして中り、思わずして得、従容として道に中る、聖人なり」（章句本二十章）と言う。すべて「発して節に中る」のことを言うもので、「固く執る」のポイントや、「之を誠にす」を獲得する方法は、もっぱら「戒懼慎独」にある。それゆえ、この上文で「戒懼慎独」を説いて、そしてここの「未発、已発の中」に及ぶのがわかるのだ。

是何以能爾。習射之功、久而熟、熟而得其妙也。未発之中亦然。択善而固執、戒懼慎独、須臾之頃不敢離道、能如此則久而熟、熟而得其誠也。誠則喜怒哀楽之感、已発而中道、未発亦中道、猶射之巧、已発而中、未発亦中也。

是故曰、誠者、不勉而中、不思而得、従容中道、聖人也。皆言発而中節也、而固執之要、得誠之方、専在戒懼慎独。是故其上文説戒懼慎独、而及此未発已発之中、可以見矣。

弓射の訓練と同じく、人生における心の陶冶も同じで、それは「誠」の鍛錬にあたり、なにもすることがなく一人でいるときの「慎独」を通して鍛えるのだと言う。その実現は、

であれば、未発の中は、特にこれを求めるやり方はない。「善を明らかにする」「善を択ぶ」ことをおこない、「固く執りて之を守」って、「至誠」を獲得することにただあるだけである。至誠の聖人は、動かないで敬せられ、言わないで信じられ、賞せずして民は仕事に勧み、怒らないで民に威がいきわたり、また現さないで章らか、動かないで変化し、為すことなくして成るが、これらはみな発しないうちに中るの比喩であり、みな発しないうちに中るの効験である。中庸が説く内容、子思子の原意は、まことに煥然として明らかであることよ。

然則未発之中、別無求之之方。唯在明善択善、固執而守之、以得至誠而已矣。至誠聖人、不動而敬、不言而信、不賞而民勧、不怒而民威、及不見而章、不動而変、無為而成、是皆未発而中之比也、又皆未発而中之効也。中庸之所説、子思子之原意、豈不煥然昭明乎。

具体的には「明善」「択善」をおこなうことであり、「学問思弁」がこれにあたるとする。それは錦城の解釈による『大学』の「格物致知」にあたり、その「格物致知」を受けて『大学』は「誠意」を説き、一方、『中庸』は「明善」「択善」を受けて聖人の究極の「誠」を説いており、『大学』と『中庸』とはかくて同じ問題を説いているとみなすのである。

おわりに

以上、大田錦城における中庸論の、天、命、性、道、教の説と、未発の論と誠論との会通の説とを瞥見した。錦城は、「古学」が儒学界を席巻するとみて、その古学に相対化された「宋学」を古学に対置する。またその中で、「義理は本、考拠は末」として「義理」の学を顕彰する。とすると「義理」と「宋学」とが評価されるものとして通じることになるが、しかし古学に根底を批判された朱子学にはもはや回帰はできない。そうした下での「義理」の学の内実と、そこでの「考証」という方法の意味の把捉が、錦城学術を捉えようとするときの基本的課題となる。そして、本章でみた中庸論こそは（紙幅の関係で及べなかった大学論と併せ考えるべきではあるが）、「義理」の学の実践の指針となる重要な論議だったとみられるのである。

ここでその指針を提示するための方法としての錦城の考証学技法について『九経談』を中心に振り返るならば、それは、古音学の体系に論及しないことと、「真偽」と「用不用」とをわける点において、乾嘉の学と呼ばれる全盛期の清朝考証学とは性質が異なるものであった。その特質からすると、「経」の文字の聖性は二義的なものになりかねず、「聖人」がなんらかのかたちで関わる「経」の言葉を解明するという「経学」の根幹を揺るがしかねないものが、論理的にはそこに胚胎する（よく言えば、儒学としての考証学から近代学術にも通じる客観実証のための考証の技法に向かうということでもある）が、しかしそれが顕在化することはない。それは、錦城の場が、王朝体制かつ科挙体制の中国と比較すると、儒学の目的に関する社会的な強い要請が相対的には薄い日本江戸社会、文化文政時代でのものであることに関わるか。

そしてこの延長で、論拠の提示にあたって錦城は、同時代でみることが可能な漢学古典のほとんどすべてを、儒家系、道家系といった区別に拘わらずに俎上にのせる。純粋に並べれば並べるほど、無理がない解釈に導くことができるということになる。そのためそこから出てくる「義理」は、結果的におおむね穏健であり突飛さはない。中庸論にうかがえるその儒学も、中庸本文に引かれて一般論としては社会性は考えるが、しかし思想運動、社会運動をことさら喚起するようなものではない。「義理が本」ということの内実はこういうもののようである。その学術は、考証のための考証ではないが、思想運動を呼び起すようなものではない。しかし他説の学説に対する批判力は強い。文化、文政年間の学術多端の時代であるゆえにこそ、こういうものが学識ある知識人層に歓迎されたのではないかとみられるのである。

註

（1）加地伸行（著者代表）『皆川淇園・大田錦城』（叢書日本の思想家、明徳出版社、一九八六年）は、岸田知子氏が錦城の前半生、滝野邦雄氏が後半生、塩出雅氏がその学術内容、加地伸行氏がその『論語』と仁の理解をそれぞれ担当して論述する。考証学技法については、金谷治「日本考証学派の成立——大田錦城を中心として——」（『金谷治中国思想論集【下巻】批判主義的学問観の形成』平河出版社、一九九七年、所収。一九九〇年初出）が、多紀元簡（一七五五—一八一〇）に代表される多紀氏の医家考証学派と儒学の折衷学の交渉ネットワークの中に錦城が入ったこととその意義を詳細に論じ、水上雅晴「大田錦城の経学について——江戸の折衷学と清代の漢宋兼採の学——」（『東洋古典学研究』第二四集、二〇〇七年）は、漢学と宋学を折衷する錦城の折衷学者としての側面に光をあてつつ、その考証学技法の位置を、中国清朝の考証学における考証と義理の学との関係と比較してその特質を検討する。中庸論の展開については、清水信子「大田錦城『中庸』関係資料について」（『日本漢文学研究』二、二〇〇七年）が、中庸論関係資料を列挙、解説して術語としての「中庸」の解釈の展開過程を論じ、その論のもととなる錦城晩年の中庸講義のノートを新資料として同氏が翻刻し注をつけたのが、「翻刻 慶応大学図書館蔵 大田錦城講説伊藤忠岱筆記『中庸聞書』（一）（二）」（『二松学舎大学東アジア学術総合研究所集刊』第三八集、二〇〇八年、及び第三九集、二〇〇九年）である。今後、この清水氏による錦城の中庸論の詳細な解析が期待される。

（2）註（1）清水信子「大田錦城『中庸』関係資料について」参照。

（3）「近世清人考拠之学行焉。人好獺祭、学問之博過絶前古、然不論義理当否、而唯欲援拠之多、書名人名充牣巻帙、而義理之学荒矣。予名之曰書肆学焉。夫四書六経、義理之淵藪。考拠、伝注疏釈之学。義理本也、考拠末也。考拠之精、欲得義理之微也。考拠雖博、義理舛乖、則亦何用乎。且也考拠之学、其所費精則在瑣義末理、而聖道大原則措而不講。是亦近世学者之弊也。若夫講明経義道学、考証精確而義理正当、則謂之儒者之学矣」（『九経談』巻一「総論」第二十八条。傍点は市来）とみえる。

（4）その交渉ネットワークと錦城への影響については、註（1）金谷治論文、二五七頁以下、「（二）大田錦城の周辺」、参照。

（5）例えば、「聖人没二千年、其遺意、唯在言語文辞之間。故不精字句、則不能知聖人之妙意也。字句考証之学、是清人之所長也。明学空疎、考拠荒廃。……（清、考証学隆盛）……、唯其学過精細、而無一人発大見識以道自任者。是其学之所短也。然与得明人之書百巻、不如清人之一巻也」（『九経談』巻一「総論」第二十七条）と言う。

（6）木下鉄矢『「清朝考証学」とその時代』（中国学芸叢書、創文社、一九九六年）「Ⅱ経学と小学」参照。

（7）註（1）水上雅晴論文、「三　錦城と清朝考証学」参照。

（8）註（1）水上雅晴論文、「三」及び「四『漢宋兼採』の学と錦城の折衷学」参照。

（9）そもそも儒学者が制度的支えなどない「儒者」という存在だったことについては、黒住真「儒学と近世日本社会」（『近世日本社会と儒教』ぺりかん社、二〇〇三年。一九九四年初出）参照。

（10）註（1）加地伸行（著者代表）『皆川淇園・大田錦城』において、皆川淇園の学術の特質を論じる中で、中村春作氏は、折衷学が徂徠学を批判しながら実は批判的継承でもあることの問題を「折衷学の問題点」として論じる（六四頁以下）。大田錦城も基本的には同じ問題圏内にいると言える。

（11）宋学と古学との対抗関係については、「世奉宋学者、視晦庵甚高、与孔孟無異。故雖知其誤、多方回護、不欲顕其短也。世奉古学者、視晦庵甚卑、不及韓欧。故攻其所短、幷廃其所長、吹毛索瘢、不啻仇視也。至其甚者、則廃其書不読、若将浼者焉。奉古学者固愚矣。其奉宋学者未為得也。夫学者学古経也。……」（巻一「総論」第十五条）とも言う。

（12）『九経談』における大学論（巻三「大学」。全九十条）については、註（1）加地伸行（著者代表）『皆川淇園・大田錦城』において塩出雅氏が紹介している論じている（二二四頁以下）。錦城は、朱子学の格物補伝は採らないことから、必然的に次の「誠意」を重視し、中庸が、「誠身」の本として「明善」（章句本二十章）を、誠の前提として「択善固執、学問思弁」（同）を説くことから、これを格物致知に対応するものとみなし、大学を誠意中心に解釈する。朱子学の「理」の抽象性を回避しつつ、「考証」に対する「義理」の学の枠組みがここに説かれ、中庸はその根拠として尊重されるべきものと位置づけされるのである。

（13）また中庸談第二十二条で、「近世又有以孝弟忠信為中庸者。是出何経、又見何書、殊無証左。任口胡説、可悪之甚」と言うのは、徂徠の『中庸解』の序論に、「中庸者、謂徳之不甚高而易行者、硒孝弟忠信之類也」と語るのに対応して批判したものである。

（14）「中」の定義の中で、「中是聖人之大道。然人心之不同、如愚陋賢知之於喪、則豈有常準乎。於是聖人以礼義教中。礼義所以教中之具也」（第二十条）と言う。これを語るためにこの二十条は荀子をも論拠として引く。それだけみると一見、荀子に接近し、徂徠に近似する。しかし礼の起源について、「左伝礼以順天、天之道也。文十五年。本篇（中庸―市來）云、親親之殺、尊賢之等、礼所生也。夫親親之心、自有等殺、尊賢之心、亦有差等。是人性自然之礼。人性自然、即天也」（第三十九条）と言っており、徂徠学批判がぶれてしまうことは回避されている。

（15）「慎独」については、朱熹『章句』が、「戒慎恐懼」を未発に、「慎独」を已発にあてるのに対し、「独者、人之所不睹、人之所不聞也。慎者、戒慎恐懼也」と言い（「君子慎其独也」解）、慎独と戒慎恐懼を同じこととみて、未発已発の論による朱子学の解釈から離れる。「誠」に関しては、章句本二十章の「誠者天之道也」について、「誠者、天性之誠於道也、是生知之聖、如堯舜是也」と、天のめぐりの「実」なることに代表される「理」のあり方とみる朱子学の解釈からはやはり離れて、

「聖」ではあるが「人」のことを言うとみる。また「誠」の内実としては、「誠者、性也、性之也。無偽也。内外〔心行〕一致也、陰陽〔微顕〕不易也」（章句本二十章「誠者不勉而中～」解の一条）、「誠者、中心無偽也」（章句本二十六章「誠者自成也」解）、「物者、忠孝仁義之諸行。諸行不出於中心、則皆為虚仮、有始無終。其貫終始、純一不已者、其唯誠乎」（同「誠者物之終始」解の一条）と言うのなどが、本条に対応する考えである。

(16)『中庸聞書』では、前者の喩えが使われている。註（1）清水信子「翻刻 慶応大学図書館蔵 大田錦城講説伊藤忠岱筆記『中庸聞書』（一）」一九六頁、参照。

(17) 例えば「未感外物之時、虚静澹然、無偏倚者、其中也、可得而知也已。又已発之後、能知過不及之為悪、而不欲由之、則本性之中、本性之善、亦可得而知已。人受陰陽冲和之気而生、其性不偏。左伝所謂天地之中也。故不悦過不及之悪、而悦由中正之善。是人之所稟于天之性也。人之由中正之善、如水之潤下、火之炎上、如鳥之飛、獣之走也」と言い、「夫湿者、水之性也。故水流而就之。燥者、火之性也。故火燃而就之。人之性、中也。故其情之発、必能合中。人之性、善也。故其情之発、有四端之善也。若夫就過不及之悪者、非性之使然也。陥溺之害也」と言う。

寛政正学派の中庸注釈

前田　勉

一　問題の設定

寛政二年（一七九〇）、江戸幕府は、林家の私塾であった昌平黌において朱子学以外の学問を禁じた。加えて、柴野栗山、尾藤二洲、古賀精里の寛政の三博士とよばれる朱子学者を民間から抜擢し、幕府の教育機関として昌平坂学問所に改変して学制を一新した。いわゆる寛政異学の禁である。もともと二洲や精里は、荻生徂徠以降の儒学の多様化のなかで徂徠学や折衷学を「異学」として排斥し、「正学」朱子学によって儒学界の統一を願っていたが、幕府は彼らを登用することで、学問奨励と人材育成を図ろうとしたのである。この昌平坂学問所の学制改革は全国の諸藩や私塾にも影響を及ぼし、以後、朱子学が多くの藩校で教学の中心を占めることになった。

一体、寛政正学派の朱子学はどのような思想だったのだろうか。この問題を考えるにあたって、中国の明・清代の学術動向を抜きにしてはとらえられないことが指摘されている(1)。この点、荻生茂博が「初学入徳の門」（『大学章句』）たる『大学』注釈の分析を通して、清初の朱子学者陸隴其の影響の大きさを明らかにしている。具体的には、古賀精里の『大学』注釈書である『大学章句纂釈』『大学章句諸説弁誤』には、多くの明・清の諸儒の注釈書が博引されているが、そのなかで、陸隴其説が中心におかれていることを指摘している。荻生によれば、中華帝国建設を推進した康熙帝のもと、陸隴其は王陽明の出現以降の儒学の多様化、経学の混乱を朱子学一尊主義によって克服しようとしたが、日本においても古賀精里はこの陸隴其を範にして、徂徠学以後の思想状況を統一しようとしたのだという。

本稿で取り上げる『中庸』注釈においても、明・清の朱子学の影響は明らかである。そこには、明・清の注釈書、いわゆる四書集注の疏釈書からの引用で充ちている。ただ、明・清の朱子学の理解のうえに(2)、その膨大な引用書の内容分析から、寛政正学派の思想的特徴を読み取ることは、それほど容易ではない[3]。そのため、本稿ではこの点は最小限にとどめ、少し視点を変えて、江戸後期に、こうした引用の集積ともいえる注釈書がなぜ書かれたのか、どのような場で読まれ必要とされたのかという問題を考えてみたい。

こうした観点から注目すべきは、学習・読書方法としての会読である[4]。会読とは、一つのテキストを複数の人々が討論をしながら読むという、江戸期特有の共同読書の方法である。この会読の読書方法は十八世紀中ごろから流行し、昌平坂学問所でも寛政の学制改革によって導入され、講釈から会読中心に変化したことが知られている。学問所の儒者・学生は会読に出席することを義務づけられ、学生はまた私的に有志を集めて、自主的な会読をすることが奨励されたのである。おそらくは、この会読という共同読書の方法と寛政正学派の四書注釈とは、密接な関係があるだろう。さらにいえば、朱子学の枠内という前提はあるものの、自己とは異なる意見をもつ人々と積極的な討論をするという会読方法が、注釈内容に何らか反映しているのではないか。こうした問題意識をもって、本稿では寛政正学派の『中庸』注釈の特性について考察してみたい。

二　注釈の基本的立場

（1）　古賀精里を中心とする『中庸』注釈書

寛政正学派の人々は、当然のことながら、朱子学の根本経典である四書の注釈書を著しているが、なかでも『中庸』に関しては、以下のような注釈書があった。

・古賀精里（寛延三年―文化十四年、一七五〇―一八一七）昌平坂学問所儒者。

『中庸章句纂釈』（写本、『精里全書』所収）(5)

『中庸章句諸説弁誤』（文化十一年、古賀侗庵序、写本、『精里全書』所収）(6)

・古賀侗庵（天明八年―弘化四年、一七八八―一八四七）精里の子、昌平坂学問所儒者。

『中庸問答』十二巻（写本）・『中庸問答補遺』（写本）(7)

・増島蘭園（明和六年―天保十年、一七六九―一八三九）精里門人、昌平坂学問所儒者。

『中庸章句諸説参弁』二巻（写本）(8)

・安部井帽山（安永七年―弘化二年、一七七八―一八四五）精里門人、会津藩儒。

『四書訓蒙輯疏』二十九巻（嘉永元年刊、会津藩日新館、古賀侗庵序）(9)

この内、本稿では主に古賀精里と侗庵親子を考察対象とし、傍らに共に精里の弟子である増島蘭園と安部井帽山を置いて、精里を中心とする人々の中庸注釈の特徴を検討しよう。ところで、彼らの注釈の基本的な立場は、『中庸章句諸説弁誤』の序文に見ることができる。そこで、侗庵は次のように言っている。

顧みるに諸説の朱子より前なる者は、以て朱子に折衷せらるべし。朱子より後るる者は、将た何れの所に就きて正さんや。朱子の之れを説くこと詳らか、之れを弁ずること晰なりと雖も、予め未発の病を探りて之れに薬すること能わざれば、則ち後学の惑い、或は遽に解き易からず。是れ朱子に羽翼して、諸説の謬を弁正すること、後の人に待つこと有るがごときなり。家君（精里）は朱子を尊信すること神明の如し。然れども又た世の学に拘して、断々、章句・或問を墨守して、其の他を知ること莫きを病めば、乃ち遍く諸家の伝註を閲し、縦横上下、洞悉せざることなし。朱子の章句・或問を譜い、参ずるに語類・文集を以てすれば、以て其の指帰を失わざるべし。但だ学者、之れを読むこと熟ならず、之れを考うること確かならず。故に疑い無きこと能わずして、明清諸儒の楛説に、或は熒惑する所と為る。予、以て嘿すべからざるのみ。乃ち纂釈を著して以て章句を翼し、弁誤以て差謬を訂すは、其の是非を断じ、疑惑を析く所以なり。

顧諸説之前乎朱子者、可以折衷於朱子、後乎朱子者、将何所就而正、雖朱子説之詳、弁之晰、不能予探未発之病而薬之、則後学之惑、或未易遽解、是羽翼朱子而弁正諸説之謬、猶有待於後之人也、家君尊信朱子如神明、然又病世之拘学、断々墨守章句或問、而莫知其他、乃遍閲諸家伝註、縦横上下、莫不洞悉、謂朱子章句或問、参以語類文集、可以不失其指帰、但学者読之不熟、考之不確、故不能無疑、而於明清諸儒之楛説、或為所熒惑、予不可嘿而已、乃著纂釈以翼章句、弁誤以訂差謬、其所以断是非、析疑惑、

彼らは、「章句・或問を墨守して、其の他を知ること莫」いと、はじめから四書疏釈書を末書として排斥する同時代の闇斎学派とは異なり、「神明」のごとく尊信する朱子の「羽翼」となって、「明清諸儒」の誤謬を弁別することを自己の課題とする。そのために、寛政正学派の『中庸』注釈書は、朱子の『中庸章句』『中庸或問』を基本にしながら、「朱子より後」の明・清の「諸家の伝注」を取捨選択して採録する、引用の集積書となったのである。

（2）明・清の四書疏釈書

では、どのような疏釈書が参照されているのだろうか。この点、寛政正学派の『中庸』注釈の集大成ともいえる安部井帽山『四書訓蒙輯疏』の凡例のリスト「引用諸家名氏」が、もっとも網羅的である。そこには明・清の諸家ばかりか、古賀精里をはじめ、邦人山崎闇斎・三宅尚斎・中村惕斎・室鳩巣の名前も見える。以下、これをもとに、精里と侗庵の注釈書のなかに収録されているものを含めて、明・清の朱子学者の注釈書を列挙してみよう。このうち、○印は精里の『中庸章句纂釈』『中庸章句諸説弁誤』に、●印は侗庵の『中庸問答』に引用する注釈書である。

○● 明・胡広等『四書大全』三十八巻、慶安四年（一六五一）刊（鵜飼信之点）

○● 明・蔡虚斎（清）『四書蒙引』十五巻、崇禎八年（一六三五）、寛永十三年（一六三六）刊

○● 明・陳紫峰（琛）『四書浅説』十三巻、崇禎十年（一六三七）

○● 明・林次崖（希元）『四書存疑』十四巻、承応三年（一六五四）刊（鵜飼信之点）

○● 明・王観濤（納諫）『四書翼註』六巻、天保十二年（一八四一）刊（篠崎弼校）

● 明・高中玄（拱）『四書問弁録』十巻、万治三年（一六五八）刊

○● 明・丘月林（橓）『四書摘訓』二十巻、万暦五年（一五七七）

● 明・張居正『四書経筵直解』二十巻、江戸刊

● 明・徐奮鵬『纂定古今大全』四十巻、崇禎五年（一六三二）

● 明・王方麓（樵）『紹聞編』八巻、万暦二十四年（一五九六）

明・盧未人（一誠）『四書便蒙講述』十一巻、万暦二十一年（一五九三）

明・顧麟士（夢麟）『四書説約』二十巻、崇禎十三年（一六四〇）

○● 清・呉蓀右（荃）『四書大全説約合参正解』三十巻、元禄十年（一六九七）刊

● 清・呂晩村（留良）『四書講義』八巻、康熙二十五年（一六八六）

● 清・朱軾等『駁呂留良四書講義』八巻、雍正十一年（一七三三）

○● 清・孫詒仲（瑯）『四書緒言』四十四巻、康熙二十五年（一六八六）、元禄十五年刊（一七〇七）

○● 清・陸稼書（隴其）『四書講義困勉録』三十七巻・続六巻、康熙三十八年（一六九九）

○● 清・李岱雲（沛霖）・李禎『四書異同条弁』四十巻、康熙四十一年（一七〇二）

○●清・汪武曹（份）『増訂四書大全』四十二巻、康熙四十一年（一七〇二）、嘉永七年（一八五四）刊
●清・金松『四書講』四十巻、康熙五十九年（一七二一）
清・胡期僊（士佺）・陳澗『四書体朱正宗約解』二十巻、康熙三十年（一六九一）
○●清・周聘侯（大璋）『四書朱子大全精言』四十一巻、乾隆三年（一七三八）
清・孫潜村（見龍）『五華纂訂四書大全』四十六巻、乾隆十三年（一七四八）
●清・王歩青（罕皆）『四書匯参』四十三巻、乾隆十年（一七四五）、天保七年（一八三六）刊（加賀藩）
●清・王若林（澍）『学庸困学録』二巻、乾隆二年（一七三七）
●清・張甄陶『四書翼註論文』三十八巻、乾隆四十二年（一七七七）
清・閻若璩『四書釈地』五巻、乾隆五十二年（一七八七）
清・胡斐才（蓉芝）『四書疏註撮言大全』三十七巻、乾隆二十八年（一七六三）
清・鄧雉千（柱瀾）『四書引解』二十六巻、乾隆三十三年（一七六八）
清・陶謹之（起痒）『四書集説』四十一巻、嘉慶十八年（一八一三）
○朝鮮・李退渓

この内、精里の『中庸章句諸説弁誤』は、主に李岱雲・禎兄弟の『四書異同条弁』を批判の主対象としながら、ほかに蔡虚斎『四書蒙引』、陸稼書『四書講義困勉録』、孫詒仲『四書緒言』、汪武曹『増訂四書大全』、周大璋『四書大全精言』、それに李退渓の説を収めている。とくに精里が『四書異同弁条』（以下、『弁条』と略記する）の所説を取り上げた理由は、最新の疏釈書であること、多くの諸儒の所説を採録していること、さらに諸説の是非弁別をはっきりさせていることがあげられるだろう。前の二つは、精里の門人石塚確斎が書いた例言にも述べられているが、三つ目の

理由も、大事だったのではないかと思われる。『条弁』は、章句・或問・語類を引いた後に、大全さらに明・清の「講家」の所説を「同」と「異」に弁別して収録し、そのうえに、自己の見解を提示している。この体裁は是非が明示されているだけに、分りやすいにしても、議論を引き起こすものではなかったか。確斎が例言で、「其の害、浅浅ならず」だといっているところに、われわれがその是非弁別を明らかにするという並々ならぬ意欲がうかがわれる。

侗庵の『中庸問答』に引用する主な注釈書も、蔡虚斎、陸稼書、孫詒仲、汪武曹、周大璋、李岱雲・禎らであって、基本的には精里と変わらない。ただ侗庵の『中庸問答』では、問答形式をとることによって、是非弁別はより明瞭になっている点は注意しておかねばならない。侗庵は、「問」において、一句・一節ごとに、諸家の見解を引用し、時には正反対の見解をも提示して、その論点を明確に示したのちに、それにたいする自己の見解を「答」のなかで、是か非か、はっきりした形で提示する。そして、是にせよ、非にせよ、自己の見解と等しいものが、すでに存在する場合には、その見解をそのまま引用し、また誰も論じていない場合には、誰々の説は「是ならず」と自説を展開している。

さらに『中庸問答』では、明・清諸家の論争点ばかりか、新たに疑問をも提出している。とくに、新たな問題については、「善きかな、疑いや」（巻三、「問、南方之強与北方之強」）と述べ、疑い自体が奨励されている。問答のほとんどが、諸家の是非を問い、「非なり、已に誰々が駁す」とあるように、「已に」明・清諸家によって議論されていたものであった。もちろん、それだけ議論の分厚い蓄積があるわけだが、この明・清の四書注釈の知的蓄積をふまえながら、新たな疑問を持ち、問いを発すること自体に意味を見出すところに、侗庵の思想の一つの特徴があるといえるだろう。この点は、後に会読との関連で触れてみよう。

三　注釈の方法

（1）　四書疏釈書の相対化

このように寛政正学派の注釈は、朱子の四書集注をもとに、明・清の疏釈書の是非を判断してゆくことが主眼となっているが、その際、冒頭に紹介したように、諸家のなかで陸隴其の大きさが指摘されている。しかし注意すべきは、陸隴其が絶対視されているわけではないという点である。

たしかに精里の『纂釈』『弁誤』では、陸隴其説をそのまま引用し肯定している箇所はある。たとえば『弁誤』には、「虚霊知覚」「子曰、舜其大知也與節」「子曰、回之為人也節」の各条で、『困勉録』の陸隴其説を抜き出している。しかし、一方で「至誠無息説」条では、『条弁』の李岱雲説を取り上げて、これとの関連で、陸隴其説を「恐らくは文義に非ず」としている。また、他にも、「道心人心」条では、陸隴其説を明示していないが、陸隴其によって批判されている蒙引の蔡虚斎説をとっている（後出）。とすれば、精里の注釈は陸隴其に準拠し、それを要点化して学者に示そうとしたという荻生説は見直しする必要があるのではないかと思われる。

なるほど、精里は陸隴其の『四書松陽講義』の和刻本に序文を書いているほどであるから、「国朝の理学の名臣」（『精里全書』巻十三）陸隴其を尊重している。しかし、絶対視していたわけではなかった。もしそうでなければ、精里の後を継いで、侗庵は現れることはないだろう。『中庸問答』では、明らかに陸隴其説も、その他多数の一つになっているからである。ここで大事なことは、陸隴其の説だからといって、すべてが正しいわけではなく、間違いもあるとする相対的な思考だろう。一人の考えすべてがいつも正しいとするのではなく、その人も、朱子の本旨に背いて考えることもありうるという選択的な立場である。

こうした立場は、寛政正学派には共有されていたのではないかと思われる。増島蘭園の『参弁』を例にとってみよう。陸隴其に注目すれば、是々非々の立場であることが分かるだろう。蘭園も、陸隴其説に賛成する箇所はある。「陸氏、饒説を駁するは、洵に当れり。史氏の説を駁するも、亦た当れり」（巻一、君子之道四節、一九頁）、「存疑は固より非なり。而して精言も亦た未だ融せずに似る。稼書の説は易うべからず」（巻二、天下之達道節、三四頁）。しかし、一方で次のように反対もする。「陸説、謬れり」（巻一、喜怒哀楽節、七頁）、「蒙引、三者各々、知仁勇有るの説は、洵に誤れり。稼書、之れを兼取するは非なり」（巻一、天下国家可均也節、一二頁）。

さらに、この是々非々の立場は、親子といえども、貫かれていたことは注目に値する。侗庵にいたっては、「弁誤と合わず。俟考」（『問答』巻二、致中和節）と、精里と合致していない説を頭注で明示しているのである。具体的に、精里と侗庵とで注釈の相違している点を見てみよう。たとえば、子路が孔子に「強」を質問した「問強」条（章句十章）である。孔子が子路に「南方の強か、北方の強か、抑そも而《なんじ》の強か」と反問したことについて、大全所収の新安陳氏は「汝の強は、学者の強なり」と注解した。精里は、この新安陳氏の「学者の強」説に賛同して、「強」のうえに「学者」の二字をつけるのは蛇足であると反対する李岱雲説を引きながらも、「学者の強説、易うべからず」とする。ところが、侗庵は、新安陳氏の「学者の強」説を非として、かえってこれを駁した李岱雲説に賛成している。問答の頭注には、精里がこの李岱雲説を非難していることを、「弁誤、之れを駁す」とのべて、暗に自己の見解と異なっていることを示しているのである（ただし、それ以上の説明はない）。

また、君子のふみ行うべき道は、「夫婦の愚」も、あずかり知ることができるという「夫婦之愚節」（章句十二章）の注釈は、精里との違いがよりはっきりしている。朱子は、このあずかり知ることのできることは、「夫婦居室の間」（中庸章句）であるとするが、この「居室の間」の事柄が何であるかで、明・清諸家の間で意見を異にしていた。史伯璿や呂晩村はこれを「男女交感」、つまり、男女間の性的行為だとするが、精里はこの史伯璿や呂晩村を批判している孫詒仲説をそのまま引用することによって、「男女交感」説反対の意を表した。

ところが、侗庵は、自分の考えが精里とは異なるとして、頭注に「弁誤の説と合わず」と記している。侗庵は、問いにおいて、史伯璿と呂晩村の「男女交感」説をあげたうえに、反対説として、新安陳氏の「知るべき、能くすべきは、道中の一事なり。是れ日用の間一事上に就きて論ず。親に事え長に事えるの類の如し」、林希元の「夫婦の愚、与り知り能くすべきは、此れ道の至小を挙げて言うなり」、精里の引用する孫詒仲説、『駁呂留良四書講義』の所説をも提示して、両方をともに、「一偏の見に陥る」と述べて、次のように説いている。

但だ交感化生は、固より道の一端なり。然れども夫婦の居室型家、其の事多端にして、之れを交感の一事に止むと謂うは、則ち未だ可ならざるなり。陳・林等、夫婦を離れて説を立つるに至りては、則ち全然、朱子と背馳するなり。

但交感化生、固道之一端、然夫婦居室型家、其事多端、謂之止交感一事、則未可也、至陳林等、離夫婦而立説、則全然與朱子背馳矣、（『問答』巻四）

侗庵は、夫婦があずかり知り、できることとは、「男女交感」のような性的行為ではなく、日常生活全般にかかわるとする「男女交感」反対説を「朱子と背馳する」ものと批判する。ということは、たしかに「夫婦の接遇は、各々其の道有り。交感を以て之れを概するは、則ち狭」（『問答』巻四）いにしても、未だ可ではないが、日常生活の「耒耜井臼」のような生産行為にまで広げて解釈する反対説は「全く朱子と戻」（同右）っていて、それよりはまだましだととらえるのである。その意味で、侗庵は「男女交感」反対の李岱雲説を是とする父親精里と意見を異にしているのである。

ちなみに、増島蘭園は、侗庵とは異なって、精里の反対説をとっている。蘭園も「男女構精、形交気感」とする史伯璿とそれに反対する林希元の『存疑』の両方の説をあげた後に、次のように説いている。

固（増島蘭園）按ずるに、夫婦の愚不肖、能く知り能く行うは、夫倡婦和して、家に有り、日用の耒耜井臼の常を言う。是れ其の最も至近至切なる者にして、亦た道中の一事なり。故に以て道の在らざること無きを見すなり。章句の「夫婦居室の間」は、乃ち此れを指して言う。史氏、形気交感と為すは、章句の所謂る夫婦居室の間を誤り看るに由る。

固按、夫婦之愚不肖、能知能行、言夫倡婦和有家、日用耒耜井臼之常、是其最至近至切者、而亦道中一事、故以見道無不在也、章句夫婦居室之間、乃指此言、史氏為形気交感、由誤看章句所謂夫婦居室之間、

（『中庸章句諸説参弁』巻一、一四頁）

蘭園によれば、「男女交感」説は夫婦の二字に拘泥して、「全然と意義無き」ものであった。このように朱子の「夫婦居室の間」解釈をめぐって、精里門下の間でも意見を異にしているのである。たった一句をめぐる小さな争点ではあるが、後に述べるように、会読の場では、こうした争点について討論が巻き起こったであろう。

（2）「朱子の意」と「文義」

ところで、侗庵が精里と異なる意見を述べて、「合わず」と記している箇所が、たんに章句の解釈の次元にとどまるのか、もっと思想の本質的な次元に及んでいるかは、考えてみなくてはならない。この点は後に検討することにして、もう少し形式的な問題に絞ってみよう。精里において、諸説の是非判断のキータームとなるのは、「朱子の意」と「文義」である。「朱子に戻る」（『弁誤』、致中和節）、「朱子の意に非ざるなり。朱子の意は、蓋し謂う、云々」（同

右、註自戒惧而約之)、「異を諸家の説に求めて、顕然として朱子と相反す」(同右、唯天下至誠節)。「文義」については、「此れ粗、文義を知る者の惑わざる所なり。世多く察せず」(弁誤、註自戒惧而約之)、「尤も文義に非ず」(同右、問強)、「読者、各々其の文意の指す所に随いて之れを尋ぬれば、則ち其の義各々明かなり」(同右、呉伯章曰、程子之説、与章句不同)、「恐らくは文義に非ず」(同右、至誠無息節)、「此の文義、何ぞ暁り難きこと有らん」(同右、苟不固聡明節)とあるように、頻出する。

精里は、章句の「文義」に素直に従うことを説いて、無理な解釈をしようとしない。どこまでも朱子の意に即して、それを敷衍する態度であるといえよう。精里によれば、諸家の疏釈は「拘泥」することで、却って「文意」を通じがたくしているという。

今ま章句・或問・朱集・語類を熟読するに、其の文意は弁を待たずして明らかなり。踵訛の久しき、或は拘泥して通じ易からざること有り。故に今ま其の大旨を摘みて之れを論ぜざるをえず。章句の意は、蓋し謂う云々。

今熟読章句或問朱集語類、其文意不待弁而明矣、踵訛之久、或有拘泥而不易通、故今不得不摘其大旨而論之、章句之意、蓋謂云々、(『弁誤』、註性道雖同気稟或異)

もちろん、精里が読み取った「文意」すなわち「蓋し」以下の内容が、朱子の本意そのままであるかどうかは、別問題であるが、少なくとも精里はそのように認識しながら、自己の朱子理解を展開していることに注目しなくてはならない。その一つの例証が、「致中和、天地位焉、万物育焉」(章句、一章)にたいする朱子の章句理解である。章句には、次のようにある。

自戒懼而約之、以至於至静之中、無所少偏倚、而其守不失、則極其中而天地位矣。自謹独而精之、以至於応物之処、無少差謬、而無適不然、則極其和而万物育矣。

『条弁』の李岱雲説では、「戒懼は単に中を致すに属すと謂うに非ず」、「謹独は専ら和を致すに属すと謂うに非ず」とする。岱雲は、「省察は只だ是れ涵養の中の省察にして、原と未だ省察と涵養とを以て平対し、静を分かちて涵養に属し、動を省察に属さざれば、則ち未だ嘗て涵養を以て中を致すの功夫と為し、省察を和を致すの工夫と為さず」と説いて、「涵養を以て動静を通貫すると為す」ことを説いていた。ところが、精里は、「未発・已発、内外・動静交ごも相資するは固よりなり」としつつも、「相対して分開して説けば、則ち決して混淆」してはならないとする。精里によれば、「戒懼」から「至静の中」に至るまでは「未発」に属し、「謹独」から「応物の処」に至るまでは「已発」に属していて、両者ははっきり境界をもっているのである。

精里によれば、李岱雲説は、「自戒懼而約之、以至於至静之中」の「至る」の字を軽く見ているところから出てくる。これは、『条弁』に採録してある林次崖の「章句の至静の至るの字は、亦た軽し」にもとづいているもので、「次崖は、戒慎を以て之れを已発に属さんと欲して、至るの字に碍げらる。故に至るの字を軽く看るの解」が出てきたのであって、朱子の「正意」ではないという。この「至る」の字を軽く見る結果、未発と已発の境界が曖昧になり、とくに「戒懼」を「已発」に属させたことによって、「未発の時」の本来の「戒懼の工夫」がおろそかになってしまったと批判するのである。「戒懼よりして之れを約すは、固より未発の時、戒懼の工夫」であって、「戒懼を已発と為さば、則ち和に工夫ありて、中に工夫が無」くなってしまうという。章句の「至る」の字を軽く見るかどうかという「文義」が、朱子の本意がどこにあるのかに関るポイントになるわけである。ちなみに、安部井帽山『四書訓蒙輯疏』は、精里説をそのまま採録している。

当然のことだが、侗庵においても、「朱子の意」が明・清の講家の弁別の基準となっていることは変わりない。「大全の北渓陳氏・雲峰胡氏は皆、章句の旨を失わず。其の他、蔡・陸の説は之れを得たり」（『問答』巻一、篇首中庸二字）、

「前説、是なり。章句・或問の弁説、極めて明確たり。奚ぞ疑を容れんや。孫詒仲、之れを得たり。王（歩青）・朱の説は亦た参考に資するに足る」（同右、巻一、道也者不可須臾離節）、「此の説は偏見に流れて朱子の旨を失す。李（岱雲）・周（聘侯）の駁、之れを得たり」（同右、巻八、或生而知之節）。ところが、面白いことに侗庵においては、精里と異なり、章句に無条件に従うのではなく、朱子の「文義」自体に、疑問が投げかけられている。侗庵の場合、この点がもっとも重要な論点となるだろう。たとえば、次のような言葉である。

章句・或問、其の理を析くは、則ち極精なるも、但だ文義の間に未だ些か疑い有るを免れず。

章句或問、其析理則極精、但文義之間、未免有些疑、（『問答』巻十一）

ここで「些か疑い有るを免」れないといっているのは、章句二十九章第二節の「上焉者、雖善無徴、無徴不信、不信民弗従。下焉者、雖善不尊、不尊不信、不信民弗従」の経文にたいして、朱子は「上焉者、謂時王以前、如夏商之礼、雖善、而皆不可考。下焉者、謂聖人在下、如孔子雖善於礼、而不在尊位也」と注していることに向けられている。「上なる者」が時間的なカテゴリーの「上」、「下なる者」が位のカテゴリーの「下」を述べているのは、『中庸或問』でも問題になっているが、侗庵はこの『章句』と『或問』を引いてきて、「猶お未だ釈せず。然らば何んぞや」と問いかけた答えが、「文義の間」にいささかの疑いがあるというものであった。侗庵は続けて次のようにいう。

夫れ経文の上下の二字、相対して義を成す。「上なる者」は時を以て言えば、則ち「下なる者」も亦た当に時を以て言うべし。「下なる者」、位を以て言えば、則ち「上なる者」も亦た当に位を以て言うべし。今、上を以て時と為し、下を位と為すは、恐らくは支離を免れず。予、文勢を熟考して、上下の二字は共に位を指すを是と為す。（中略）是の解の如きは、則ち文勢極めて安にして、其の意は則ち朱子の旨に仍るなり。此れ予の敢て此の説を主張する所以なり。

夫経文上下二字、相対成義、上焉者以時言、則下焉者亦当以時言、下焉者以位言、則上焉者亦当以位言、今以上為時、下為位、恐不免於支離、予熟考文勢、上下二字共指位為是、（中略）如是解、則文勢極安、而其意則仍朱子之旨也、此予所以敢主張此説也、

（『問答』巻十一）

上下ともに位のカテゴリーで説くことは、中庸本文の「文勢」にも、「朱子の旨」にもかなっているというのである。その意味では、「文義」においては若干の疑いを持ちつつも、「朱子の旨」に添おうとしているわけである。ほかにも、『中庸問答』には、朱子にたいする疑義が述べられている箇所があるが、細かい注釈上での「文義」での違いと異なり、注目すべきは、朱子が経文を改めている箇所についての侗庵の批判である。

『中庸章句』二十章の「人道敏政、地道敏樹。夫政也者、蒲蘆也」の「蒲蘆」について、章句では、「蒲蘆、沈括以為蒲葦、是也。以人立政、猶以地種樹、其成速矣。而蒲葦又易生之物、其成尤速也」とある。古注では、蒲蘆は土蜂《じがばち》のことであるが、朱子は、沈括の『夢渓筆談』巻三の説をとって、蒲《がま》と葦《あし》とする。「地道敏樹」をうけて、昆虫から植物にしたのである。これにたいして、侗庵は次のように批判する。

臆見に任せて本文を改むるは、尤も経を解するの失為り。必ず万万通ぜず、然して後に、焉れを改むるは可なり。蒲葦の義、自ら通ず。何の故にか軽く改むるや。蘆は自ずから蘆、盧は自ずから盧なり。奚ぞ強いて合すべきや。古註、程子及び諸家、従いて此の解無し。沈存中に至りて、始めて此の無稽の説を創め、朱子之れに従う。上の地道の一句を承くるに過ぎざるのみ。（中略）毛奇齢も亦た、嘗て之れを弁ず。

任臆見改本文、尤為解経之失、必万万不通、然後改焉可也、蒲葦義自通、何故軽改、蘆自蘆、盧自盧、奚可強合、古註程子及諸家、従無此解、至沈存中、始創此無稽之説、朱子従之、不過上承地道一句而已、（中略）毛奇齢亦嘗弁之矣、

（『問答』巻七）

こう述べて、侗庵は毛奇齢説を引用している。考証学の成果を採り入れて、朱子を批判するのだが、これはたんなる事実誤認の問題ではないだろう。というのは、本文改定にかかわっているからである。この「臆見に任せて本文を改むるは、尤も経を解するの失為り」という経文改定への批判は、『大学』の格物補伝の改定につながっている点で注目すべきである。侗庵の『大学問答』のなか、補伝に関する問答で次のようにいう。

問、朱子の補伝は、遺議有るを免れざるに似る。其の是非、如何。

答、予、朱子に於ける、尊信すること神明の如し。顧みるに、其の説の安ぜざる者は、苟同するを肯ぜず。其の心は、以為らく、佞臣為るよりは、寧ろ争臣為らんとす。補伝の如きは、尤も其の疑いを蓄うるの甚だしき者なり。

侗庵は、先にみた『弁誤』の序文のなかで精里を評していたように、朱子を「尊信すること神明の如し」であるが、この経文改定に関しては、朱子の「佞臣」たるよりもむしろ「争臣」たらんとすると、強い表現で、朱子の本文改定を批判していたのである。(10)

四　注釈内容の特徴

（1）「天命」「道心・人心」

ここでは明・清諸家の是非判断のなかから、精里と侗庵の考え方の特徴が現れていると思われる個所について、紹介してみよう。まず、精里についていえば、中庸第一章の冒頭「天命之謂性」の「天命」の注釈である。精里はいう。

按ずるに、世に命の字を以て活字と作す者有り。猶お天の之れに命ずる之れを性と謂うと曰うがごとしと謂う。

果して爾らば、則ち天命と人性とは、一重の膜を隔つに似て、天の命ずる所、何物為るかを知らずして、直に名づけて性と曰うなり。朱子又た曰く、命は猶お誥勅のごとし、性は猶お官職のごとしと。明々に活字と作し看ず。且つまた其の他に、天命・明命の類、甚だ多し。皆な活字と作し看るべけんや。
按世有以命字作活字者、謂猶曰天命之之謂性、果爾、則天命与人性似隔一重膜、而不知天所命為何物、直名曰性也、朱子又曰、命猶誥勅、性猶官職、明々不作活字看、且也其他天命明命之類甚多、皆可作活字看乎、
（『弁誤』）

精里は、「命」の字を、天が「命ずる」という動詞とせずに、天とつなげて「天の命」とする。この精里の弟子安部井帽山は、精里の説をそのまま引用して賛同し、「今按ずるに、此の天命の語意は、天の明命と同じ」（『四書訓蒙輯疏』巻三）とし、また増島蘭園もまた「命」字を動詞とする「近時の講家」を批判して、「若し単に之れを天に属せば、則ち天命は即ち性なり。単に之れを人に属せば、性は即ち天命なり。此くの如ければ、則ち命は、天に在り、人に在るの定名為り。復た活して看るべからず」（『中庸章句諸説参弁』巻一、二頁）とする。共通して、天の命令を性とするのである。

また、中庸章句序の「道心人心」についても、精里の特徴を見て取れる。精里は、朱子語類の「道理底の人心有り、即ち是れ道心」、蔡虚斎の「人心の其の正を得たる者、亦た即ち道心のみ」を引用して言う。「此れに拠つて、則ち方に道心、主と為りて、人心、命を聴かば、則ち純然として道心なり」（『弁誤』）。人心の正しいものが道心であるとして、道心は人心と離れているわけではないことを説いている。実はここで引用されている蔡虚斎説は、陸隴其によって批判されているものであった。

人心と道心は、只だ是れ一箇の心なり。大全の朱子、蔡氏、胡氏、許氏は皆、未だ嘗て人心を離却して以て道心

を説かず。蒙引、甚だ拘む。必ずしも従わず。

人心道心、只是一箇心、大全朱子蔡氏胡氏許氏、皆未嘗離却人心以説道心、蒙引甚拘、不必従、

（『中庸講義困勉録』巻一）

陸隴其はこう説いて、「人心の其の正を得たる者は、亦た即ち是れ道心のみ」という蒙引説を否定的に付している。陸隴其にすれば、人心と道心の区別をはっきりさせることが、両者を渾一化する王陽明にたいする批判であっただろう。実際、「人心の其の正を得たる者、亦た即ち道心のみ」という蔡虚斎の見解は、王陽明の説と等しいものであったからである。陽明は『伝習録』のなかで、「人心の其の正を得る者は、即ち道心なり」（徐愛録）と説いていた。ところが、意外にも『弁誤』では、精里は、陸隴其によって批判されている蔡虚斎の道心・人心説を採っているのである。侗庵にいたると、よりはっきりする。侗庵は、蒙引の蔡虚斎説、それに『困勉録』の陸隴其説を引いて、「如何」と問いを発している。これにたいする答えは次のようである。「答、虚斎は、未だ始より失せず。而るに稼書は妄りに詆るなり。人は固より只だ一心なり。然れども人と道との分は、則ち中に就きて明弁せざるべからざるなり」（『問答』巻二）。精里親子は、このように道心・人心を截然と二つに分けず、また陸隴其説だからといって、無条件に肯定しているわけではない。

（2）「天地位焉、万物育焉」

侗庵の注釈の興味ある論点の一つに、「致中和、天地位焉、万物育焉」をあげることができるだろう。これまで述べてきたように『中庸問答』は、『中庸章句』の注にたいする疏の是非を明らかにする条文がほとんどである。そのなかで、「致中和、天地位、万物育焉」（章句一章）の経文への章句の注を取りあげている箇所は例外的である。問に

おいて『中庸章句』『中庸或問』『朱子語類』の三つの当該箇所を提示して、これにたいして、侗庵は、「此れ未だ疑うべきを免れず」と答えて、自説を展開しているのである。ここで問題となるのは、章句の次の箇所である。

蓋天地万物、本吾一体、吾之心正、則天地之心亦正矣、吾之気順、則天地之気亦順矣、故其効験至於如此。此学問之極功、聖人之能事、初非有待於外。

天人関係における天地—小天地の「汎神論的な感情[11]」（島田虔次）を説いている箇所である。いわば朱子学の世界観・人間観の根本に触れるものである。何が問題なのか。

案ずるに章句の解は、極めて精密なり。然れども猶お未だ尽さざること有るを覚ゆ。夫れ位育の功は至大至難なり。必ずや聖人、位に在りて其の輔翼裁成の力を尽くして、而る後に済うこと有れば、則ち当に新民・善世の実政を兼ねて言うべし。当に専ら正心順気を指すべからざるのみ。

案章句之解極精密、然猶覚有未尽、夫位育之功至大至難、必聖人在位尽其輔翼裁成之力、而後有済、則当兼新民善世之実政而言、不当専指正心順気而已、（『問答』巻二、致中和節）

「位育の功」は位ある聖人にかかわる事功であって、広く一般化して「君子」の事として説くことはできないという考えがあった。「案ずるに諸説は多く或問・語類を墨守し、旁意を以て正解と為し、反て経旨を晦ます。独り陳氏が云く、此れ乃ち位有る者の事功にして、泛く君子に就きて説くに非ざるなりと」（『問答』巻二、致中和節）。もともと大全所収の『朱子語類』には、「問う、中和を致して、天地位し、万物育すとは、此れ位有る者を以て言う。一介の士の如きは、如何んぞ此の如きを得んや」（『朱子語類』巻六二、第一五四条）という質問があった（『条弁』にも引用している）。『中庸問答』の稿本では、侗庵はこの問答を一旦、問いに引用した後に削除しているが、結局、侗庵の真意は、無位の「一介の士」には、天地万物を化育するような、「至大至難」の事功は関りないということにあったと思われる。ここには、儒学を志す者が、中国では科挙をめざす士大夫であったのにたいして、近世日本では世襲の武士であったという社会的条件の差違が反映しているだろう。「一介の士」が天下国家の治平を志すことは、明・清の朱子学者にとってみれば、自明なことだが、近世日本では必ずしも当たり前ではなかった。しかし逆にだからこそ、侗庵は明・清諸家を総体として批判しうる立場にたつこともできたのではないかと思われる。

五　注釈と会読

これまで見てきたように、寛政正学派の注釈においては、朱子の四書集注の枠内であるにしても、明・清の朱子学者を相対化して、議論の対象にしていた。ということは、陸隴其説を遵守したわけではなく、また自己の説を絶対化して、自己に続く人々の異見を抑圧しようとしたわけではなかった。もしそうでなければ、精里の説を息子の侗庵が批判するようなことはありえなかったろう。ここには、思想上のある種の寛容さが認められる。ある種という限定をつけたのは、もちろん、朱子の四書集注という大前提があることを意味する。そのため、取り上げる明・清の疏注書も朱子学を大枠とするものばかりであって、陽明学系統の注釈は俎上にもあがっていない。[12] しかし、それにしても、一定の枠内での異説の間での是非が議論されたことは、これらのテキストが会読のさいに利用されているということを想起するとき、面白い意味付けができるのではないかと思われる。

会読と注釈との関りは、すでに眞壁仁氏が、侗庵の『大学問答』の叙述形式が昌平坂学問所や藩校での「講習討論」の反映であることを指摘し、示唆している。眞壁によれば、昌平坂学問所の「学規」（寛政五年）の第四則「講会」に「義理を討論し、精微を講窮す、須らく必ず依拠有るべし、切に無稽臆説を禁ず」とあるのは、経書解釈史の文献に

「依拠」した「討論」をいい、学問吟味や校内試験に向けた受験勉強を兼ねた学問所での経書会読や輪講会も、「弁書」といわれる試験で問われる「章意」「字訓」「解義」「余論」などを想定しながら、これまで見てきた『中庸問答』同様の「問答」と「是非」の判定が行われていたのであろうという(13)。卓見である。

実際、たとえば、天保年間に侗庵の弟子たちの間で行われていた会読のなかで、侗庵の『中庸問答』が参考書として使われていた。江木鰐水の日記の天保七年（一八三六）正月二八日条には、次のようにある。

夜中庸会卒業す。蓋し発会は去歳五月に在り。月三会、汪武曹大全を以て主と為し、傍に困勉録・松陽講義・先生（侗庵）著す所の中庸問答に及ぶ(14)。

彼らは、侗庵の『中庸問答』の是非判断を参考にしながら、明・清の諸注を会読の場で是非を討論したのであろう(15)。同じく侗庵の弟子である塩谷宕陰は、「会読輪講は、須く力を極め問難論究すべ」きであり、「疑い有らば必ず問い、問い有らば必ず究め、究めざれば措かざる」ことを求め、「師弟の問難討論は、声色倶に厲しきに至るも、亦た責めざる所なり」と、師弟間の「問難討論」も容認されていたのである（「経誼館掲示」）。とすれば、昌平坂学問所のなかの自主的な会読では、ひょっとすると、侗庵の意見もまた相対化されていたのではないか。繰り返すが、この会読の討論は、朱子学の枠内という前提条件のもとにある。しかし、この枠内で、明・清の諸家を俎上にあげた討論が積極的に奨励されていたことは、討論それ自体が嫌忌されていた時代のなかで、評価に値するだろう。思うに、寛政正学派の四書注釈書の思想史的な意義は、まさにこの討論の材料になったという点にこそあるのである。

註

（1）荻生茂博「古賀精里——異学の禁体制における『大学』解釈——」（源了圓編『江戸の儒学』思文閣出版、一九八八年、後に『近代・アジア・陽明学』〈ぺりかん社、二〇〇八年〉に所収）、眞壁仁『徳川後期の学問と政治』（名古屋大学出版会、二〇〇七年）参照。
（2）明・清の四書注釈については、佐野公治『四書学史の研究』（創文社、一九八八年）参照。
（3）荻生は、『大学』解釈の思想的特徴として、陽明学の渾一的工夫論にたいして階梯をひとつひとつ履むことの強調、実践主体が統治階級に限定されていることを指摘し、陽明学との対抗関係を重視している。
（4）拙著『江戸後期の思想空間』（ぺりかん社、二〇〇九年）、拙稿「江戸後期の読書と政治」（『日本文化論叢』十九号、二〇一一年）参照。
（5）『精里全書』（梅澤秀夫編、近世儒家文集集成15、ぺりかん社、一九九六年）。
（6）同上。『精里全書』所収本には、四四九頁から四五二頁まで乱丁がある。『中庸章句諸説弁誤』（九州大学附属図書館）によって訂正すれば、四四九頁上段→四五二頁上段→四五〇頁上段→四五〇頁下段→四五一頁上段→四五一頁下段→四四九頁下段→四五二頁下段→四五三頁上段である。
（7）『中庸問答』・『中庸問答補遺』は国会図書館所蔵の稿本を使用した。
（8）『続日本名家四書註釈全書』（関儀一郎編、東洋図書刊行会、一九三〇年）。頁数は略記した。
（9）愛知教育大学附属図書館所蔵。
（10）眞壁前掲書二四四頁参照。『大学問答』からの引用は眞壁前掲書による。
（11）『朱子学と陽明学』（岩波新書、一九六七年）一三頁。
（12）たとえば、四書集注を弁駁した高拱（中玄）『問弁録』は、陽明学に親炙した佐藤一斎の『中庸欄外書』では『伝習録』とともに頻出するが、安部井帽山『四書訓蒙輯疏』の凡例のリスト「引用諸家名氏」には見えない。ただ、倜庵においては、数こそ少ないが、参考にされている。
（13）眞壁前掲書二三六頁。辻本雅史氏は、寛政正学派においては「儒学の制度化」が進み、儒学は「教化の言説」となったために、「集註の解釈をめぐる註疏レベルの煩瑣な議論、つまり「明代四書学」は、ほぼ姿を消した。道徳の〈教説化〉した武士教育の儒学に、集註の読み方を巡る明代四書学の議論は必要とされなかったからである」（「日本近世における「四書学」の展開と変容」、『季刊日本思想史』七〇号、二〇〇七年）と指摘して、「註疏レベルの煩瑣な議論」の存在を否定している。しかし、明代四書学の「議論」は清代に継承され、近世日本に受容され、寛政正学派の体制下で、会読の学習・読書方法の普及によって、さらに「議論」が盛んになったといえる。

（14）『大日本古記録　江木鰐水日記上』（東京大学史料編纂所、一九六四年）六三頁。

（15）王歩青の『四書匯参』は天保七年に加賀藩で、安部井帽山の『四書訓蒙輯疏』は嘉永元年に会津藩日新館で刊行されている。加賀藩と会津藩の藩校はともに会読が盛んであり、これらの注釈書は会読の際、参考書に供されたのであろう。

江戸前期「陽明学派」の中庸注釈・中庸論

本村昌文

はじめに

本稿では、江戸前期における「陽明学派」[1]の中庸注釈・中庸論について検討する。本書第一部で述べられているように（「中国における中庸注釈の展開」）、中国宋代における四書学の『中庸』解釈は他の三書と連動性、特に『大学』解釈と密接な関わりをもつ。これに対して、中国明代に至り、王陽明が古本大学を顕彰し、『四書集注』の『大学』に関するテキスト批判および経文の解釈をめぐって様々な議論を展開した。

しかし、王陽明が『大学』だけでなく、『中庸』にも注釈を試みていたことは、正徳十一年（一五一六年。陽明四十五歳）に門人へ宛てた書簡から伺える。[2]また、陽明が弟子の銭徳洪に口授した『大学問』には、「我が陽明先生は、初見の人に接するときは、必ず『大学』と『中庸』の第一章を用いて、聖人となるための学問の完全な修養を教示し、学問の入り口を理解させせました。（吾師接初見之士、必借学庸首章、以指示聖学之全功、使知従入之路。）」とあり、[3]初めて会う人に『大学』・『中庸』の第一章をもとに教えを説いていた陽明の姿が伝えられている。[4]これらの資料は、王陽明が朱子学とは異なる『中庸』解釈や『中庸』と『大学』とのつながりを考えていたことを示唆する。

江戸期の日本には、朱熹の著作に加え、明代に作成された朱子学関係の書籍（『四書大全』や『四書蒙引』など）が輸入され、中国宋代の四書を一体にみる四書学の情報とともに、王陽明の登場によって生みだされた四書論の情報も流通していった。江戸期において、陽明学を滋養源として思索をした人々は、こうした幅のある四書に関する情報に接し、自らの思想を形成したのである。

以上の点をふまえ、本章では、まず王陽明の『中庸』理解について、特に『中庸』と『大学』の関係に注意をはらいつつ検討する。[5] 次に江戸期の「陽明学派」の中庸注釈・中庸論について注目すべき点を述べ、最後に中江藤樹を中心に中庸注釈・中庸論の具体相を検討することとしたい。

一　王陽明と『中庸』

正徳十三年（一五一八年。陽明四十七歳）に『伝習録』（現行の『伝習録』上巻）が刊行された。この中に『中庸』と『大学』の関係について、以下のような記述がある。

澄（陽明の門人・陸澄のこと—本村注）は、（陽明先生に）『大学』と『中庸』の異同について尋ねた。先生はこうおっしゃった。「子思は『大学』の書全体の意をまとめて、『中庸』の最初の章としたのだ」と。

澄問学庸同異。先生曰、子思括大学一書之義、為中庸首章。[6]

この資料から、①陽明は『中庸』の作者が子思であると考えていたこと、②陽明は『大学』全体の意が『中庸』首章にこめられていると捉えていたことがわかる。なお、『中庸』の首章に該当する箇所は、陽明も朱熹と同様に捉えており、「天命之謂性、率性之謂道、修道之謂教」に始まり、「致中和、天地位焉、万物育焉」に終わる部分を指す（巻末附録の「表1」を参照）。

陽明の『中庸』首章に関する見解を示す資料として、「修道説」という文章がある。これは『伝習録』、『大学古本傍釈』（朱熹の『大学』解釈を批判した書）、『朱子晩年定論』（朱熹が晩年に自説を全面的に否定したという論証を試みた書）の刊行と同年（正徳十三年）に執筆されている。以上の点をふまえると、「修道説」は陽明が朱子学との決別を世に表明しはじめた時期に書かれた文章といえる。また、『伝習録』上巻には「修道説」に関連する問答（第一二八条）が収録されており、門人との間でも話題となっていたことが伺える。以下、「修道説」と『伝習録』上巻・第一二八条をもとに、陽明の『中庸』首章の理解を確認しよう。

陽明は首章の冒頭部にある「率性之謂道」は「誠なる者」、「修道之謂教」は「之れを誠にする者」と捉える。「誠なる者」「之れを誠にする者」とは、『中庸』第二十章にある「誠者天之道也。誠之者人之道也」をふまえている。つまり前者は真実にして偽りなき天理（誠）そのもの（聖人）、後者は誠を実現していくもの（賢人以下）に相当する。そして、『中庸』は後者のために書かれており、誠を実現する方法が「修道」であるという。[7]「修道」の具体的な方法は「目に見えないところに戒め慎み、耳に聞こえないところに恐れ謹む。（戒慎乎其所不睹、恐懼乎其不所聞）」であり、この修養により喜怒哀楽という感情が発動しない「中」、発動して過不及なく節度にかなう「和」という状態が実現され、天より賦与された性が本来のあり方を回復すると捉える。[8]そして、第一章末尾の「致中和、則大本立而達道行、知天地之化育矣」とは、「修道」の究極的な効果を述べていると解釈する。[9]

以上のように、陽明は首章には「修道」の具体的な方法、「修道」によって実現される心の状態、「修道」による究極的な効果が示されていると解釈したのである。朱熹が『中庸』の首章を「天」による人の基礎づけ、人の修為、聖人の働きを語るものと捉えたことを想起すれば（本書第一部「中国における中庸注釈の展開」）、陽明は「修道」という修為に力点をおいて解釈したといえよう。

こうした「修道」（誠を実現する修為）という主張は、『中庸』と『大学』との接点でもあった。陽明は、「そもそも『中庸』にいう修養は身を誠にすることである。身を誠にする極致は、「至誠」である。『大学』にいう修養は心の発動（意）を誠にすることである。「誠意」の極致は「至善」である。修養はいずれも同じである。（大抵中庸工夫只是誠身。誠身之極、便是至誠。大学工夫只是誠意。誠意之極、便是至善。工夫総是一般）[10]」と、『大学』の枢要である

「誠意」[11]と『中庸』の「誠身」とを「誠」を接点として重ねあわせることで、両書のつながりを示した。

「修道」を重視する姿勢は、『伝習録』下巻でも、「『中庸』という書物全体は、およそすべて「道を修める」ということについて説いている。(又曰、中庸一書、大抵皆是説修道的事)」と基本的に変化しない。[12]ただし『伝習録』下巻では、「修道」について「良知」という語を用いて解釈するようになる。「良知」とは『孟子』にみえる語で、陽明は人間の心が本質的に完全であることを明確にするために使用した。

先生がおっしゃった、「『中庸』では「天が命令として賦与したものが性である」といっている。この天命がそのまま性なのである。「性のままにふるまうこと、それが道である」と。性がそのまま道なのである。「道にかなう努力をすること、それが教である」と。道がそのまま教えなのである」と。お尋ねします、「どうして道がそのまま教えなのですか」と。先生がおっしゃった、「道がそのまま良知なのだ。良知はもともと完全なものである。正しいことは良知が正しいとすることで、正しくないことは良知が正しくないとすることである。正しいか正しくないかは、良知にまかせてしまえば、間違いはない。この良知こそまさしくあなたのすぐれた師なのだ」と。

先生曰、天命之謂性。命即是性。率性之謂道。性即是道。修道之謂教。道即是教。問、如何道即是教。曰、道即是良知。良知原是完完全全。是的還他是、非的還他非。是非只依着他、更無有不是処。這良知還是儞的明師。[13]

陽明は『中庸』首章の「天」「命」「性」「道」「教」を渾一的に把握し、「道」=「良知」とする。本来完全な「良知」を十全に発揮すれば過ちを犯すこともないため、良知こそ自分の「師」(=教)となるものだというのである。

これまで検討してきたことをまとめると、陽明は、①修為という点で『大学』と『中庸』首章とのつながりを考え、②『中庸』首章について「修道」を中心に解釈し、③『大学』解釈で示した天より自己に賦与されたもともと完全なるものを十全に発揮するという修為を『中庸』にも読みこんだということになろう。[14]

二　江戸期の「陽明学派」と『中庸』

（1）『孝経』の尊重

前節をふまえ、江戸期の日本に目を転じよう。[15] 江戸期の「陽明学派」として教科書的な理解では、中江藤樹（一六〇八—四八）、熊沢蕃山（一六一九—九一）、大塩中斎（一七九三—一八三七）、佐藤一斎（一七七二—一八五九）らが想起されよう。加えて藤樹の門人である淵岡山（一六一七—八六）や、闇斎学派から転向した三輪執斎（一六六九—一七四四）を挙げることもできよう。『中庸』の注釈書として、藤樹には『中庸解』（第一章の注釈）・『中庸続解』（第二章—第二十七章の注釈）、蕃山には『中庸小解』、一斎には『中庸説』・『中庸欄外書』がある。しかし『中庸』に勝るとも劣らず重要な書物として、江戸期の「陽明学派」に認識されていたのは『孝経』である。[16] 王陽明が四書の枠組みの中で『中庸』と『大学』とのつながりを考えていたことと比較すれば、江戸期の「陽明学派」は〈四書＋『孝経』〉という枠組みの中で『中庸』を捉えていたということになる。

江戸期の「陽明学派」が『孝経』を尊重したことについて、東アジア海域交流という点から考えてみると、たとえば中江藤樹が「孔子、万世のやみを照さんために、此たからをもとめまなぶ鏡に孝経をつくりたまふといへども、秦の代よりこのかた千八百余年のあひだ、十分によくまなび得たる人まれなり。今大明の代にいたつて、此経をよく尊信表章する人おほし」[17] と、同時代の中国（明）において『孝経』が尊重されているという認識をもっていたことに注目する必要がある。このような藤樹の認識を生み出す知識源として、『孝経大全』（崇禎六年・一六三三年刊）という書物がある。[18] 同書は朱熹の『孝経刊誤』をはじめとした朱子学流の『孝経』注釈に加え、中国の浙江省とその周辺地域において陽明学を学んだ人々の注釈を編纂した書（『孝経彙注』）や解説が収録されている。これらの情報の中で、特に『孝経彙注』に収録された解釈が藤樹に多大な影響を与えた[19]。また大塩中斎は、『孝経彙注』に王陽明・楊慈湖・羅近渓の諸説を加えて『増補孝経彙註』を作成した。佐藤一斎の『孝経解意補義』も『孝経彙注』に収録された孫本という人物の『孝経解意』を再構成したものである。江戸期の「陽明学派」は、東アジア海域交流によってもたらされた〈朱子学流の四書論〉・〈陽明学流の四書論〉に加えて、〈浙江省を中心とした『孝経』論〉という情報の中で、『中庸』という書を捉えていったのである。

このように四書とは異なる『孝経』を尊重する姿勢は、朱子学・陽明学で構築された四書の枠組み（本書に即していえば、『中庸』のもつ位置づけ）を再考する視線を生みだす可能性をもつ。さらにそれを突き詰めていけば、四書の枠組み自体を批判的に検討する眼差しも生まれよう。しかし、江戸期の「陽明学派」は四書を批判的に検討し、四書の権威を相対化する方向へとは向かわなかった。たとえば中江藤樹が「本来易経一部をおしひろめたる十三経なれば、易経をよくまなびたるがよろし。しかれども易経は簡奥玄妙にして、凡夫のとりいりなりがたきによつて、孝経・大学・中庸を心にて心をよみ、よくまなびぬれば、大綱の得心なりやすし[20]」と、四書である『大学』や『中庸』とともに『孝経』を学ぶべきことを説いているように、『孝経』と四書のつながりを意識して学問を講じていった。

（2）　作者論および『中庸』と『大学』のつながり

『中庸』の作者を子思とすることについては、「子思子、其実義ヲ失ハンコトヲ慮テ此書ヲ著述ス[21]」というように疑問が投げかけられることはない。その中で、佐藤一斎の態度は注目すべきである。一斎は「『中庸』は天より賦与された性という道理を説き明かしている。つまり、普通の人間が作ることのできる書ではない。『中庸』が孔子の門下の中から案出されたことは間違いないが、作者の名前についてはあれこれ臆測してはならない。『中庸章句』では子思の作としているが、そうであるか確証はない。（中庸発揮性命之理。要非常人所能為。其出於孔氏之徒必矣。至名氏竟不可臆指。旧伝子思所作、未見必然[22]」と、『中庸』が孔子の門下によって作成されたことを首肯しつつも、作者の名を臆測してはならないという。その理由は、子思が『中庸』を作成したという説は『孔叢子』と『史記』にみえるものの、前者は「偽託」で、後者も「妄誕」の多い書であるため、確固とした根拠がないということである。[23]作者を決定する根拠となる書物の信憑性を問題とする姿勢は、「陽明学派」という枠組みを超えて、当時の思想状況の中で位置づけていくべきであろう。

前節で検討したように、王陽明は修為という点から『中庸』と『大学』のつながりを考えていた。江戸期の「陽明学派」もこうした視点を受け継いでいる。藤樹・蕃山・岡山については後述するが、三輪執斎や佐藤一斎は先述した『伝習録』にみられる『大学』の主意＝『中庸』首章という見解をベースとして、以下のように述べている。

誠意正心も何もかも中庸首章に括してあり。治国平天下迄を、天地位万物育すと云ふ句に括れり。能く学庸二書を見て可知、大学之一書は人々学んで聖人に可至の定規也。夫を子思中庸に於て天命之謂性と結んで首章にとき玉へり。[24]

伝習録に以下のようにある。澄は（陽明先生に）『大学』と『中庸』の異同について尋ねた。先生はこうおっしゃった。「子思は『大学』の書全体の意をまとめて、『中庸』の最初の章としたのだ」と。陸澄の記録。○私が考えるに「性」「道」「教」は、「明徳」「親民」「止至善」のことである。「戒慎」「恐懼」「慎独」は、「格」「致」「誠」「正」「修」のことである。「天地位し万物育す」とは、「治国」「平天下」のことである。

伝習録、澄問学庸同異。先生曰、子思括大学一書之義、為中庸首章。陸澄録。○案性道教、即明徳親民止至善。

戒慎恐懼慎独、即格致誠正修。天地位万物育、即治国平天下。(25)

以上のように『伝習録』をベースに『中庸』と『大学』との関係を説くことは、後述するように藤樹・蕃山・岡山にはみられない点であり、江戸期の「陽明学派」の中でも『中庸』と『大学』との関係づけ方には相違があったことを伺わせる。さらに問題となるのは、『中庸』と『大学』の接点となる修為の中身ということになろう。この点に関して、中江藤樹・熊沢蕃山・淵岡山の諸論をもとに検討したい。

三　『中庸』注釈の諸相

（1）中江藤樹

『中庸』各章の分節について、藤樹は朱熹の『中庸章句』と同様に捉えている。『中庸』という書物全体に関しては、藤樹は「此一章中庸心法ノ大経也。以下ノ節々皆此章ノ意ヲ反覆発明スル者也(26)」と、『中庸』第一章を核心部分とし、その他の章は第一章の主意を反覆して述べていると考えていた。さらに第一章を①「天命之謂性。率性之謂道。修道之謂教。道也者不可須臾離也。可離非道也」、②「是故君子戒慎乎其所不睹、恐懼乎其所不聞。莫不見乎隠、莫顕乎微。故君子慎其独也」、③「喜怒哀楽之未発、謂之中、発而皆中節、謂之和」、④「中也者、天下之大本也。和也者、天下之達道也。致中和、天地位焉、万物育焉」の四つにわけ、それぞれ以下のように意味づけている。

①命性道教ノ本義ヲ明シ、中庸ノ実体淵源ヲ開示シ、中庸二字ノ義ヲ言外ニ指点ス。

②学者用力下手ノ実地ヲ示シ、中庸ノ欛柄ヲ開示ス。

③中和ノ実体ヲ以経ヲ作ル主意本義ヲ明シ、一篇ノ骨子心法ノ眼目トス。

④中庸ノ広大高明神奇玄妙ナル処ヲ以、聖人ノ能事即学問ノ極功ナルコトヲ開示ス。(27)

①では「命」「性」「道」「教」および中庸の意味を説く。②では学ぶ者が力を注ぐところを示し、③では「中」「和」という力を注ぐ目当てとなるものを示し、経の主意を説く。そして、④では中庸の至上性を示し、聖人の行い得ることが学問の究極の効果であることを説く。

以上のように『中庸』第一章を捉え、藤樹は人間の心に潜む偏向を克服する方法を『中庸』に読みこんでいく。こうした心をコントロールする修養方法は、藤樹が生涯にわたって模索し続けたものである。彼が問題としたのは、心に潜む悪の根源である。『大学』でいえば「誠意」に相当し、朱熹も陽明も心の発動したレベル（「意」）で善悪が顕現すると解釈する。これに対して、藤樹は以下のように述べている。

凡心ノ起発有善有悪ハ本心之裏面ニ意ノ伏蔵アル故也。然則悪念ハ意ノ伏蔵ヨリ起発シテ本心ノ発見ニアラズ。然ルヲ只発スル所ノミヲ認テ、善念モ意ナリ悪念モ意ナリトスルトキハ、善悪ノ根源分明ナラズ。且発スル所バカリヲ退治シテ、伏蔵ノ病根ヲ省察克治スル講論ナキトキハ、端本澄源ノ功欠タルニ似タリ。〔中略〕蓋意者心之所倚也。誠意ノ意ト絶四ノ意ト本異義ナシ。イカントナレバ聖ノ聖タルトコロ無他、意ナクシテ明徳明ナル而已矣。学者ノ求ル所モ亦無他、意ヲ誠ニシテ聖人毋意ノ明徳ニ復ル而已矣。(28)

朱熹や陽明の解釈では善悪の根源が不明確であり、善悪の発動したところでコントロールしようとしても、悪を顕現させる根源を絶ちきることはできない。藤樹は悪を引き起こす根本原因を心の中に潜む「意」（心の偏り）と捉える。そして、『大学』の「誠意」と『論語』の「絶四」（毋意、毋必、毋固、毋我）の「意」とを同一視し、この「意」の働きを抑制し、天より受けた輝かしい徳を発揮させることを説くのである。(29)

こうした心のあり方に関わる修為の議論をベースとして、藤樹は『中庸』を解釈していく。以下、具体的に検討していこう。藤樹は「中庸ハ明徳之別名也」[30]と、「中庸」という概念を『大学』でいう天より賦与された輝かしい徳（明徳）と同一と捉え、『中庸』と『大学』のつながりを示す。[31]人を基礎づける「天」について、藤樹は朱熹や王陽明とは異なり、「天ハ大虚ノ主宰ヲ指。所謂皇上帝是ナリ」[32]と、宇宙を主宰する人格的な存在と解釈する。

さらに陽明が重視した「修道」について、藤樹は以下のように注釈を付している。

修ハ修復ノ意。廃壊ヲ修理シテ本真ヲ保全スルノ謂也。意念ノ所倚、道ヲ損壊スルヲ修理シテ、中和ノ本体ヲ保全スルヲ修道ト云。[33]

ここに述べられた「修道」の解釈――「意念」という心に潜む偏向により損壊した本来的な自己のあり方を回復する――が、先にみた『大学』の「誠意」に対する注釈と同様の主張であるということは容易に理解されよう。このように、『中庸』第一章は「意」「意念」を克服するという視点から注釈がなされていく。

先述したように、藤樹は『中庸』第一章を重視し、他章は第一章の主意を繰り返し述べた箇所と認識していた。この点に関係して、『中庸』第十一章「子曰、素隠行怪、後世有述焉」の「素隠」に対する藤樹の注釈をみておきたい。

素ハ徒なり、空なり。隠ハ莫見乎隠ノ隠ニシテ、心ノ体無声無臭ノ名、素隠ハ天ノ命ズル本性ヲ存養セズシテ、徒ラニ失ヒムナシクスルヲ云。[34]

朱熹は「素」について、「素は、漢書では「索」である。おそらく誤字であろう。（素、按漢書当作索。蓋字之誤也）」（『中庸章句』）と、「もとめる」という意で捉え、「素隠」とは「人にわからない間違った道理を探求する（探求隠僻之理）」ことであると注釈する（同前）。それに対して、藤樹は「素」の字を「むだにする、むなしくする」と理解する。「隠」は『中庸』の首章にある「天命之謂性」「莫見乎隠、莫顕乎微、故君子慎其独也」をふまえつつ、心の本来的なあり方を示すと捉える。こうして藤樹は首章とのつながりを明確にして、この箇所を天より賦与された本性を涵養せずに見失うことと解釈する。

藤樹は『中庸』を一貫して心に潜む悪の根源である「意」をコントロールし、心の本来的なあり方を回復するという視点から解釈した。藤樹も陽明と同様に修為という点で『中庸』と『大学』のつながりを捉えたといえるが、その内実は陽明と相違する。

（2）熊沢蕃山

まず蕃山の『中庸』首章の「天命之謂性」の解釈をみてみよう。[35] 蕃山は藤樹のように「天」を人格的に捉えることはせず、「理気の本然也」とし、万物の形は「気」によって、本性は「理」によって与えられ、人間だけが「其理の全躰を得て明徳明か也」と、完全な徳を受けているとする。[36] 天より賦与された「性」を『大学』にみられる「明徳」と重ね合わせて解釈していくのである。

蕃山も藤樹と同様に修為という点で『中庸』と『大学』のつながりを考えている。ただし、そのカギとなる語は『中庸』第二十七章にみえる「尊徳性」（天より賦与された本性を敬い保持すること）と「道問学」（経書にこめられた真意を体得し、古人を手本にして自身の非をあらため善を実践していく）である。蕃山は「尊徳性道問学の二は聖学にをいて肝要也」と、「尊徳性」・「道問学」を聖人になるための学問の要とし、[37] 前者を『大学』八条目の「致知」に、後者を「格物」に相当すると捉え、それらを「誠意」の工夫として位置づける。[38]

さらに、藤樹の解釈は心の問題で一貫していたが、蕃山の解釈はそれのみにとどまらない。その一例が『中庸』首章の「致中和、天地位焉、万物育焉」の注釈に表れている。この箇所を藤樹は自己の心に聖人と同じ本性を有していることを強調し、徹底して心の問題として解釈する。[39] それに対して、蕃山は「天地の気は人道の正邪によりて損益あり。上一人明徳明らかなれば、天下の人民習邪を去て正道に帰し、皆善人となる也。これ人民聖人と同心同徳なれば也。是を自新にする民を興すといへり。堯舜の治世は位育の至れる也[40]」と、為政者の徳が明らかになることで、天下の民がみな善人となり世がおさまるという治世の問題へと解釈を広げていく。

もう一例は、先述した『中庸』第十一章「子曰、素隠行怪、後世有述焉」である。蕃山はまず藤樹の解釈に拠りつつ、「中江氏云、素は空也。隠は上天のことは無声無臭の実理なり。素隠は此実理をとり失ひたる也。故に不測の神理をしらであやしき事をなす也[41]」と注釈し、さらに以下のように述べていく。

前知し給ふごとく後世道家の長生飛行の術興りをして黄帝老子を祖とす。仏家後生輪廻の説わたり、釈迦達磨を祖とす。是皆無声無臭の実理をとり失ひて怪を行者也[42]。

藤樹とは異なり、蕃山は道家と仏教への批判を展開していく。特に仏教の輪廻説について、蕃山は「学者問、儒仏の別はいつれの所そ、答曰、輪廻をいふといはさるとなり、問、事〻に異多し、答、其事〻の異皆此根本より出[43]」と、仏教と儒教との相違を生み出す根本要因とし、仏教とは異なる死・死後観を確立することを思想的課題としていた[44]。藤樹の心の偏向を克服する修為という視点による一貫した注釈に比して、蕃山は修為のみならず治世の問題や異端批判という要素を盛りこんで解釈をしている。

また治世の問題という点から注意しておきたいことは、神道との関わりである。蕃山が修為として重視した「尊徳性」「道問学」は、「知・仁・勇、ある時は共にあり。徳性を尊て問学によるは、これを明かにする受用にて候[45]」と、『中庸』第二十章の「知」「仁」「勇」を我が身に明らかにする方法としても位置づけられている。この「知」「仁」「勇」を象って、三種の神器（勾玉―仁、鏡―知、剣―勇）が作られており、「唯三種の神器のミ此国の神書なり」と神道の根本とみなされる[46]。そして「三種の神器の註解ハ中庸にしくハなし。上古の神人出たまふとも此書を置て別に註し玉ふへからす[47]」と、三種の神器の深意を解した書として『中庸』が捉えられていく。

唐土の聖人・日本の神人その徳一なり。其道不二なり。故に其象其書符節を合せたるが如し。天下を知る人ハ神の主なり。何れの時にても、天下の主たる人、智・仁・勇の徳を明かにして、時・所・位に叶ひ、人情・事変に応じて天下を治め給ふ徳行は、神道となり、其跡をしるしたる書ハ神書となるべし[48]。

「知」「仁」「勇」の徳を明らかにすることは、日本の古来から伝わる三種の神器の本質を体得することであり、歴史的にみて治世を担う者は、時間・場所・地位、人の心や世情の変化に応じて天下を統治しており、そのあり方が神道となるというのである。

蕃山は修為という点で『中庸』と『大学』のつながりを説く。これは陽明や藤樹と共通する点である。しかし、その拠り所となるのは「尊徳性」「道問学」であり、修為の内容も異なっている。また、蕃山の関心は心の修為のみならず、治世論と異端批判に及び、さらに神道の根本とされる三種の神器の注解として『中庸』を位置づけていく。

（3）淵岡山

淵岡山は蕃山と同じく藤樹に教えを受けた人物である。しかし、蕃山とは異なり、藤樹晩年の思想を忠実に受け継いだといわれている。岡山の教えを受けた者は、大坂、江戸、会津へと散らばり、藤樹の学問を各地へと伝えていった[49]。岡山の資料としては、『岡山先生示教録』という語録形式のものが残っているのみである。そのため注釈書という体系的な書とは異なり、断片的な発言となるが、本資料をもとに彼の『中庸』理解を検討したい。

岡山は「先生曰、兼テ　先師大学モ中庸モ経一章ニテ済事トノ玉ヘリ[50]」と、藤樹が『大学』・『中庸』の第一章を重視していたことを伝えている。さらに、岡山とその門下たちの間では、「我藤樹先生意知ノ両路之手段、先儒所未発、学者〔ノ〕心ヲ用ルニ易簡要路ナル事ヲ覚フ(51)」と、藤樹の誠意説が先学の説き明かしていないものとして重視されていた。藤樹の誠意説をベースとした『中庸』理解が、岡山にも受け継がれていく。たとえば、朱熹の『中庸章句』序にみえる、「道心」「人心」について、岡山は以下のように述べている。

愚窃按ニ所謂人心ハ、即意念也。所謂道心ハ、即良知なり。惟精ハ即致良知之工程、惟一ハ即致良知之主意ニ御座候得ハ、彼艮背敵応、寂然不動、感而遂通るの本体、於是執之失ハさるへし(52)。

ここにみられるように、岡山は「人心」を悪の根源となる「意念」、「道心」を「良知」と捉え、『中庸』と『大学』のつながりを説いていく。また『中庸』第一章のキーワードである「天」「命」「性」「道」「教」について、次のように述べている。

此中庸ニ謂ル如ク、次第有之也。天ノ（ハ）皇上帝ヲサス。命ハ君ヨリ臣ニノ命ノコトシ。然トモ君在ユヘニ命アリ。故ニ天命一也。性ハ其天ヨリ命セラレタル性也。其性之中ニ備リタル道理ヲ即道ト云。大学ニ所謂道之事也。此道自然ニ人ニ備ルト云トモ、欲ノタメニ廃壊ス。然ルヲ師友ノ助ニテ修復シテ性ニカエル、是ヲ教ト云。其外ハ中庸ノ書□訓見タリ(53)。

岡山の「天」「命」「性」「道」「教」の解釈は、基本的に藤樹の注釈を継承している。藤樹の解釈と比較して注意しておきたいのは、「師友ノ助」によって、本来の自己を回復させることができるという点である。特に「師」に関しては、「藤樹先師中庸講習之時〔ニ云〕、君父之恩よりは師之恩厚し。いかんとなれは君父〔ヘ〕の忠孝も師の教によつて全く是を尽すなれはなり(54)」と、藤樹が『中庸』の講釈において君父の恩よりも師の恩を強調し、師の教えの重要性を説いていたことを伝えている。『中庸』講釈の際に、藤樹が師の恩や師の教えの重要性をどれほど強調していたのかという点は実証し難い。ただし現存する門人との書簡を通してわかるのは、師の教えよりも、「同志」による議論を勧める姿勢である。[55]『中庸』が師の恩や師の教えの重要性を述べた書であると理解する姿勢は、藤樹や蕃山では強調されない。このような岡山の意識は、藤樹の教えを一途に守ろうとする学派の底流をなすものであり、その一端が『中庸』理解に示されているといえよう。

おわりに

本稿では王陽明の『中庸』理解をふまえ、主に江戸前期の「陽明学派」の中庸注釈・中庸論を概観してきた。王陽明および江戸期の「陽明学派」に共通してみられるのは、修為の書として『中庸』を捉え、その観点から『大学』とのつながりを考えていくという意識である。修為の具体的な内容については、基本的に『大学』解釈を通して明らかにした修為の内容を『中庸』にも読みこんでおり、『中庸』独自の修為が構想されているとは言い難い。しかし、『中庸』は無用の書として切り捨てられることはなく、『大学』とセットで理解され、教化に利用されていた。

王陽明と江戸期の「陽明学派」との相違に注目すると、『孝経』と四書との関わりが浮かび上がってくる。王陽明が四書の枠組みで『中庸』を捉えていたのに対し、江戸期の「陽明学派」は〈四書＋『孝経』〉という枠組みで『中庸』を理解していた。このことによって、江戸期の「陽明学派」では『中庸』のもつ価値が、陽明の理解よりも相対化されることとなった。

江戸前期の「陽明学派」の『中庸』注釈の諸相として、本稿では中江藤樹・熊沢蕃山・淵岡山を取り上げて考察した。三者は『大学』解釈を通して構築した心の修為をベースに『中庸』を読みこんでいく姿勢を共有しつつも、治世論と異端批判（蕃山）、師の重視（岡山）とそれぞれの関心を増幅させて『中庸』に向き合っていた。本稿は江戸前期の中庸注釈・中庸論に限定したため、佐藤一斎の注釈や幕末の陽明学者たちの諸論にほとんど言及できなかった点で多くの課題を残している。しかし、〈四書＋『孝経』〉という枠組み、修為という接点による『中庸』と『大学』との連動性という点は、江戸後期から幕末の陽明学者のもつ見解の揺れ幅を検証していく上でも座標軸となるであろう。(56)

註

（1）日本で最初に本格的に陽明学を受容したといわれる中江藤樹は「蓋程朱・陽明皆先覚ナリ。吾何ゾ偏ムキニ祖ヌグ所アランヤ。今吾古本ヲ是トスル所ハ陽明ニ従ヒ、経伝ノ差別ハ朱子ニ従フヲ見テ、黨同ノ私ナキコト可知。吾ハ唯其至当ニ与セント希フノミ）」（『大学考』、『藤樹先生全集　覆刻版』二〈弘文堂書店、一九七六年〉・一二頁）と述べ、藤樹に学んだ熊沢蕃山が「愚は朱子にもとらず、陽明にもとらず、たゞ古の聖人に取て用ひ侍るなり」（『集義和書』巻第八、『日本思想大系三〇　熊沢蕃山』〈岩波書店、一九七一年〉・一四一頁）といっていることをふまえると、江戸期に「陽明学派」なるものがあったのかという根本的な問いかけが生まれる。それゆえ、「陽明学派」という呼称を用いること自体に問題を投げかけることも必要であろう。しかし、本稿ではこうした問題があることを自覚した上で、ひとまず陽明学を全面的に否定することなく受容した人々を「陽明学派」と捉えて検討する。こうした作業により、本書第二部で取り上げられる儒者たちとの共通点と相違点が明らかになると筆者は考えている。

（2）「あなたがお尋ねになった『大学』と『中庸』の注釈は、さきに大方草稿を仕上げましたが、その内容はいまだ純一でなく、外面的な知識を追い求め、性急に功績を求める欠点があると考え、すでに焼き捨てました。（所問大学中庸註、向嘗略具草稿、自以所養未純、未免務外欲速之病、尋已焚毀）」（「与陸原静」（『王文成公全書』巻四）。

（3）『王文成公全書』巻二六。

（4）また朱熹と陸象山の学説の差異を『中庸』の「尊徳性」（天より賦与された性を尊重する）と「道問学」（後天的な学問に依拠する）と捉える（『伝習録』下・第一二四条）等、陽明は随所で『中庸』の文言をもとに自説を述べている。

(5) 陽明学の『中庸』理解に関しては、山下龍二『大学・中庸』(集英社、全釈漢文大系、一九七四年)。

(6) 『伝習録』上・第四三条。

(7) 原文は以下の通り。「率性之謂道、誠者也。修道之謂教、誠之者也。故曰、自誠明、謂之性。自明誠、謂之教。中庸為誠之者而作。修道之事也」(「修道説」、『王文成公全書』巻七)。

(8) 「以下に続く『戒慎恐懼』は道を修めるという努力であり、『中和』は天より賦与された本来の性のあり方を回復することである。(下面戒慎恐懼、便是修道的工夫、中和便是復其性之本体)」(『伝習録』上・第一二八条)。

(9) 「こうした中和の状態を実現することによって、天下の大いなる根本が確立され、大いなる働きが行われ、天地の生成化育の働きを知ることになる。誠を実現し、本性を尽くさなければ、いったい誰がこうした天地の働きに参与できようか。これは道にかなう究極の努力である。(致中和、則大本立而達道行、知天地之化育矣。非至誠尽性、其孰能与於此哉。是修道之極功也)」(「修道説」)。

(10) 『伝習録』上・第一三〇条。

(11) 陽明は「大学古本序」で「大学のかなめは心の発動である「意」を「誠」にすることだ。(大学之要、誠意而已矣)」と述べている。

(12) 『伝習録』下・第三〇条。

(13) 『伝習録』下・第六五条。なお、陽明の『大学』解釈に関しては、吉田公平『陸象山と王陽明』(研文出版、一九九〇年)、同「王陽明の『大学問』について――朱子『大学章句』との比較――」(『東洋学研究』四〇、二〇〇三年)。

(14) 本稿では陽明門下の諸論を詳述する余裕はないが、例をあげると王畿は『大学』の主意＝『中庸』の首章という陽明の見解をふまえ、『中庸』の「戒懼慎独」は『大学』の「誠意」、『中庸』の「未発の中」は『大学』の「正心」、『中庸』の「中節の和」は『大学』の「修身」、『中庸』の「中和位育」は『大学』の「家斉国治而天下平」に相当すると述べている(『中庸首章解義』)。王畿は陽明の見解を下敷きにしつつ、『中庸』と『大学』の対応関係をより具体化している。また、羅近渓は『大学』と『中庸』を孔子五十歳以後の著作とし、作成順も『中庸』→『大学』であると主張している(佐野公治『四書学史の

研究』一八〇頁―一八二頁、創文社、一九八八年）。

(15) 江戸期の『中庸』解釈については、田中佩刀「近世邦儒の中庸の解釈と中庸欄外書」（『明治大学教養論集』三三、一九六六年）がある。同論文では、陽明学の立場として中江藤樹と三輪執斎を取り上げ、「天地万物の一体の仁を考えていること、大学と中庸とを関係づけていること、字句解釈よりも内容の理解を重く見ていること」と指摘されている。また佐藤一斎の『中庸欄外書』を「非常に綿密な註解書で、邦儒の中庸研究書の中で最も注目されるものの一つ」としている。本稿では『中庸欄外書』を真正面から取り上げることができないが、同書には明・清の四書注釈書からの引用が数多くなされており、「陽明学派」と捉えるのみならず、本書第二部所収の「寛政正学派の中庸注釈」との関係の中でも検討していく必要があることを附言しておきたい。

(16) 注釈書としては、中江藤樹『孝経啓蒙』、熊沢蕃山『孝経小解』『孝経外伝或問』、大塩中斎『増補孝経彙註』、佐藤一斎『孝経解意補義』、三輪執斎『孝経小解』がある。なお、江戸儒学の「孝」については、田尻祐一郎「宋明学の受容と変容――「孝」をめぐって――」（源了圓・厳紹璗編『日中文化交流史叢書三　思想』（大修館書店、一九九五年）。

(17) 『翁問答』上巻之本（『日本思想大系二九　中江藤樹』二三頁、岩波書店、一九七四年）。

(18) 『孝経大全』に関しては、加地伸行『中国思想からみた日本思想史研究』（吉川弘文館、一九八五年）。

(19) 拙稿「明末『孝経』研究グループと中江藤樹――『孝経大全』と『孝経啓蒙』――」（『日本思想史研究』三〇、一九九八年）。

(20) 『翁問答』下巻之本（『日本思想大系二九』九六頁）。なお、こうした藤樹の姿勢は、「先師本朝ハ神国なる事を仰き、神明を尊宗する事尤切実也。専孝経大学中庸を以て、自ら修め人を教へり。孝経ハ啓蒙を作し、前賢未発の旨を開示し、大中ハ解を述て講学の助とす」（『二見直養翁芳翰集別録』、『中江藤樹心学派全集』下・七二三頁、研文出版、二〇〇七年）と、淵岡山の学統に伝えられている。また大塩中斎は、「私が謹んで考えますに、『大学』の『格致誠正修』、『中庸』の『博学・審問・慎思・明辨・篤行』、『論語』の『忠恕』、『孟子』の『仁義』、および『易経』『書経』『詩経』『礼記』『春秋』の真理は、それぞれ同じということわけではないが、各々本末始終はすべて孝ということに帰着し、孝という徳がそれらの真理を貫いているのだ。（後素謹按、大学格致誠正修、中庸博学審問慎思明辨篤行、論語忠恕、孟子仁義、及易書詩礼春秋之義理、雖如各不同、而其本末始終、皆止於一孝、而孝徳串穿其中矣」（『増補孝経彙注』、『日本倫理彙編』三・六一九頁、育成会、一九〇一年）と、四書五経の真意は「孝」に帰着すると述べ、『孝経』とその他の経書とのつながりを示す。

（21）中江藤樹『中庸解』（『藤樹先生全集』二・五六頁）。

（22）『中庸欄外書』（『佐藤一斎全集』七・五九五頁、明徳出版社、一九九四年）。

（23）同右。原文は以下の通り。「其説肇見於孔叢子。再見於史記。爾後儒者沿称之異詞。然孔叢之編、出於偽托。〔中略〕史遷之言、亦多妄誕」。

（24）三輪執斎『伝習録講義』（『先哲遺著漢籍国字解全書』一六・六四頁、早稲田大学出版部、一九一一年）。

（25）佐藤一斎『中庸欄外書』（『佐藤一斎全集』七・五九五頁）。

（26）『中庸解』（『藤樹先生全集』二・六八頁）。

（27）同右。

（28）『大学考』（『藤樹先生全集』二・一四頁―一五頁）。

（29）藤樹の誠意説と東アジア海域交流の中での位置づけについては、吉田公平「中江藤樹と陽明学――誠意説をめぐって――」（『日本思想史学』一六、一九八四年、後に『日本における陽明学』〈ぺりかん社、一九九九年〉に収録）。

（30）『中庸解』（『藤樹先生全集』二・五五頁）。

（31）藤樹は門人宛て書翰の中で、「無事の時ハ中庸の工程により、有事の時ハ大学の工程により、工夫間断なければ、必止を知もの也」（「答中村重」、『藤樹先生全集』二・四二七頁）と、『中庸』・『大学』の修養方法を用いる場の相違を説く。

（32）『中庸解』（『藤樹先生全集』二・五六頁）。

（33）同右。

（34）『中庸続解』（『藤樹先生全集』二・一二七頁）。

（35）蕃山は「此経章をわかたざる事はいにしへの中庸也。始中終意一貫也。其中小章ありといへども、しゐて章をわかつときは、文義にひかれて実を失ふの弊あり」（『中庸小解』、『増訂蕃山全集』三・三六三頁、名著出版、一九七九年）と、『中庸』全体を分章せずに捉える。

(36)『中庸小解』（『増訂蕃山全集』三・二八六頁）。
(37)『中庸小解』（『増訂蕃山全集』三・三四八頁）。
(38)「致知は尊徳性也。格物は道問学也。（中略）誠意の工夫とて、致知格物の外になし」（『大学小解』、『増訂蕃山全集』三・一九三頁）。なお、蕃山の誠意説は、一定しないあちらこちらと行き交う「意」をあるべき方向へ導くことであり、藤樹とは見解を異にする。蕃山の『大学』解釈に関しては、八木清治「熊沢蕃山――心法と政事」（源了圓編『江戸の儒学――『大学』受容の歴史――』、思文閣出版、一九八八年）。
(39)「中和ハ聖人ノ独得ルノミニ非ズ。本来人々具足ノ物ナレバ、中和ニ致ルトキハ、凡夫モ即聖人ナリ」（『中庸解』、『藤樹先生全集』一・六七頁）。
(40)『中庸小解』（『増訂蕃山全集』三・二九〇頁）。
(41)『中庸小解』（『増訂蕃山全集』三・二九八頁）。
(42)同右。
(43)『集義外書』六（『神道大系論説編二一　熊沢蕃山』二六九頁、神道大系編纂会、一九九二年）。
(44)拙稿「熊沢蕃山の死生観」（『日本思想史学』四〇、二〇〇八年）。
(45)『集義和書』巻第二（『日本思想大系三〇』七四頁）。
(46)『大学或問』下冊（『神道大系論説編二一』四七五頁）。
(47)『集義外書』巻一六（『神道大系論説編二一』四二八頁）。
(48)『大学或問』下冊（『神道大系論説編二一』四七五頁―四七六頁）。
(49)淵岡山とその門流に関しては、木村光徳『日本陽明学派の研究――藤樹学派の思想とその資料――』（明徳出版社、一九八六年）。

(50)『岡山先生示教録』巻之二（『中江藤樹心学派全集』上・六〇頁）。
(51)『岡山先生示教録』巻之四・一二三頁。
(52)『岡山先生示教録』巻之七・二二三頁。
(53)『岡山先生示教録』巻之四・一五一頁。
(54)『岡山先生示教録』巻之一・二一頁。
(55)たとえば、藤樹はどんな努力をしても成就しないのは天命だという門人に対して、それは間違った考えであると指摘し、「能同志中議論、体認可被成候」（「答岡村氏」、『藤樹先生全集』二・四七三頁―四七四頁）と、「同志」でよく議論すべきことを説く。
(56)江戸後期から幕末陽明学の四書理解を検討するためには、当時数多く流入した明・清の注釈書類をもとに、詳細な検討を必要とする。この点については、荻生茂博『近代・アジア・陽明学』（ぺりかん社、二〇〇八年）。

附録　朱熹『中庸章句』『中庸或問』論点一覧表

市來津由彦

朱子学の中庸論の論点を手早く見通せるようにするために、二つの表を付載する。ただし紙幅の関係で原文術語の表示と、訓読・現代語訳の中間的表記にとどまり、また、話題の概略を部分的に示すにとどまることをご寛恕願う。

表1　中庸本文に対する『中庸章句』・『礼記正義』中庸篇の章区分け対照、及び『中庸章句』の中庸構成理解

・「表1」の項目は上から、朱熹の章句本『中庸』による本文の「章」数、本文の見出し語ないしは重要な語、章句本に対する孔穎達等『礼記正義』中庸篇本文の「章」数、及び朱熹『中庸章句』の各章末尾の章構成解説である。第十三～十九章の「費の大・小」による要点説明は、第十六章の章構成解説に見える。太い点線は朱熹の構成理解の区分、細い点線は現代の眼でから（章句本の）中庸本文を扱う際に問題点を見やすくするための区分である。

・全体を端的に言えば、子思の言葉としての本文第一章、その第一章に関する孔子の言葉を引く第二～十一章、子思が第一章の道のあり方を説き、関連して孔子の言葉を引く第十二章～二十章、第二十章で天と人に関わって「誠」を孔子が言うのを子思が敷衍する第二十一～三十二章、子思のまとめの第三十三章、という構成であるとする。

・なお、「中庸章句序」では、この書が作成された、他書にはみられない独自の意義を、「前聖の書を歴選するに、綱維を提挈し、蘊奥を開示する所以は、未だ是の若きの明らかにして且つ尽くす者有らざるなり。（歴選前聖之書、所以提挈綱維、開示蘊奥、未有若是之明且尽者也）」と讃える。

表1

章	本文（見出し or 重要語）	正義	『章句』の中庸構成理解	
1	天性道教／戒懼慎独	1	①子思の言	一篇の体要
	未発已発／大本達道			
	天地位万物育			
2	君子小人／君子時中	2	夫子言引用	以下11章まで首章の義を釈す
3	中庸・民鮮能久			
4	過と不及			
5	道其不行矣夫			
6	舜＝執両端・用中於民	3		
7	期月の守	4		
8	顔回の拳拳服膺	5		
9	均・辞・踏～知・仁・勇			
10	強＝和・中立・不変	6		
11	君子の過と不及	7		第1章義を終る
12	費と隠／鳶飛魚躍		②子思の言	道不可離を明す
13	道不遠人／庸徳庸言	8	孔子言	費の小
14	素其位而行	8・9	子思	小
15	邇きから遠きへ		子思	小
16	鬼神＝体物而不可遺	10	孔子言	費隠を兼ね大小を包む
17	舜の孝	11		費の大
18	文武周公	12		大
19	武王周公／宗廟祭祀	13		大
20	哀公問政／為政在人 親親尊賢 五達道・三達徳↑一 生知・学知・困知↑一	14	孔子言	費隠を包み小大を兼ぬ↓孔子の言が堯・舜・文王・武王・周公の所伝と一致することを明す
	三近＝好学・力行・知恥 ＝知仁勇 九経＝修身・尊賢・親親 ・敬大臣・体群臣 ・子庶民・来百工	15		
	・柔遠人・懐諸侯↑一	16		
	豫・前定＝誠身・明善	17・18		
	誠＝天道／誠之＝人	19		
	博学審問慎思明弁篤行	20		
21	自誠明／自明誠	21	③子思の言	天道人道
22	至誠尽性↓天地化育	22		天道

23	致曲→誠形著明動変化	23		人道
24	至誠の前知	24		天道
25	不誠無物／己→物	25		人道
26	至誠無息・久徴悠遠博	26		天道
	博厚・高明・悠久			
27	君子＝尊徳性道問学	27・28		人道
	温故知新・敦厚崇礼	29		
28	天子／車同軌／作礼楽	30・31		人道
29	三重＝礼・度・文			人道
30	小徳川流・大徳敦化	32		天道
31	至誠の力＝溥博淵泉			天道
32	至誠を讃える	(33)		天道
33	君子の学び		④子思	全体要約
	／上天無声無臭			

表2　『中庸』（章句本）第一章、第十六章「鬼神」論、第二十章以下「誠」論、『中庸章句』『或問』論点一覧

・「表2」の項目は、上から朱熹の章句本『中庸』による本文の「章」数（大字は章の数、小字は節の数）、本文の見出し語、『章句』の重要語ないしは論議を図示化したもの、『中庸或問』の重要語ないしは論議を図示的に解説したものである。ここでは『或問』の論議の紹介に重点を置く。書き下し文と現代語をとりまぜ、またこれらの中間のものもあり、ときに原文を挟み込み、説明の文章は日本語としていささかこなれない。ご寛恕を請う。

・また、やはり紙幅の関係で、後世よく論議される第一章、十六章、二十章後半部、二十一〜二十五章の紹介にとどめる。とりあげた章も、すべての論点を紹介しているのではない。

・『中庸或問』論点解説部分の人名略号は、「程（子）」は程顥か程頤もしくはその両者、「周子」は周惇頤、「張（氏）」は張載、「呂（氏）」は呂大臨、「楊（氏）」は楊時、「謝（氏）」は謝良佐、「游（氏）」は游酢、「尹（氏）」は尹焞、である。

表2 「中庸」名篇義

	（本　文）	（章　句）	（或　問）
	中庸章句	中　不偏不倚 　　無過不及 庸　平常 （題言補論） 程子 　中＝不偏／庸＝不易 中庸篇は孔門伝授心法 　始　一理 　中　万事　―　実学 ←末　一理	問　篇名の意味。「中」←程子…「不偏」／呂氏…「無過不及」。 　　これを合する理由は？ ←　不偏不倚　在中　未発　体…程子 　　無過不及　時中　已発　用…呂氏）ただし程子も呂氏も両面をみている。 曰　「庸」←程…「不易」に対し、朱…「平常」とする理由は？ ←　現在性に立つ「平常」の方が後の検証を要する言い方の「不易」よりよい。 　　「平常」は事理の当然で詭異する所が無く、日用から禅譲放伐にまで適用できる言い方。 曰　「中和」とは言わずに「中庸」と名づけた理由は？ ←　中庸の「中」は体用を兼ね、「庸」は平常の意。中和の「中」が未発なのよりも広い。 （以下、張子の説、呂氏の説に関する問答二件は略。）

第一章

	（本　文）	（章　句）	（或　問）
1章　1節	天・性・道・教	万物へ賦与 　された理＝性 性に循う ↓当行の路＝道 気稟の異 ↓聖人品節＝教	問　「天命之謂性、率性之謂道、修道之謂教」とは？ ←　性・道・教という概念は天に由来する。かつ主体の外の課題なではない。 ・　「天命之謂性」について 　　天の命は人の性の根拠。 　　命＝「天が賦与する故に已むようなことがないもの」 　　性＝「命を受けた完全なる本体（全体）であるもの」

人たること、なすべきこと、聖人の教えの根源はすべて天に本づきわれに備わる。これがわかれば学ぶ者はなすべきことがわかり、たゆまぬ実践に向かう。故に子思は冒頭でこのことを明らかにした。

・

・

・命から言えば「元亨利貞」「四時五行」「庶類万化」がここから生じる。性から言えば「仁義礼智」「四端五典」「万物万事の理」がここに統合されている。
・天と人で命と性の分はあるが原理は同じ、人と物で気稟は異なるが原理は同じ。
「率性之謂道」について
性に循えば事事物物の当行の路＝道が立ち現れる。性は仁義礼智のこと。
・性はすべての理を具えすべての物にそなわる。ゆえに道は外求を待たず、人為をかりないで行き渡っている。
・虎狼の父子関係、蜂蟻の君臣関係のように、鳥獣草木も、「全体―完全な姿」には通達しないが、性に循ってそれなりの自然の理を持つ。
「修道之謂教」について
聖人は当行の路に依拠して品節し立法垂訓する＝教。
・性、道は、理の自然であり、人・物が同じく得ているものである。しかし形気の清濁厚薄の禀により賢智・愚不肖様々であり、性の発揮に至らず、道が行われない。
・聖人は欠けるところがないから、道に拠り品節し教を立てる。
親疎―仁／貴賤―義／制度文物―礼／開導禁止―智の教えが行われる。
→これらは人が天に受けていることをはずした強為のことなのではない。
→「天命之謂性」がわかれば、釈氏の「空」は性ではなく、
「率性之謂道」がわかれば、老氏の「無」は道でなく、

「修道之謂教」がわかれば、訓詁詞章、管商の権謀功利、老仏の清浄寂滅、百家の支離は教えではないことがわかる。

節　2

不睹不聞に
戒慎恐懼（未発）
見顕隠微に
慎独　　（已発）

道＝当行の理心に具る
常存敬畏・不敢忽
心の動き始め＝己知る
萌す人欲をとどめる

曰　「率性」「修道」に関する相違する諸説はどれがいいか？
↑　「率性」説
程子説は、人欲未萌の処での性の自然発現を言い、修為を言うものではない。
呂説は「道」を修為の後、教えによって得ることになる。自然発現の意ではない。
游氏「無容私焉則道在我」、楊氏「率之而已」↑呂氏と同じ。
・「修道」説（↑略。）

曰　楊氏の王安石批判はどうか？（↑答は略。）

曰　呂・游・楊・侯（侯師聖）の四人説のどれがいいか？
・各人に対する程子の評
呂↑深潜縝密、游↑穎悟温厚、楊↑穎悟ながら游に及ばず、侯↑遠い。

問　「戒慎恐懼」と言った上でさらに「慎独」と言うのはどうしてか？
↑　・戒慎恐懼　事の未然において具わる性の本然のすがたを完全にする。
慎独　何かをしようとする念の動き始めで察知して善悪の幾を謹む。
・性に率う↓当然不易の理があり、それが道。
道は人力の為をかりない／人を離れない。
＋
これを人欲が隔てる↑これに対し未発において戒慎恐懼する。
←ここで慎む。
他人がわからなくても自分はわかるきざし

・　諸問題
曰、諸家は「戒慎恐懼」がそのまま「慎独」とするが、両事に分けるのは？
・戒慎恐懼に加えて慎独を言うのは、慎独の重要さを強調するため。

節　3

未発の中
已発の和
大本・達道
致中和
天地位万物育

未発＝性無偏…中
中節＝情の正…和
大本＝道の体
達道＝道の用
戒懼　至静↓中　天地位
慎独　応物↓和　万物育
天地万物は本吾一体
体立↓用行

曰　曰、「睹ざる聞かざる」が「独」とちがう点は？
・睹ざる聞かざる所とは、自身が睹ない聞かないこと。
「独」とは、自身はわかるが他人は不睹不聞の所。

↑　「見顕隠微」。程と呂氏改本・游・楊がちがうのに同じに扱うのは？
理からと心からとで視点は違うが、理と心は離れないので合わせてよい。

曰　他説はどうか？
・呂氏旧本「虚空其心↓反観於此以求見夫所謂中↓執之以為応事之準則」
↑充分でない。
「正惟虚心以求、則庶乎見之」↑一心で一心を求める誤りである。
・楊氏「無適非道」↑形而上下の区別が曖昧、釈氏の作用是性に堕ちる。

曰　呂氏の旧本と改本の改本は程明道の説かとの噂について

↑　ともに呂氏作。劉屏山、李延平先生から聞いた。改本は程明道から遠い。

問　「未発の中・已発の和、大本・達道。中和を致せば天地位し万物育す」は？

↑　性に本づき教から入る者の発端から至極まで、すべて吾が心の問題なのを明らかにする。
・天命の性は純粋至善で人心に具わるもので聖愚のちがいはない。
・中は、性の徳・道の体を形容する／和は、情の正・道の用を著す。
心の静時には存し　×　↓大本立たず　君子は未発に戒懼↓大本立ち
動時には節す　×　↓達道行われず　隠微に慎独↓達道行わる。
・「致す」↓吾が心、気の制御↓天地の心、気へ。
始学者が議論することではないが、子思は行き着く先を冒頭に示した。

曰　中和は二物か

↑　体用の関係だから二物ではない。

曰　位・育は、諸家はみな理によって言うのに、事によって論じるのは?

↑　理があって事がある。理だけあるとの誤解を避けるため。

・　関連問題

曰、不位不育の時に聖賢が出て中和を致すべきなのに、少しも救えないのはなぜか?

・徳の感通は力が及ぶ範囲まで。上の者も病むからには下の者は救えない。但し一身に中和を致す者は我が身の天地万物は安泰。

(↑聖人も限界がある。)

曰、中・和を位・育に配当するのは破砕なのでは?

中を致すと和になり、和を致すのは中に本づき、一体である。

位と育も同様の関係。

曰　周子説「中は、和であり、節に中ることであり、達道である」と。とすると何が「大本」になるのか?

↑　子思の中は未発、周子の中は時中を指す。両面があるのをつかむ。

曰　程呂問答は?(以下、程頤「与呂大臨論中書」程氏文集巻九、及び程頤と蘇昞・字季明との問答―程氏遺書巻一八―の論)

↑　・資料が不完全。程頤の一次説「心＝已発」↑「未当」(二次説「心＝未発と已発」)。

・呂氏は「允執厥中」を未発とするが、程は時中(已発)とする(論中書)。

・呂氏は「中を喜怒哀楽未発の時に求める」とするが、程は「(「求める」と)思えばもはや已発」とする(季明問答)。

・

諸問題（主として「未発」の捉え方について）
曰、程子が「赤子之心」（孟子）を已発としたのは？
・「赤子の心」の「純一無偽」は、発動してこそわかるものだから。
曰、程子の「聖人の心は明鏡止水」とは未発か？
・未発は水鏡の「体」、既発は水鏡の「用」。未発だけを言うのではない。
曰、諸説は？
・程子は備わる。但し二条の**蘇季明問答**の後章は記録に乱れがあり、問答が対応していない。
・未発は喜怒哀楽の偏りがないこと、耳目の作用なきことではない。
「静時既有知覚、豈可言静」と言って、「動」で復卦説を説くのは不詳。
・「至静」の時は「能知覚」はあるが「所知覚」はない。故に「静中有物」はよいが、それを「才思即是已発」でならべるのは不充分。
・「無時不中」「善観者、却於已発之際観之」と言うのは文意が断続しており、「於動上求静」の問いは別のところに行ってしまう。その後の「未発は動か静か」「敬のやり方」の問いへの答えや、「若無事須見須聞」の説はよい。
・「当欲祀時無所見聞」は雑駁な見聞を止めて精一を致すことであって、見聞の完全ストップなのではない
・**呂氏の説**（『中庸輯略』章句本第一章末尾、参照）は疑わしい処が多い。
↑「未発に中を求見して執り守」ろうとするため。
・「求める」という心は已発であり（未発は）求見することはできない。
・未発已発は、日用の間に自然の幾があって人力を借りない。
・未発は寂然であり已発は事物ごとに感に随って応じる。

・楊氏の説（『中庸輯略』『亀山集』には見えず。）
「未発時以心験之、執而勿失」とか「須於未発之際能体所謂中」と言う。
↑「験・体・執」と言うのは（未発を実体視している）呂氏の誤りだ。
・楊が荘子「出怒不怒」を引くのもおかしい。
・楊の言は仏老を雑えること多いのでこうなってしまう。

（第二〜第十五章　略）

第十六章

16章

（本文）

鬼神
・見えず聞こえず
体物而不可遺
・祭祀を承ければ、上、左右に在り
・微之顕、誠之不可掩

（章句）

造化之迹、二気良能
形も声も無し
陰陽合散↓物の体
・体物は「幹事」の意
「体物而不可遺」の験
誠＝真実無妄
陰陽合散
＝すべて「実」の過程
＝誠

（或問）

問　詳細を聞きたい。
↑　礼記祭義篇の鄭氏説…魂魄を口鼻の呼吸、耳目の精明、血気で言う。
程張の説はさらに陰陽造化で言い、天地万物の屈伸往来へ。
易大伝、書舜典も通じる。
曰、諸説はどうか
↑呂氏…張説を推して詳しい。改本の「所屈者不亡」は形潰反原の意、×。
謝氏…よい。「帰根之」というのは反原でよくない。
游・楊…わからない言い方。
楊の「妙万物而無不在」の一語はよいようだが全体がだめ。
侯氏「鬼神は形而下、鬼神の徳が誠」↑鬼神と徳を二物にするのは×。
曰、「幹事」で「体物」を説明するのはどういうことか？
↑天下の物はすべて鬼神の所為、物は必ず鬼神が物の体となって存立。
・「物の体と為る」と言うと「物」が（論理的に）気より先行する。
・「物に体たり（体物）」と言ってこそ「気」が先行する。
「幹」は樹木の幹のようなこと。

（第十七～第十九章　略）

第二十章

（第二十章の本文の語句。第14節までの『章句』『或問』は省略。第15節以下が「誠」論。第15節から表を再開する。）

（節）	（本文）
1	哀公問政
2	文武之政、在方策
3	政は蒲盧
4	為政在人＝修身
5	仁＝親親 義＝尊賢 その殺・等↓礼
6	修身↓事親 ↓知人↓知天
7	五達道＝君臣父子 三達徳＝知仁勇 ↑所以行之者一 （＝誠）
8	生知・学知・困知 安行・利行・勉行
9	三近 ＝好学＝知 力行＝仁 知恥＝勇
10	知三近 ↓修身 ↓治人 ↓治天下国家
11	九経 ＝修身・尊賢・親 親・敬大臣・体 群臣・子庶民・ 来百工・柔遠人・ 懐諸侯
12	修身↓道立 尊賢↓不惑 親親↓不怨 敬大臣↓不眩 体群臣↓報礼重 子庶民↓百姓勧 来百工↓財用足 柔遠人↓四方帰す 懐諸侯↓天下畏る
13	（九経の方法） 修身↑斉明盛服、 非礼不同 尊賢↑去讒遠色、 賤貨貴徳 親親↑尊位・重録・ 同好悪 敬大臣↑官盛任使 体群臣↑忠信重録 子庶民↑時使薄斂 来百工↑日省月試 既稟称事 柔遠人↑送往迎来 嘉善矜不能 懐諸侯 ↑継絶世、挙廃国、 治乱持危、朝聘 以時、厚往薄来
14	九経 ↑所以行之者一 （＝誠）
15	予めする ・前定
16	獲乎上・信乎朋友 ・順乎親の道 ＝誠身・明善
17	誠＝天之道 ＝不勉而中 不思而得 ・聖人 誠之＝人之道 ＝択善而固執之
18	博学・審問・慎問 ・明弁・篤行
19	学問思弁行 人一己百 人十己千
20	能此道↓ 愚は明、柔は強に

（第二十章、第十五節以下）

	（本　文）	（章　句）	（或　問）
15節	予めする ・前定	先立乎誠	曰　「前に定まる」とは? ↑　まず誠を立てること↓言有物不躓／事有実不困／行有常不疚／道有不窮。 諸説は游氏の「誠定」がよい。張子の「精義入神」は「明善」を言う。
16節	獲乎上・信乎朋友 ・順乎親の道 ＝誠身・明善	明善＝察於人心天命之本然而真知至善之所在	曰　「下に在りて上に獲らる／善に明らかなれば身に誠なり」とは? ・上に獲られなければ其の位に安んじて其の志を行うことはなく、民はおさめられない。↑しかしへつらってはならない。 （同様に） 信友（でなければ）志行不孚而名誉不聞　↑（しかし）不可以便佞苟合 悦親　所厚者薄而無所不薄　↑　不可以阿意曲従 誠身　外有礼而内無愛敬之実↑　不可以襲取強為 その道は明善に在り。 ↑格物致知して真知至善の所在を真につかむ。▲（大学との連動） 曰、諸説はどうか。 ・楊氏「『身に反りて誠』ですべてよい」というのは充分でない。 ・「反身而誠」は「物格り知至る」の段階のこと。 「反求諸身」ということだとして、外を無視して万物の理が我に備わりすべて誠だといきなり言うことは不可。「格物」が無意味になる。 ↑事物を離去して専ら之を身に求めることを務めようとするのは、大学の本意ではない。▲

節　17

誠＝天之道
＝不勉而中
不思而得
＝聖人
誠之＝人之道
＝択善而固執之

誠＝真実無妄
天理本然
誠之＝人事之当然

曰　↑

「誠」の義の詳しい解説を聞きたい。

「真実無妄」
・自然の理から言えば、天理　が「至実無妄」…天之道、鬼神之徳。
徳　から言えば、聖人の心が「至実無妄」…不勉而中、不思而得。
事に随うから言えば、一念一行の「実」が「誠」。
曰、天理・聖人が「実」であるわけは？
・常物のすがた　一→純→誠／二→雑→妄
天＝沖漠無朕、万理兼該→夾雑物なし→無声無臭無思無為
→一元の気は一息の繆りもなし。
→物　それぞれ各々の性命の正を受けて一毫の差もなし。
＝天理が実であって妄ならざること。
・人や物が生まれるや、そなわる性命の正はすべて天理の実だが、
→常人は　気質の偏→私欲。二、雑。
聖人は　気質清純→私欲なし。→不勉不思、従容中道。
曰、常人は私欲を免れず、その徳を「実」にすることはないのか。
・「択善」→「固執」、「戒慎恐懼」→私欲は消えていく。
＝「之を誠にす」ること。
曰、大学の「小人の陰悪陽善」を「誠於中」でいうのは？
・「実」だから。ただし天理の真実無妄の本然でなければ、
本然の善を虚にして誠ならざることをしでかす。
曰、諸説はどうか。
・周子はよい。程子もよい。

節18

博学・審問・慎問・明弁・篤行

「誠之」の目
学問思弁＝学而知
篤行　　＝利而行

曰 ↑

学・問・思・弁に順序があるか。

学…博→事物の理を備える　→参伍して疑う処を得て問う有り。

問…審→師友の情を開く　→反復して其の端を発して思うべし。

思…謹→精にして雑ならず　→自得する所有りて以て其の弁を施すべし。

弁…明→断にして差わず　→疑惑する所無くして以て行に見すべし。

行…篤→学問思弁が実を踏んで空言とならない。

節19

学問思弁行
人一己百
人十己千

節20

能此道→
愚は明に柔は強に

呂氏の語
学＝変化気質。
人の性は同じ、才は異なる。性に依拠して「誠之」。

曰、呂氏の説が詳しくてよいものですね。

(呂説の詳細は、陳俊民輯校『藍田呂氏遺著輯校』中華書局、一九九三年、二九五頁、参照)
・ただしまずい点もある（→解説＝略）。

(本文終了後)

章構成解説
・誠はこの篇の枢紐。
・『孔子家語』と重なる部分、重ならない部分がある。

曰 ↑

「誠はこの篇の枢紐である」とするのはなぜか。

「誠」＝「実」ということ。

前　天・命・性・道・教から鬼神章まですべて「実」。

後　誠明以下は、〈自然にして実＝天と、必ず実を期す＝人よりして天〉の反復。

まとめ
＝此の篇の大旨は、専ら実理の本然を発明するを以て、人の此の理を実にして妄無きを欲す。故に其の言多しと雖も、其の枢紐は誠の一言を越えざるなり。

第二十一章～二十五章

	（本　文）	（章　句）	（或　問）
21章	誠よりして明＝性 明よりして誠＝教 誠→明／明→誠	聖人の徳　徳実→明 所性而有者…天の道 賢人の学　明善→実善 由教而入者…人の道	問 ↑ 「誠明」の説 程子の諸説は学ぶ者の伝録。誠・明を内外道行とするのは迫っていない。 知＝明、行＝誠とするのは「顔子好学論」の程子の語である。 張子　性・教を為学の二つの道とする＝聖・賢のランクとみない。△。 呂氏　誠＝「至簡至易、其の事とする無き所を行う」↑本旨を得ず。 ただし游・楊説よりはまし。
22章	天下至誠 己の性を尽す →人の性 →物の性 →天地化育を賛く →天地と参。	聖人の徳の実 尽性→徳が実 ＝人欲の私無し →我の天命がみえる 尽＝知が明、処置が当 以上は自誠而明者の事	問 ↑ 「至誠尽性」の諸説 程子　尽己の忠、尽物の信ということを「尽性」とするが、あわない。 「賛化育」を「賛助を以て言うべからず」、「窮究理尽性至於命」を「只だ理を窮むれば便是ち命に至る」とするのは疑問である。 ・天人関係は理一分殊論で考えられる。 ・天下の理は一であるとともに分は殊である＝自然の勢。 一…人は天地の気と心を稟け、人と天地は理からすれば一物。天下の事は人が為すことながら、その根拠はすべて天地が為すこと。 →聖人はこれを受けている。 分…天と人とは分担がちがう。分殊はわかるが理一はわかりにくい。 故に程子は理一を発明することが多く、分殊に及ぶこと少ない。 ↑両方の視点が必要。 ・「窮理至命」「尽人尽物」の説は程・張にさほどの違いはない。 ・理から言うとすると程子、事から言うとすると張子。 ・呂・游・楊の説はみなよいが、呂が確かで実。楊はややまずい。

章			問	
23章	其次は致曲 ＝曲→誠→形 →著→明→動 →変→化 ＝天下至誠	其次＝大賢以下 人の性は同、気は異。 善端の発現の偏から 推して極に造る。 化に至ればその至誠の 妙は聖人に異ならない	↑ 問	「致曲」の説 性は同じ、気は異なる→性からすればみな聖人の資質を有す。気からすれば聖人が尽性にあたる。その次→善端の所発が気稟の厚薄でちがう。各々その発現の偏りをもととして、一つ一つ之を推して以て其の極に至り、其の薄い者を厚くさせて異なる者を同じようにさせる。 →以て全体〈完全なる本体〉に貫通して其の初に復す有り。 ・程子説はよいが、疑問もある。 張子は内ばかり重視で、外に向かわないのでよくない。 游氏はよいが、「致曲」解釈はだめ。楊氏はよくない。
24章	至誠の前知 国家の興亡と 禎祥・妖孽 至誠神の如し	理の先見 誠の至極で私偽が一毫もない者が幾を察することができる。 神は鬼神のこと。	問	「至誠如神」の説 呂氏説はよい。／游氏説はよくない。／程子説は異教〈道教〉の説。 至誠の前知は、其の事理の朕兆がすでにあらわれたものに因って得る。
25章	誠＝自成 道＝自道 誠は物の終始、誠ならざれば物無し	心の視点　本 理の視点　用 物は実理の所為 得理→有物。心に不実→如無有。 自成→自然に物に及ぶ	↑ 問	二十五章の説 「自成自道」　程子はよい／游・楊は老荘の遺意でよくない。 「不誠無物」　程子がよいが、簡略にすぎるので以下に論じる。 ・誠＝実　中庸篇の言葉の視点：理の実と心の実とがある。 ここは以下のようなこと。 理において言えば、天地の理は至実にして一息の妄無し。 →故に物はみな実なる物、実理の所為。

	誠は己を成すだけでなく 物を成すもと 成己＝仁 成物＝知 合内外の道	仁＝体の存 知＝用の発 性の固有で内外の殊なし。	心において言えば、聖人の心も至実にして一息の妄無し ↓故に事はみな実なる事、実心の所為。 ＝「誠は物の終始」ということである。 聖人で本心の実なるに至らない者は間断を免れない。 ・以上からすると、こういうことになる。 天に在る者は、本と不実の理無し。故に凡そ物の理に生ずる者は、必ず是の理有りて 方に是の物有り。未だ其の理無くして徒に不実の物有ること有らざるなり。 人に在る者は、本と不実の心無し。故に凡そ物の心に生ずる者、必ず是の心の実有りて、乃ち是の物の実有り。未だ其の心の実無くして能く其の物の実有る者有らざるなり。 ・諸説 ・在天の誠が実理であることはわかっていても、在心の誠が実心であることをたいていわかっておらず、そこで説がはなはだ高踏になり、経文の本意を失う。 ・呂氏はよいが充分ではない。／楊氏は易の語を借りて説くが発明するところがない。彼にはこういうのが多く、経文解説の大病である。

（第二十六～第三十三章　略）

あとがき

本論集は、文部科学省科学研究費補助金特定領域研究として行われた総合的共同研究「東アジアの海域交流と日本伝統文化の形成――寧波を焦点とする学際的創生――」（領域代表 小島毅。平成十七―二十一年度）、愛称「寧波プロジェクト」、簡称「にんぷろ」研究の一研究班、略称「日中儒学班」の共同研究の成果の一部を公刊するものである。

本書をなぜこのようなかたちと内容で作成することになったのか。「にんぷろ」研究会準備段階から研究班発足時にかけて当初課題としようとしたことについて、やや冗長になることをいとわず述べたい。

この日中儒学班は、中村春作を代表者とし、加えて田尻祐一郎、前田勉、市來津由彦により組織され、研究題目として「儒学テキストを通しての近世的思考様式の形成――日中における対照的研究」を掲げた。発足のときに話をしたことは、日本思想史学（中村、田尻、前田）と中国古典学（市來）で共有できる柱となる文献をなにか定め、日本学と中国古典学の文献資料解読の前提を問い直し、研究枠組の乗り入れを図って真の学際的研究を実現する要件をさぐり、またそこからの成果をかたちにしたいということであった。それを受けて定めたテーマが右の題目である。

研究班員は、中国学の者は中国朱子学の特質や社会的機能を扱う研究に、日本学の者は江戸から明治の儒学・国学世界、また近代思想を扱う研究にとり組んでいた。その延長で〈問題の磁場〉を朱子学とその「像」とするとした場合、主要な基礎文献となるのは、もとより四書の学のテキストである。その四書では論語に関する議論が第一の検討課題となろうが、短期で一定の成果をあげるのは困難かと予測された。幸いに『大学』の解釈については、江戸の各儒学者の議論をまとめて研究基礎書的にも使えるように作成された好個の研究論集があり（源了圓編『江戸の儒学――『大学』受容の歴史』思文閣出版、一九八八年）、そこでこれをモデルとし、『大学』と対になる『中庸』をとりあげ、中国近世の中庸論に比べ流動的な展開をみせている江戸の議論のすがたの検討を試みるのがねらいにふさわしいということになり、担当を割り振って研究会を開始した。本書の第二部は、当初の以上の目的とねらいを基礎としている。

ただし、研究会で各中庸論を報告し始めるうちに、儒学テキストが東アジアでどういう言葉で読まれているかという根本的な前提問題に逢着した。そこで江戸期のこととしても現代の研究技法の問題としても、漢文訓読法を用いて文献を読解するとはどういうことなのかをまず考えるべきということになり、領域代表者・小島毅氏の示唆と後押しもあって、研究班内だけではなく、「にんぷろ」研究の他研究班と協力し公開シンポジウムを開くなどして本格的に検討することとなった。充分なまでにはいかないが、その検討から得られた視点が本書の全体にかぶさってもいる。

この「訓読」論研究に関しては、本研究期間中、研究班では次の二つのシンポジウムを開いた。

・二〇〇六年七月　公開シンポジウム「課題としての「訓読」――異文化理解と日本伝統文化の形成」（於広島大学。「出版文化班」「演劇班」共催）

・二〇〇八年十二月　公開・国際シンポジウム「儒学テキストを通しての近世的思考様式の形成」（「小説芸能班」「新儒教班」共催）第一日「東アジアにおける〈訓読〉の思想文化」（於大阪大学中之島センター）

その中で、訓読を日本独自の中国古典翻訳技法と単にみるのではなく、訓読適用の主な対象テキストが中国古典文であり、内容的には東アジアに広がる中国士大夫文化であることからすれば、広くみれば例えば朝鮮朝社会には朝鮮語としての、ベトナム王朝社会にはベトナム語としてのこの中国古典テキストの消化の技法があり、日本語訓読はその一部であると理解するようになった。前者のシンポジウムについては、その報告者、討論者を中心とし、論点を豊かにすべく幾人かの方に呼びかけて、『「訓読」論――東アジア漢文世界と日本語』（勉誠出版、二〇〇八年）を公刊した。後者については、同じく報告者に加え、二〇〇八年に「小説芸能班」が主催し本研究班が共同参画したワークショップ「江戸時代から明治・大正期における漢文訓読の問題――訓読と翻訳のあいだ」の報告者、さらに前論集の論点を補っていただける方に呼びかけて、『続「訓読」論――東アジア漢文世界の形成』（勉誠出版、二〇一〇年）を公刊した。

訓読に関する最初の疑問を研究成果の論集として固めていくこの過程において、本研究班、またこの両冊の論集にご協力いただいた諸先生方には、漢文文化現象の、単なる言葉としてではない東アジア連動の感触、すなわち異なる方向に向かいながら連動し共有し、共有しながら異なる動きをする感触が実感をもって立ち現れてきたように思う。

話を本論集の課題である江戸儒学の中庸注釈に戻すと、訓読に関する共同研究が進展する中で、研究班内で江戸期の中庸注釈、中庸論の読解も続けていたが、その延長で東アジアで四書の学の交流がどう動いているかに関して、

・二〇〇八年十二月　公開・国際シンポジウム「儒学テキストを通しての近世的思考様式の形成」（「小説芸能班」「新儒教班」共催）第二日「東アジアにおける近世の「知」と四書注釈」（於大阪大学中之島センター）

というシンポジウムも開いた。本書の第一部はこのときの報告に琉球の儒学の論を加え、「訓読」論研究で得られた視点を加味して成ったものであり、第二部は、江戸の各中庸論を着実に読み解くという当初の目的を基礎としつつ、以上のようにして「訓読」論と四書の学に関して得られた、東アジア海域交流の連動の中で捉えるという視点を加えて成ったものである。

その結果として、文章文化現象の東アジア連動を見通す視点として本稿者なりに考えたのが、東アジア各域社会を実態社会と理念文化とに仮に分離してそれぞれの連動、および実態と理念の相関を観察し、経学を柱とし経・史・子・集の図書分類に編成される中国士大夫文化を各域社会がその理念文化面において古典化しテキスト的に共有しつつ、

自身の実態社会面に合わせてこれを解釈し使用していく姿をみようということである。第二部「江戸期の中庸注釈・中庸論」に即してひらたく言えば、江戸の知識人層がそれぞれの時点と立場で、テキスト中庸を何であることにしようとしているのかを、その解釈者の背景も含めてみるということである。中国は確かに中国古典の出どころではあっても、こうみることによってその中国を中心化せず、また各域社会側をも中心化せずに、東アジア内の連動の姿を、解釈の各テキストに密着して読み解けるのではないかとみられる。

なお、右のように仮に分離した理念文化と実態社会との関わりやいかにということで本書の第一部の報告を一部顧みると、朝鮮朝における世宗の中庸実践のいわば実況中継の論は、朝鮮王という政治体制のまさにかなめの人が政治場面で『中庸』に説かれることを熱心に振る舞うということでは、制度的に保障されてはいない江戸の儒学者の論議とはまったくちがうところで中庸が動いているのが開示されることにおいて刺激的な話である。また、琉球における儒学の論も、それがテキスト解釈としての儒学ではなく、明清代に中国に使節が送り続けられる中で中国朱子学を直接に身体化し、そこから琉球の社会教化や統治に応用される儒学であることがうかがえて興味深い。

稿者の以上の視点への当否や賛否はひとまずさておき、読者諸賢には、各論考を個別にお読みいただくだけではなく、各論考の完成度の如何とは別に、このように一つの論考の内容を他の論考と重ねあわせ、本書の諸論考を東アジアの連動を考える材料として相互的に関係づけてみていただければ、編者としてありがたく思う次第である。

本書の作成には、近世を中心とした東アジア世界の海域交流という研究課題の一環として、四書の学の研究を中国、韓国、日本の各一国内にとどまらず、「開く」という視点で捉えることにご賛同をいただいた中国、韓国の研究者のご協力を仰いだ。また第二部においては江戸の陽明学に関して意欲的に研究しておられる本村昌文氏のご協力をいただいた。論考をお寄せいただいた編者外部の以上の執筆者の先生方にはあらためて謝意を表したい。

海外からのこうしたご協力への感謝の延長ということになるが、本書が「東アジア海域叢書」の一冊であることにより、本書は、中国、台湾、韓国等、東アジア各域社会の方々の目にふれる可能性も高い。本書では日本の江戸期における中庸注釈、中庸論の展開の基本線を追跡し、理念中国文化の浸透およびそれとの葛藤が同時に起こっていることをうかがったが、日本以外のそれぞれ各域社会における理念中国文化の展開においても同様のことが起きていると思われる。本書の企図と内容がそうした問題の検証に発展していくことがあれば、編者にとっては望外の喜びである。

本書を刊行できたのは、汲古書院編集担当の小林詔子氏の一方ならぬご尽力のおかげである。本書の刊行に至る過程では、やむをえないこととはいえ、相続く事情のために編者代表が編集に力を振り向けることが一時できなくなり、予定していた日程が大幅に遅れることになった。各執筆者および読者、また本書の刊行に関わったそれ以外の方々にご迷惑をおかけしたことを、稿者個人として深くお詫びしたい。それにもかかわらず汲古書院社長の石坂叡志氏と小林詔子氏には、研究会の成果を刊行したいとの編者らの期待をしかと受け止めていただき、また編集を丁寧に進めていただき、ようやく本書の完成に至った。感謝の念でいっぱいである。ここに衷心より御礼申し上げる。

（市來津由彦）

平成二十三年十二月十日

編者　市來津由彦
中村　春作
田尻祐一郎
前田　勉

編者のことば

鎌倉時代初頭、大陸から渡来した石工たちがいた。彼ら宋人石工は、戦乱で焼亡した東大寺の復興に従事したのである。復興が一段落ついた後、彼らやその子孫たちは、この国に優れた多くの石造物を残した。

本書は、彼らの出自を寧波と措定し、彼の地における石造文化の実態を探った、三年にわたる調査の報告である。

この調査により、寧波には今まで知られていなかった優れた石造文化が存在していたことを日本の学界に明示することができた。さらに、渡日した宋人石工の故地と、その技術的背景を明らかにした。

鎌倉時代は、日本の石造文化における最大の転換期であった。しかし大陸に起源を有する文化は早々に爛熟を迎え、続く南北朝時代には早くも衰亡の途を辿った。

本書がトレースする日本石造文化の根源とその定着に関するプロセスは、ひとり石造文化のみならず、造形文化というものが歩むモデルケースの一つとしても興味深い。

ご一読いただければ幸いである。

山川　均　編

寧波と宋風石造文化

東アジア海域叢書10

編者　山川　均

編者のことば

本書では、東アジア海域交流において、日本への学術等の発信の窓口となっていた、中国側の寧波とその周辺地域に着目し、そこに記録として残されてきた石刻や地方志の、史料としての特質や価値、可能性を検討する。そしてそうした史料性を踏まえた上で、これらの史料から如何なる地域性や歴史性に関わる新知見が得られ、それら保存記録の利用によりどのような新たな研究の可能性が生まれるのかを、研究環境を異にする各国の研究者から、また比較史的視点をもった研究者からも提言してもらおうというのが、本巻の試みである。

編者の企画によって、二〇〇九年一月に東京大学で開催した国際シンポジウム「寧波とその周辺―地方文献に見える史料性・地域性・歴史性―」での議論を基調としつつ、にんぷろで組織された地方志・碑記班がその他の国際会議等で学術交流を行った海外の研究者の成果をも積極的に盛り込み、国際的かつ比較史的な視点から、寧波とその周辺地域の唐末・五代・宋・元・明・清にわたる歴史的特質の解明を期したものである。

須江 隆 編

碑《いしぶみ》と地方志のアーカイブズを探る

東アジア海域叢書6

編者 須江 隆

10　寧波と宋風石造文化　山川　均　編　二〇一二年三月　刊行予定
11　寧波と博多　中島楽章・伊藤幸司　編　二〇一二年七月　刊行予定
12　蒼海に響きあう祈り　藤田明良　編
13　蒼海に交わされる詩文　堀川貴司・浅見洋二　編
14　中近世の朝鮮半島と海域交流　森平雅彦　編
15　中世日本の王権と禅・宋学　小島　毅　編
16　平泉文化の国際性と地域性　藪　敏裕　編
17　儒仏道三教の交響と日本文化　横手　裕　編
18　明清楽の伝来と受容　加藤　徹　編
19　聖地寧波の仏教美術　井手誠之輔　編
20　大宋諸山図・五山十刹図　注解　藤井恵介　編

▼Ａ５判上製箱入り／平均３５０頁／予価各７３５０円／二〇一〇年十月より毎月～隔月刊行予定
※タイトルは変更になることがあります。二〇一二年二月現在の予定

東アジア海域叢書　全二十巻

○にんぷろ「東アジアの海域交流と日本伝統文化の形成――寧波を焦点とする学際的創生――」は、二〇〇五年度から〇九年度の五年間にわたり、さまざまな分野の研究者が三十四のテーマ別の研究班を組織し、成果を報告してきました。今回、その成果が更に広い分野に深く活用されることを願って、二十巻の専門的な論文群による叢書とし、世に送ります。

【題目一覧】

1　近世の海域世界と地方統治　山本英史 編　二〇一〇年十月　刊行
2　海域交流と政治権力の対応　井上徹 編　二〇一一年二月　刊行
3　小説・芸能から見た海域交流　勝山稔 編　二〇一〇年十二月　刊行
4　海域世界の環境と文化　吉尾寛 編　二〇一一年三月　刊行
5　江戸儒学の中庸注釈　市来津由彦・中村春作・田尻祐一郎・前田勉 編　二〇一二年二月　刊行
6　碑と地方志のアーカイブズを探る　須江隆 編　二〇一二年三月　刊行予定
7　外交史料から十～十四世紀を探る　平田茂樹・遠藤隆俊 編　二〇一二年六月　刊行予定
8　浙江の茶文化を学際的に探る　高橋忠彦 編
9　寧波の水利と人びとの生活　松田吉郎 編

東アジア海域叢書　監修のご挨拶

にんぷろ領域代表　小島　毅

この叢書は共同研究の成果を公刊したものである。文部科学省科学研究費補助金特定領域研究として、平成十七年（二〇〇五）から五年間、「東アジアの海域交流と日本伝統文化の形成——寧波を焦点とする学際的創生」と銘打ったプロジェクトが行われた。正式な略称は「東アジア海域交流」であったが、愛称「寧波プロジェクト」、さらに簡潔に「にんぷろ」の名で呼ばれたものである。

「東アジアの海域交流」とは、実は「日本伝統文化の形成」の謂いにほかならない。日本一国史観の桎梏から自由な立場に身を置いて、海を通じてつながる東アジア世界の姿を明らかにしていくことが目指された。

同様の共同研究は従来もいくつかなされてきたが、にんぷろの特徴は、その学際性と地域性にある。すなわち、東洋史・日本史はもとより、思想・文学・美術・芸能・科学等についての歴史的な研究や、建築学・造船学・植物学といった自然科学系の専門家もまじえて、総合的に交流の諸相を明らかにした。また、それを寧波という、歴史的に日本と深い関わりを持つ都市とその周辺地域に注目することで、「大陸と列島」という俯瞰図ではなく、点と点をつなぐ数多くの線を具体的に解明してきたのである。

「東アジア海域叢書」は、にんぷろの成果の一部として、それぞれの具体的な研究テーマを扱う諸論文を集めたものである。斯界の研究蓄積のうえに立って、さらに大きな一歩を進めたものであると自負している。この成果を活用して、より広くより深い研究の進展が望まれる。

東アジア海域叢書5

江戸儒学の中庸注釈

平成二十四年二月二十八日発行

監　修　小島　毅
編　者　市來津由彦（代表）・中村春作
　　　　田尻祐一郎・前田　勉
発行者　石坂叡志
発行所　株式会社　汲古書院
〒102-0072東京都千代田区飯田橋二-五-四
電　話〇三-三二六五-九七六四
FAX〇三-三二二二-一八四五
富士リプロ㈱

ISBN978-4-7629-2945-8　C3310

East Asian Maritime World Series Vol.5

Annotations on the Doctrine of the Mean（中庸）in Neo-Confucianism in the Edo（江戸）Era

ICHIKI Tsuyuhiko, NAKAMURA Shunsaku,
TAJIRI Yuichiro, MAEDA Tsutomu,ed.

Contents

Appendix

索　引

人名索引

ナ行

ハ行

書名索引

※〔　〕は補足的説明。(　) は別出名。

タ行

執筆者紹介（掲載順）

市來　津由彦（いちき　つゆひこ）1951年生。広島大学教授。博士（文学）。『朱熹門人集団形成の研究』（創文社、2002年）、「黄榦における『為己の学』の表象」（『集刊東洋学』第百号特別記念号、2008年）、「漢文訓読の現象学――文言資料読解の現場から」（『「訓読」論』勉誠出版、2008年）など。

朴　鴻圭（PARK Hong-kyu ／ぼく　こうけい）1961年生。高麗大学校教授。博士（政治学）。『山崎闇斎の政治理念』（東京大学出版会、2002年）、"King Taejong as a Statesman――From Power to Authority" (Korea Journal　Vol.46 No.4、2006年)、『정치가 정도전』（共著、까치、2007年）など。

田尻　祐一郎（たじり　ゆういちろう）1954年生。東海大学教授。『山崎闇斎の世界』（成均館大学出版部・ぺりかん社、2006年）、『荻生徂徠』（日本の思想家、明徳出版社、2008年）、『江戸の思想史』（中公新書、中央公論社、2011年）、「平田国学と『論語』――菊池正古『論語考』をめぐって」（『続「訓読」論』勉誠出版、2010年）など。

龔　穎（GONG Ying／きょう　えい）1966年生。中国社会科学院哲学研究所副研究員。『「似而非」的日本朱子学――林羅山思想研究』（学苑出版社、2008年）、『政談』（荻生徂徠著、中央編訳出版社、2004年。中国語翻訳・注釈）、「『自由之理』与『自由之権利』――密尓『論自由』両種日文訳本的比較研究」（『哲学動態』2010年６号）など。

王　青（WANG Qing／おう　せい）1964年生。中国社会科学院哲学研究所研究員。社会学博士。『明治哲学与文化』（編著、中国社会科学出版社、2005年）、『日本近世思想概論』（世界知識出版社、2006年）、『東方哲学史』（共著、人民出版社、2011年）、『新版「経済学批判大綱」的研究』（共訳、北京師範大学出版社、2011年）、『公共哲学』第10巻（共訳、人民出版社、2009年）など。

中村　春作（なかむら　しゅんさく）1953年生。広島大学教授。博士（文学）。『江戸儒教と近代の「知」』（ぺりかん社、2002年）、「訓読、あるいは書き下し文という〈翻訳〉」

(『文学』第12巻・第3号、2011年)、「琉球における「漢文」読み——思想史的読解の試み」(『続「訓読」論』勉誠出版、2010年) など。

前田　勉 (まえだ　つとむ) 1956年生。愛知教育大学教授。博士 (文学)。『近世日本の兵学と儒学』(ぺりかん社、1996年)、『近世神道と国学』(ぺりかん社、2002年)、『兵学と朱子学・蘭学・国学』(平凡社選書、2006年)、『江戸後期の思想空間』(ぺりかん社、2009年) など。

本村　昌文 (もとむら　まさふみ) 1970年生。東北大学学術資源研究公開センター史料館協力研究員。博士 (文学)。「二つの「気」——中江藤樹の人間観と修養論」(『季刊日本思想史』54号、1999年)、「熊沢蕃山の死生観」(『日本思想史学』40号、2008年)、「17世紀日本における「死生観」小考」(『東北大学臨床死生学研究会研究報告』、2010年) など。

翻訳者紹介 (掲載順)

金　仙熙 (KIM Sun-Hee／きん　せんき) 1972年生。高麗大学日本研究センターＨＫ研究教授。博士 (学術)。「新国学としての日本民俗学成立と日本主義の展開——柳田国男の『新国学談』を中心に」(『国学と日本主義　日本保守主義の源流』、東北亜細亜歴史財団、2011年)、訳書 (韓国語)『江戸儒教と近代の「知」』(ソンイン、2010年)、「前近代王仁伝承の形成と受容」(『日本文化研究』第39輯、2011年) など。

韋　佳 (WEI Jia／い　か) 1984年生。広島大学大学院文学研究科博士後期課程。専門は江戸時代の儒家神道思想研究。

洪　瑟君 (HONG Sejun／こう　しつくん) 1977年生。台湾大学助理教授。博士 (学術)。「中島敦「マリヤン」論——島民に投影された作家の自己イメージ」(『国文学攷』203号、2008年)、「中島敦の「光と風と夢」とハーンの『佛領西印度の二年間』」(『講座　小泉八雲Ⅱ　ハーンの文学空間』新曜社出版、2009年) など。